日本青少年发展与政策研究

李倢　著

光明日报出版社

图书在版编目（CIP）数据

日本青少年发展与政策研究 / 李健著 . -- 北京：

光明日报出版社，2024.9. -- ISBN 978－7－5194－8269－5

Ⅰ. D731. 385

中国国家版本馆 CIP 数据核字第 20241R0M55 号

日本青少年发展与政策研究

RIBEN QINGSHAONIAN FAZHAN YU ZHENGCE YANJIU

著　　者：李　健

责任编辑：宋　悦　　　　　　　责任校对：刘兴华　董小花

封面设计：中联华文　　　　　　责任印制：曹　净

出版发行：光明日报出版社

地　　址：北京市西城区永安路 106 号，100050

电　　话：010-63169890（咨询），010-63131930（邮购）

传　　真：010-63131930

网　　址：http：//book. gmw. cn

E － mail：gmrbcbs@ gmw. cn

法律顾问：北京市兰台律师事务所龚柳方律师

印　　刷：三河市华东印刷有限公司

装　　订：三河市华东印刷有限公司

本书如有破损、缺页、装订错误，请与本社联系调换，电话：010-63131930

开　　本：170mm×240mm

字　　数：332 千字　　　　　　印　　张：18. 5

版　　次：2025 年 1 月第 1 版　　印　　次：2025 年 1 月第 1 次印刷

书　　号：ISBN 978－7－5194－8269－5

定　　价：89. 00 元

前　言

　　青年是国家和社会的未来，青年的发展直接影响着国家和民族的兴衰。把握青年发展状况，深入了解青年群体的需求和问题，并在此基础上制定切实有效的青年发展政策，是关系我国经济社会发展的一项重要举措。这不仅关乎青年个人的健康成长和全面发展，更关乎国家和社会的稳定及高质量发展。在青年政策的制定中，对比国外青年，尤其是与我国文化、价值观相近的日本青少年的发展状况以及政策的制定和实施，具有重要的借鉴意义。同时，也有助于从全球视野思考青年发展问题，把握世界青年的发展趋势，推动我国与世界青年发展的交流互鉴。

　　本书分为整体篇、重点领域篇和资料篇三大部分，通过整体与重点相结合的研究视角，对日本青少年发展与政策演变历程进行系统梳理。整体篇从宏观层面探讨了日本青少年发展的总体状况及青少年政策的演变历程，有助于全面把握日本青少年发展与政策演变的背景、特点及趋势。其中，第一章对二战后日本青少年发展及青少年政策演变进行了系统梳理，验证了青少年随着经济社会发展的不同阶段表现出不同的需求和问题这一社会发展规律，总结了日本青少年政策应对时代需求，由最初的战后紧急应对、弱势群体救助、预防违法犯罪等"青少年对策"向发展、规划、法制导向的"青少年发展政策"的演变过程及特点，为我国青少年政策的制定和实施提供有益参考。第二章以日本《儿童、青年白皮书》（平成30年版）为基础，对日本青少年发展状况及青少年发展指标体系进行系统梳理，总结日本青少年发展指标体系的具体构成与特点，为我国青少年发展指标体系的构建以及与政策的互动关系提供参考。

　　重点领域篇则聚焦人口、就业、社会参与等重点领域，系统分析了各领域的具体情况及相关政策措施，有助于深入理解日本青少年发展的现状与挑战，以及相关政策在重点领域的具体实践。其中，第三章聚焦人口领域中严峻的少子化现象，以日本历年《少子化社会对策白皮书》为基础，分析日本少子化现象的严峻现状、成因、深层背景以及政策演变。通过时间序列的系统梳理和阶段划分，总结了日本少子化政策的发展过程、主要特点以及经验教训，为完善我国生育支持政策提供有益参考。

第四章和第五章聚焦就业。第四章通过对日本青年就业观的系统整理、分析，探讨随经济社会发展青年就业观变化的普遍规律以及日本消除青年就业迷茫、促进青年就业的有益举措，为我国青年职业发展援助提供参考。第五章对日本"灵活就业"现状及政策发展变化进行系统梳理，总结其演变的主要特点及经验教训，对影响我国青年就业高质量发展的灵活就业政策的制定和实施具有重要的借鉴意义。

第六章和第七章聚焦社会参与领域。第六章分析了日本国内主要政党及其青年组织的发展运行以及所面临的困境，解析新形势和挑战下日本主要政党争取青年群体的不同发展策略所带来的不同影响，并在此基础上提出对加强党的青年工作和共青团组织建设的相关建议。第七章以日本历年《外交蓝皮书》及《青少年白皮书》①为基础，对日本促进青年国际交往政策的发展历程进行了系统梳理。并通过对其政策发展的阶段划分、项目的详细介绍，总结60多年来，日本促进青年国际交往政策由项目推动到日益重视国民力量，由点及面、往来并重提升国际化水平等主要机制和特点，对我国青年国际交往政策的制定和实施提供有益参考。

资料篇中以附录的形式介绍了日本《儿童、青年育成支援推进法》的制定及实施情况、全体青少年健康成长状况、对困难青少年与家庭援助的相关举措，以及近年来日本青少年发展的参考数据，进一步丰富了本书的内容，以期为读者提供更为全面的参考资料。

最后衷心感谢日本内阁府青少年企划部门对翻译、使用《青少年白皮书》的授权。由于受掌握资料和自身学识所限，本书难免存在一些不足甚至错误之处，恳请各位读者批评指正。

---

① 日本《青少年白皮书》自2009年起更名为《儿童、青年白皮书》，但为了表述方便，在提及历年资料时统称为《青少年白皮书》。日文中的"青少年"在词义和年龄跨度上与中文有别，在《青少年白皮书》中一般指24岁及以下年龄群体，个别领域扩展到29岁或34岁。

目 录
CONTENTS

整体篇 ………………………………………………………………… 1

第一章　日本青少年发展与政策演变 ……………………………… 3

　第一节　研究背景 ………………………………………………… 3

　第二节　日本青少年发展与青少年政策 ………………………… 4

　第三节　日本青少年政策演变特点 …………………………… 16

　第四节　对中国青少年政策制定和实施的启示 ……………… 18

第二章　日本青少年发展与指标体系构成 ……………………… 21

　第一节　研究背景 ……………………………………………… 21

　第二节　日本青少年发展状况与指标体系构成 ……………… 22

　第三节　日本青少年发展指标体系特点 ……………………… 35

　第四节　对构建中国青少年发展指标体系的启示 …………… 37

重点领域篇 …………………………………………………… **39**

第三章　日本少子化现象及政策演变 …………………………… 41

　第一节　研究背景 ……………………………………………… 41

　第二节　日本少子化现状及原因 ……………………………… 43

　第三节　日本少子化政策演变 ………………………………… 47

　第四节　日本少子化政策演变的主要特点 …………………… 54

　第五节　对我国生育政策制定和实施的启示 ………………… 58

第四章　日本青年就业观及启示 ·· 62

　第一节　研究背景 ··· 62

　第二节　日本青年就业观分析 ··· 64

　第三节　日本青年就业援助优秀举措 ··· 69

　第四节　对中国青年就业援助的启示 ··· 71

第五章　日本灵活就业政策演变及启示 ·· 75

　第一节　研究背景 ··· 75

　第二节　日本非正规雇佣现状与发展 ··· 77

　第三节　日本非正规雇佣法律政策演变 ·· 81

　第四节　日本非正规雇佣政策演变的主要特点 ······························· 85

　第五节　对我国灵活就业政策的启示 ··· 88

第六章　日本主要政党青年组织运行现状、困境与对策 ················· 91

　第一节　研究背景 ··· 91

　第二节　日本主要政党青年组织的发展 ·· 92

　第三节　日本主要政党青年组织面临的困境 ·································· 94

　第四节　政党青年组织的变革与成效 ··· 97

　第五节　对加强和改善我党青年工作的启示 ·································· 100

第七章　日本促进青年国际交往政策演变 ··································· 104

　第一节　研究背景 ··· 104

　第二节　日本促进青年国际交往政策演变 ···································· 106

　第三节　日本促进青年国际交往政策机制特点 ······························ 110

　第四节　对我国促进青年国际交往政策的启示 ······························ 117

资料篇 ·· **121**

附录1　儿童、青年发展援助政策的综合推进与实施 ··············· 123

　第一节　《青少年育成施政纲要》的制定 ···································· 123

　第二节　《儿童、青年育成支援推进法》的制定及措施 ·················· 123

附录2　全体儿童、青年的健康成长 ·· 128

　第一节　自我形成的支持措施 ·· 128

　第二节　确保儿童、青年的健康和安全 ······································ 147

第三节 青少年的职业独立和就业援助 ················ 168

第四节 帮助青少年融入社会 ················ 185

附录3 困难儿童、青年与家庭援助 ················ 191

第一节 针对儿童、青年问题的多层次援助 ················ 191

第二节 针对性解决困难问题的举措 ················ 196

第三节 防止儿童、青年被害情况 ················ 244

附录4 参考数据 ················ 261

01

整体篇

第一章

日本青少年发展与政策演变*

第一节　研究背景

　　青少年政策的制定和实施关系着国家和社会的发展，是国家政策的一个重要组成方面。日本《青少年白皮书》自 1956 年开始，由政府牵头以白皮书形式每年向社会公开发布日本青少年的发展状况及青少年政策，迄今已有 60 余年，对日本青少年发展状况及政策的发展、实施轨迹进行了翔实记录，可以说是时间跨度最长且连续性最强的青少年发展状况及政策演变资料，具有重要的典型意义以及研究价值。当前我国依据《青少年白皮书》对日本青少年发展及政策开展相关研究的论著较少，且大部分集中在 20 世纪八九十年代，以介绍单年度的青少年问题为主要内容。①②③④⑤ 另有张华对《青少年白皮书》中日本青少年发展指标体系的稳定性、客观性、完整性进行了详细分析。⑥ 近年来针对日本《青少年白皮书》的研究出现一定的断层，但也出现一些直接针对单一领域，并

　* 本章主要内容发表于《中国青年社会科学》。详见：李倩. 日本青少年发展与青少年政策演变研究——以日本《青少年白皮书》为基础 [J]. 中国青年社会科学，2021（3）：132-140.

① 魏海波. 战后日本青少年犯罪第三次"高峰"的新特点 [J]. 上海青少年研究，1983（12）：26-28.

② 阿南一成，郭布罗润麒. 日本青少年问题的现状与对策——1982 年度青少年白皮书的概要 [J]. 环球法律评论，1983（04）：59-65.

③ 邵道生. 今日日本的青少年问题——[日] 青少年白皮书（一九八九年）[J]. 青年研究，1990（10）：46-48.

④ 栾培琴. 日本的青少年政策 [J]. 山东青少年研究，1995（01）：48-43.

⑤ 何培忠. 日本青少年问题与环境的变化 [J]. 国外社会科学，2002（05）：119.

⑥ 张华. 日本青少年发展指标体系的特点及其借鉴意义 [J]. 中国青年研究，2014（04）：107-114.

不基于《青少年白皮书》的日本青少年政策研究，例如，对青少年体育公共服务①、体质健康②、违法犯罪③、蛰居问题④等的研究，丰富了日本青少年政策研究的内容。本章以日本《青少年白皮书》的内容为主线，通过对二战后 70 年来日本青少年发展及青少年政策演变的系统梳理，总结随着日本经济社会发展的不同阶段，日本青少年政策的演变过程以及应对时代需求不断调整、演变的发展特点，为我国青少年政策的制定和实施提供有益参考。

第二节　日本青少年发展与青少年政策

青少年发展与国家的经济社会发展息息相关。战后，日本总人口迅速增长，从 1945 年的 7200 万，增长到 2010 年的 1.28 亿，之后呈下降趋势，2015 年降至1.27 亿。其中 0~29 岁青少年人口数在 1945 年至 1955 年间迅速增长，从 4418万增长到 5497 万，之后至 1975 年间有小幅波动，之后呈下降趋势，从 1975 年的 5504 万下降至 2015 年的 3427 万（参见图 1-1）。其占比在 1945 年至 1950 年间有小幅升高，由 61.36% 小幅升高至 62.42%，之后呈快速下降趋势，2015 年降至 26.97%，在总人口中的占比处于过低水平（作为参考，15~34 岁青少年人口占比在 1945—1965 年呈上升趋势，占比由 30.76% 升至 37.13%，之后基本呈下降趋势，只是在 1995 年附近有小幅上升，2015 年降至 20.20%）。

战后人口迅速增长的背景是日本经济社会从崩溃中的快速复苏。GDP 迅速增长（参见图 1-2），由 1955 年的 8.60 万亿日元增至 1997 年的 533.39 万亿日元，之后呈水平波动趋势。以与青少年关系最为密切的教育支出来看，一般政府支出中的教育支出占比基本呈下降趋势，由比重最高（1974 年）的 18.96%降至 2018 年的 7.94%。但从数值来看教育支出自 20 世纪 70 年代至 90 年代末 21世纪初基本呈增长趋势，由 1970 年的 2.63 万亿日元增至 2001 年的 21.79 万亿日元，之后呈微弱下降趋势，整体上与日本 GDP 有着较为相似的变化趋势。⑤

---

① 王占坤，李款，曲广财，唐闻捷．日本青少年体育公共服务体系建设的特征及借鉴［J］．天津体育学院学报，2021，36（01）：20-28．

② 李晓晨，陈佩．21 世纪以来中日青少年体力促进政策比较分析及启示［J］．河北体育学院学报，2020，34（04）：39-44．

③ 汪蓓．日本青少年法治教育改革经验及其启示［J］．学校党建与思想教育，2015（19）：92-94．

④ 师艳荣．日本青少年蛰居问题研究［J］．青年研究，2018（05）：47-58+95-96．

⑤ 2004 年度至 2005 年度教育支出的突然下降可能源于 SNA 体系的变化。

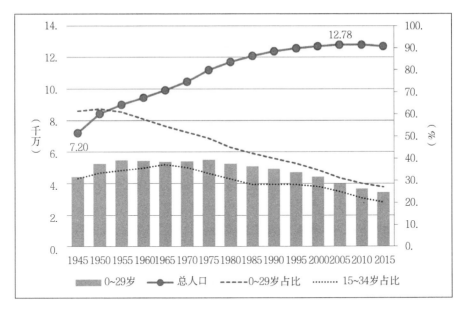

图 1-1　日本青少年人口及占比变迁

注：根据日本政府统计综合窗口 e-stat 中《国势调查》制成。

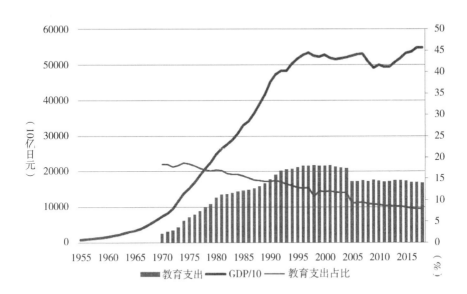

图 1-2　日本 GDP 及教育支出变迁

注：根据日本内阁府国民经济计算（GDP 统计）制成。1955—1979 年度 GDP 为 1968SNA 体系，1980—1993 年度 GDP 为 1993SNA 体系，1994—2018 年度为 2008SNA 体系数值；1970—1979 年度教育支出为 1968SNA 体系，1980—2004 年度教育支出为 1993SNA 体系，2005—2018 年度教育支出为 2008SNA 体系数值。

将日本经济社会发展阶段与青少年发展及政策动向相结合,可将二战后日本青少年政策发展大致分为以下四个阶段。

1. 战后的紧急保护及相关基础性法律制定阶段

战后紧急对应期大致为二战后至 20 世纪 50 年代中期,即日本战后经济社会的恢复阶段。这一时期一方面面临着经济和社会的巨大混乱;另一方面也是日本政府进行经济和社会改革,设计和颁布各种法律法规政策,为之后的快速发展打下良好根基的基础奠定期。

(1) 当时青少年发展状况

这一时期日本从战后混乱逐步走向复苏。日本总人口及其中青少年占比稳步增长(参见图 1-1)。总人口从 1945 年的 7200 万增长到 1955 年的 9008 万,其中 0~29 岁青少年人口从 4418 万增长到 5497 万,占比由 61.36% 小幅升高后降至 61.03%(作为参考,这一阶段 15~34 岁青少年人口呈上升趋势,占比也由 30.76% 升至 34.43%)。

这一时期,由于战争造成的巨大创伤,战争孤儿、流浪儿童的数量激增,使得迫于生活压力的青少年犯罪急速上升。同时,混乱不稳定的社会状况也引发了诸如毒品、人口买卖、有害出版物和电影等诸多问题,当时动荡的社会和家庭环境被认为是导致青少年走上违法犯罪道路的重要原因。青少年犯罪在 1951 年达到战后的第一个峰值(参见图 1-3)。1951 年,20 岁以下青少年违法犯罪人数 16.6

图 1-3 日本青少年违法犯罪人数变迁

注:根据《令和元年版犯罪白书》制成。包含违法青少年数。自 1970 年起不包括因过失驾驶导致死伤而犯法的青少年数。

万人，占 10 岁及以上青少年人口的 9.5‰，占违法犯罪人口的 26.9%。

此外，少年儿童重返学校、青少年就业环境恶化等问题也亟待解决。

（2）青少年政策发展

针对严峻的青少年问题，日本政府以救助流浪儿童和预防青少年违法犯罪为中心，制定了一系列紧急应对措施，同时以新宪法为基础，相继制定了《儿童福利法》（1947 年）、《教育基本法》（1947 年）、《学校教育法》（1947 年）、《劳动基准法》（1947 年）、《社会教育法》（1949 年）等基础性法律，并在 1948 年对《少年法》进行修订，奠定了直至当今社会的青少年保护相关的法律基础。

这一时期的青少年政策主要以救助弱势群体的补救导向为理念。1949 年，内阁决定在内阁官房设立青少年问题对策协议会作为制定青少年政策的牵头机构，并于 1950 年改组为总理府附属机关——中央青少年问题协议会，在战后的最初阶段即确立了青少年政策的权威政府机构负责制。

家庭和儿童方面，《儿童福利法》将 18 岁以下未成年人定义为儿童，指出儿童在成长发育期应得到特殊保护，以及为保护儿童应禁止的行为，并规划了儿童福利经费的来源及使用，提出通过建设儿童福利设施、设置儿童咨询所/儿童福利司等提高儿童福利，对未成年人的基本发展权益提供了切实保障。

教育方面，《教育基本法》和《学校教育法》基于教育机会均等的理念，建立了"6·3·3·4 学年"的新学校教育体系，确立了小学、初中共 9 年的义务教育制度以及男女同校规定，对少年儿童重返学校起到积极的促进作用。其中 9 年义务制教育在战后不久捉襟见肘的财政支出中是一项颇具魄力的决定。《社会教育法》明确划分了与社会教育相关的国家和地方政府的职责，并将公民馆活动制度化，又通过《青年班振兴法》的制定，进一步推广以在职青少年为对象的青年学习班制度。

职场方面，颁布了《劳动基准法》，其中针对青少年提出了最低劳动年龄、年龄证明、深夜劳动时间限制、工种限制，以及对劳动合同签订和报酬的特殊规定，并提出通过对工作场所进行监督，积极保护青少年劳动者，切实改善青少年就业环境。

青少年违法犯罪方面，对《少年法》的修订，将不满 20 岁的人定义为青少年，在家庭法院主要以保护性处罚为主。16 岁及以上青少年的死刑、监禁等刑事犯罪案件须移交至检察官。

在新宪法基础上紧急制定的各项青少年法律制度奠定了日本青少年发展的法律基础，但也存在划分复杂、运用步调不一、相关机构缺乏合作、沟通协调不充分等问题。

2. 从战后紧急对策向青少年健康发展的转变阶段

从战后紧急对策向青少年健康发展的转变期，大致为 20 世纪 50 年代中期—70 年代中期的经济高速增长阶段。这一阶段经济快速发展，尤其是 60 年代的年均实际经济增长率达 10% 左右，全民投资、储蓄及消费意欲高涨。这一时期一般政府支出中的教育支出呈显著上升趋势，由 1970 年的 2.63 万亿到 1975 年的 7.25 万亿日元①，在一般政府支出中的占比也大致呈微弱上升趋势，由 1970 年的 18.36% 上升至 1975 年的 18.52%。

（1）当时青少年发展状况

这一阶段日本总人口稳步增长，由 1955 年的 9008 万增长到 1975 年的 1.12 亿，但 0~29 岁青少年人口数小幅波动，维持在 5400 万附近，从而导致青少年占比由 1955 年的 61.03% 迅速下降到 49.17%（参见图 1-1）。作为参考，这一阶段 15~34 岁青少年人口呈现出先上升再下降的趋势，占比也由 1955 年的 34.43% 升至 1965 年的 37.13%，1975 年降至 33.11%。

这一时期，随着日本经济从复苏到快速增长，人们的生活水平也得到快速提升，消费生活日益丰富，围绕青少年的周边环境也发生了巨大的变化。消费热潮中，深夜娱乐、对青少年有害的出版物和电影等泛滥成了严重的社会问题；随着青少年向城市的快速集中，在中小企业工作的青少年劳动者的劳动条件也成了重要课题；随着核心家庭的增多，女性就业增加，对托儿服务的需求也日益增大；而随着收入水平的提高，生活逐渐富裕，劳动时间逐渐缩短，享乐风潮蔓延，如何有效利用增加的休闲时间，丰富青少年，尤其是在职青少年的业余生活也日渐成为一个社会关注的问题。

在这样的背景下，青少年违法犯罪再次呈现增加趋势，并出现了低年龄化、集团化、使用刀具的暴力犯罪增加等犯罪的恶性化、中产阶层青少年违法犯罪行为增加等特点，迁移到城市的青少年的违法犯罪等也成了严重问题。触犯刑法的青少年犯在 1964 年达到战后的第二高峰（参见图 1-3）。

（2）青少年政策发展

这一时期的青少年政策主要以针对特殊群体采取措施的问题对策导向为特点，可大致分为由战后应急举措逐步向青少年健康发展转变初期（20 世纪 50 年

---

① 1970 年前没有获得相关数据。

代中期—60 年代中期）和以国民运动推进青少年发展期（20 世纪 60 年代中期—70 年代中期）。

①向青少年健康发展转变初期

在经济发展和国民生活水平不断提高的背景下，青少年政策从战后的紧急保护措施逐步转向青少年的健康发展，学校教育得到改善，青少年及儿童福利也有所提高。

中央青少年问题协议会制定了青少年发展相关建议以及基本纲要等，在其指导下《体育振兴法》、有关"禁止携带刀具"的法规、对有害出版物/电影分类、对深夜娱乐场所实施管制等一系列措施相继出台。此外，中央青少年问题协议会还启动了青年海外派遣项目（1959 年）、青少年保护与发展运动等，开展了一系列青少年组织的国际活动以及青少年交流活动。

对于家庭，制定了《母子福利法》，设置了对家庭教育学习班的奖励制度，在福利事务所设置了家庭和儿童咨询室，并完善儿童福利设施，推进重度残疾儿童政策的实施。

学校教育方面，对《学习指导纲要》进行了修订，全面贯彻德育理念，增强基础学习能力，充实地理、历史教育。制定班级编制的标准，并针对高中生数量激增的状况，从设施建设、增加教师数量、扩大班级规模等方面采取了相应措施。

职场方面，制定了《职业培训法》，建立了青年劳动者福利员制度，加强在职青少年之家的建设等。

②国民运动推动期

触犯刑法的青少年犯数量在 1964 年升至战后的第二高峰，也正是这一时期，以东京奥运会为契机，人们意识到青少年健康发展不应仅仅止步于预防青少年违法犯罪和对其周边成长环境的净化，而是要动员全体国民的力量，全面促进青少年的健康发展。1965 年，在青少年违法犯罪对策省厅（部委）联络会议汇总的内阁会议报告中，提出了促进青少年发展国民运动的号召。1966 年，青少年发展国民会议成立，标志着青少年健康发展国民运动的正式开启。

1966 年，中央青少年问题协议会改组为青少年问题审议会，成为制定青少年指导、发展、保护及矫正等综合政策的调查审议机构。同时，为了强化青少年工作的政府综合协调机制，同年在总理府设立了青少年局。

青少年违法犯罪方面，通过青少年训导中心建设以及青少年训导员制度，促进在地区形成青少年违法犯罪预防体系。

健康方面，除去为应对休闲时间增加而加强的休闲设施建设外，以 1964 年东京奥运会为契机，提高全民体质也成为一项重要共识。1965 年，"增强体质国民会议"成立，标志着全国性体质增强运动的开启。

家庭方面，增强了对核心家庭的援助，制定了《母子保健法》《残疾人基本法》，创建了儿童补贴制度。并进一步扩大针对幼儿父母的咨询项目，增强儿童咨询所的家庭和儿童咨询力量，并进一步加强托儿所建设。

学校教育方面，对《学习指导纲要》进行了修订，与时俱进引入新的教育内容。随着升学率的提高进一步加强高中建设，设立了定时制高中（对不能接受全日制授课的学生设立的带有夜校的高中，方便青少年兼顾工作/家庭和学习）以及函授高中等。

职场方面，进一步充实对在职青少年的福利措施，制定了《在职青少年福利法》《职业能力开发促进法》、开设农林省务农者大学校等（大学校多为行政机关直辖的教育机构，不需满足法律规定的大学所应具备的相关条件，毕业后除特殊认证，没有学历证明）。

并根据青少年的发展需求，向青少年提供艺术鉴赏渠道等丰富的青少年文化生活，并陆续开展了日本青年海外协力队（1965 年）、青年之船（1967 年）、东南亚青年之船（1974 年）等项目，通过促进跨国境青年间的持续交往，或通过对多样化的文化、生活和思维方式的接触，培养青少年的国际视野。

3. 青少年政策的多样化发展阶段

青少年政策的多样化和综合化发展期大致为 20 世纪 70 年代中期—80 年代末期的日本经济稳定增长及泡沫经济阶段。以 1973 年的第一次石油危机为契机，日本的经济高速增长期结束，至 80 年代中期，实际经济增长率基本为 4%左右，为日本经济稳定增长阶段，这一时期国民生活水平稳步提高。之后是较为短暂的经济泡沫期（1986 年 12 月—1991 年 4 月）。70 年代中期—80 年代末期一般政府支出中的教育支出保持增长趋势，由 1975 年的 7.25 万亿日元增长到 1989 年的 16.70 万亿日元，但在一般政府支出中的占比呈较为明显的下降趋势，由 1975 年的 18.52%下降到 1989 年的 14.30%。

（1）当时青少年发展状况

这一阶段日本总人口继续稳步增长，由 1975 年的 1.12 亿增长到 1990 年①的 1.24 亿，但 0~29 岁青少年人口持续下降，由 1975 年的 5504 万降至 1990 年的 4936 万，青少年占比更是由 1975 年的 49.17%迅速下降到 39.94%（参见图

---

① 为了与 20 世纪 80 年代末期这一分界点的数值接近，此处分界点采用 1990 年数值。

1-1）。作为参考，这一阶段 15～34 岁青少年人口呈现出先下降再上升的趋势，但波动不大，占比由 1975 年的 33.11% 下降到 1990 年的 28.04%。

这一时期，与经济的稳定增长相应，国民生活水平稳步提升，人们对生活的看法也随之发生改变，比起物质追求，越来越多的人将注意力转向内心充实和悠闲的生活（参见图 1-4）。

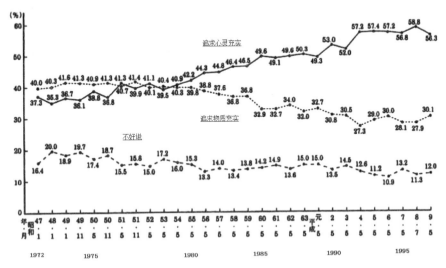

图 1-4　对追求心灵充实和物质充实意愿的变迁

注：引自 1997 年内阁总理大臣官房宣传室实施的《国民生活舆论调查》，以全国范围内 20 岁及以上青年为对象，样本数为 10000 人，有效回收率为 72.9%。

由于核心家庭化、出生率下降以及城市化的快速发展，家庭的孤立化现象日益显著，家庭的教育机能逐步减弱。同时，人们对学历愈加重视，导致升学竞争愈演愈烈。

此外，城市化进程导致人际关系减弱的同时，丰富的消费生活也使得享乐风潮进一步增强，信息化的发展使得知识交流更加频繁的同时，媒体对青少年的影响也越来越大，青少年周边的成长环境不断发生着巨大的变化。

在这样的情况下，20 世纪 70 年代后期青少年违法犯罪人数激增，在 1983 年达到战后的最高值，盗窃、校内暴力、家庭暴力、欺凌等各种问题呈现多样化趋势。

（2）青少年政策发展

这一时期的青少年政策主要以针对特殊群体采取措施的对策导向及多样化为特点。对于青少年违法犯罪行为，以 1982 年青少年问题审议会的报告为契机，相关省厅（部委）建立了"预防违法犯罪对策联络会议"，进一步采取综合性应对措施。并进一步推进"全国防止青少年违法犯罪月"的宣传活动，以及加强相关行业的法律法规建设。

家庭方面采取多样化措施，加强针对发生变故家庭的育儿援助措施，加强婴幼儿学习班以及"未来父母学习班"等家庭教育班建设的同时，为父母不在家的儿童（"带钥匙的孩子"）提供援助，并增加了夜间托管，以及延长托管时间等措施。针对残疾人制订了"关于残疾人援助措施长期计划"。

学校教育方面，根据《学习指导纲要》，削减标准授课时间，精简教学内容，丰富学校生活，以期实现充实而又不过分紧张的学校生活。推进残疾人学校教育义务制的实施。设立了不同于以往国立大学管理运营的新体制国立大学、广播电视大学以及高职/职高院校，并引入了大学入学学力统一考试。

职场方面，对应高学历占比增高，充实面向大学毕业生的就业信息，通过在职青少年福利员促进中小企业在职青少年的福利，开展青年农业师、青年林业师认证工作，以加强青年职业能力培养来带动行业和地区发展。

4. 综合性措施全面推进阶段

综合性措施全面推进期大致为 20 世纪 80 年代末期至现今的平成停滞期。以 1990 年为顶峰，日本泡沫经济崩溃，进入漫长的经济停滞期。投资急剧减少，消费趋于节俭。这一时期一般政府支出中的教育支出呈先上升后下降趋势，由 1989 年的 16.70 万亿日元上升到 1998 年的 21.76 万亿日元，而后波动下降至 2018 年的 16.89 万亿日元①，在一般政府支出中的占比则基本呈下降趋势，由 1989 年的 14.30% 波动下降至 2018 年的 7.94%。

（1）当时青少年发展状况

这一阶段日本总人口以 2010 年左右（1.28 亿）为顶峰，先升后降，2015 年降至 1.27 亿。0~29 岁青少年人口持续下降，由 1990 年的 4936 万降至 2015 年的 3427 万，青少年占比更是由 1990 年的 39.94% 迅速下降到 26.97%（参见图 1-1）。作为参考，这一阶段 15~34 岁青少年人口至 1995 年有小幅升高，但之后呈迅速下降趋势，占比也由 1990 年的 28.04% 升高到 1995 年的 28.17%，而后下降到 2015 年的 20.20%。

日本泡沫经济崩溃后，经济陷入停滞，失业率，尤其是青少年的高失业率成了严峻的社会问题。

---

① 2004 年度至 2005 年度教育支出的突然下降可能源于 SNA 体系的变化。

随着出生率的下降，同龄伙伴的减少导致孩子间的交流机会减少，父母的过度保护或过度干涉等导致家庭和地区的教育机能进一步减弱。此外，必须上学的意识也逐渐淡薄，导致不去上学的儿童和学生数量增加，青少年中从事自由职业的占比增加，青少年的思想和意识形态更加多元化。

通过各种媒体传播、在媒体泛滥的有害信息成为诱发、助长青少年违法犯罪的一个重要因素。虽然这一时期青少年违法犯罪人数呈显著下降趋势，但青少年滥用毒品、犯罪、欺凌、暴力行为、性越轨行为等问题日趋严重，并表现出与以往不同的模式，被抓捕的凶恶青少年犯中没有犯罪经历的占比增高，"普通孩子"的"爆发型"犯罪增加，学校内暴力行为以及欺凌现象频发。近年来青少年因受到虐待等成为犯罪受害者的情况也日益严重。

（2）青少年政策发展

这一时期的青少年政策主要以普惠性、规划性和主体性为特点，聚焦于省厅（部委）联动和以地区为单位的各项举措。可大致分为普惠性、主体性推进期（20 世纪 80 年代末—21 世纪初期）和规划性、法制性推进期（21 世纪初期至现今）。

①普惠性、主体性推进期

在青少年问题审议会报告的基础上，1989 年"预防违法犯罪对策促进会议"改组为"青少年对策推进会议"，并制定了《青少年对策促进纲要》，在全面整合青少年政策方面迈出了重要的一步，并通过对《青少年对策促进纲要》进行协商等方式，与相关省厅（部委）紧密合作，以联动方式全面有效推动青少年政策的实施。

预防青少年违法犯罪方面，促进青少年训导中心、预防违法犯罪协会、母亲会等以地区为单位的活动。对违法犯罪青少年，以矫正和健康发展为目标，警察、检察院、家庭法院等多机构根据各自所处位置采取相应的处置和保护措施。针对吸毒在学生群体中有所扩大的现象，加强对毒贩的打击、对药物滥用青少年的早期发现和指导，进一步开展防止药物滥用宣传活动。

家庭方面，为增强家庭的教育功能，对家庭教育课程、地区的家庭教育交流项目等提供援助。市政当局进一步推进家庭教育班的开设，向父母提供多样化的学习机会，完善 24 小时应对父母咨询机制。全面修改儿童福利制度，制定了"关于今后育儿援助政策的基本方向"（天使计划），全面推进儿童补贴制度，并从使用者角度出发，完善托儿所制度，促进放学后儿童健康发展项目的法制化，促进母子家庭和残疾儿童的福利制定和实施。

学校教育方面，重新修正了迄今为止偏重智育导向的教育方针，转变为充分发挥孩子个性，培养丰富人性内涵的教育理念。为增加儿童对各种事物的体验场所和机会，学校引入周五天制，并根据《学习指导纲要》修订完善了教育课程。针对暴力行为、欺凌、不愿上学等问题，增强学校心理咨询、电话咨询等教育咨询系统建设。引入学分制高中和综合学科，进一步促进高中学校教育的个性化、弹性化和多样化。并以大学审议会报告为基础，进一步推进高等教育制度改革，以及具有特色和多样化的入学选拔考试等。

此外，通过地区多样化的体验活动培养青少年的社会性也日益受到瞩目。通过促进科学活动、自然体验活动、关于家乡的学习活动、志愿活动等，切实创造青少年参加多样化体验活动和社会活动的机会。例如，自2002年开始，在学校全面实施周五天制的基础上，推进"全国儿童计划（紧急3年战略）"的实施，加强地区儿童成长环境建设、促进亲子活动。

职场方面，自1997年开始，相关省厅（部委）相互协作，共同促进学生在校期间就开始与自己的专业、将来职业相关的就业体验实习。此外，进一步加强招聘秩序建设，促进在职青少年的福利以及职业能力发展，确保民间企业有计划地对青少年进行职业能力开发，促进公共职业培训。并以青少年为对象推进新务农者大学校建设以及农村青少年活动等，促进农山渔村等农村地区的接班人培养。

对于青少年周边环境，在要求相关行业加强自主监管的同时，通过制定法律法规进一步加强监管。具体有《对儿童卖淫、儿童色情相关行为等的处罚及儿童保护等相关法律》的制定、对《性风俗营业等的限制及业务合规化等相关法律》的修订等。此外，由邮政省及广播电视组织对广播电视行业制定措施，推进对广播电视行业的环境净化。一方面创造尊重青少年基本人权的环境，另一方面对青少年开展教育活动，使青少年自身拥有正确的人权意识。

国际交往方面，总务厅继续推进国际青年培养交流、日中青年友谊交流、日韩青年友谊交流、世界青年之船、东南亚青年之船、亚太青年邀请计划、国际青年之村等青少年国际交往项目。在进一步完善接纳外国留学生制度的同时，推进日本学生的海外留学措施。为加强外语教育和推进地区层面的国际交往，邀请外国青年来日开展语言教学活动（JET计划）。

②规划性、法制性推进期

2003年，政府设立了以内阁总理大臣为本部长，以全体阁员为成员的"青少年育成推进本部"，从顶级层面确保相关行政机关紧密合作，促进青少年发展政策实施的体制化建设。并与同年制定了青少年发展中长期施政方针——《青少年育成施政纲要》（以下简称"2003 年纲要"）①，此后在 2010 年及 2016 年分别修改制定了新的发展纲要。

2009 年正式颁布《儿童、青年育成支援推进法》（平 21 法 71）② 作为第一部综合指导青少年发展的法律，并于 2010 年 4 月 1 日开始实施。同时，内阁府根据该法律第 26 条设立了"儿童、青年育成支援推进本部"作为主要负责制作青少年发展纲要及督促其实施的专门机构。

2010 年，依据《儿童、青年育成支援推进法》，《儿童、青年白皮书》被指定为法定白皮书。自此，《儿童、青年白皮书》（原《青少年白皮书》）作为青少年发展年度报告，每年须向国会提交。

职场方面，以 2007 年制定的《工作与生活平衡宪章》和《促进工作和生活协调发展行动方针》为基础，政府、劳动者团体、用人单位团体的高层达成新协议，积极倡导工作与生活的协调发展。

对于有害信息等青少年周边环境净化，2009 年开始施行《青少年安全安心上网环境建设法》（平 20 法 79），并依据该法制订了《青少年安全安心使用互联网措施的基本计划》，以期让未满 18 岁的青少年掌握恰当的互联网使用能力，同时通过促进过滤方式等尽量减少青少年浏览有害信息的机会，从而使青少年能够安全、安心地使用互联网。

针对近年来青少年自杀频发现象，制定了《自杀对策基本法》（平 18 法 85），并依据该法制定了《自杀综合对策纲要》，督促相关政府部门联合行动，共同促进各项措施的全面落实。

家庭、社会方面，针对出生率不断下降，根据《少子化社会对策基本法》（平 15 法 133），制定了《少子化社会对策纲要》《少子化社会对策纲要重点政策的具体实施——儿童、养育援助计划》《少子化新对策》《日本儿童及其家庭援助重点战略》等一系列政策措施。并通过有育儿经验的人、经验丰富的老年人、企业和 NPO 组织等多样化的主体参与，培养青少年发展的地区支撑力量，培养促进青少年教育、医疗、保健和福利发展的专业人才以及综合视野人才。同时着重对国际性人才、科学技术创新人才、竞技人才、新兴艺术家，以及工匠人才、地区振兴协力队等活跃于地区建设等具有创造性、未来性以及对社会有贡献的人才进行挖掘和培养。

---

① 亦可根据英文分别意译为青少年发展促进本部和《青少年发展施政纲要》。
② 亦可根据英文意译为《青少年发展促进法》。

第三节 日本青少年政策演变特点

日本青少年政策的发展与日本经济增长以及普遍的公民权益的提升密切相关，是在全体社会福利提升以及对青少年权益认知不断深入中的发展。纵观日本青少年政策的发展，可以总结出以下四个特点。

1. 从紧急弱势群体救助到青少年全面健康发展

二战后，日本青少年犯罪激增，流浪儿童、青少年重返学校、青少年就业环境等问题亟待解决。对此，日本采取紧急救助措施的同时，在新宪法之下紧急制定了一系列青少年相关的基础性法律，奠定了直至今日的青少年政策的法律基础。

随着日本经济渐入正轨，从复苏进入快速增长，国民生活水平迅速提高。物质生活日渐富足，休闲时间增加，享乐风潮蔓延的同时，青少年的业余生活和精神世界也受到越来越多的关注。与之相应，青少年政策的理念也由弱势群体救助逐步过渡为青少年全面健康发展的综合性理念。在经济发展和国民生活水平提高的背景下，儿童福利制度不断进步，学校教育得到改善，青少年发展设施建设不断推进，青少年成长环境逐步净化，青少年的社会参与机会增多，青少年政策逐步从战后的紧急保护措施转变为对青少年正当社会福利的保障和维护，全面综合促进青少年的健康发展。

2. 从预防违法犯罪到国民运动

从预防违法犯罪到国民运动可以说是从针对特殊群体的措施到青少年全面健康发展政策的重要一环，也可以说是实现青少年全面健康发展的有力措施之一。

青少年违法犯罪是青少年问题中影响最为严重的社会问题，因此预防青少年违法犯罪也一直是青少年政策制定和实施的一个重要方面。而随着经济社会发展带来的整体国民福利的提升，以及对青少年群体权益认知的逐步深入，日本青少年政策不再止步于对青少年违法犯罪的预防措施，而是以国民运动的形式，推进全体青少年的保护和发展。日本以1964年的东京奥运会为契机，开展了全国性的增强体质运动；1966年"国民会议"的发起，标志着国民运动的正式开始，之后为响应国民会议，地方政府也相应发起了"都道府县民会议"和

"市町村民会议",形成了全国范围的青少年发展国民运动推动体系;自 1978 年开始,将每年 11 月设为"全国青少年健康发展月",敦促相关机构和团体的全面合作;1989 年,以总务事务次官为首,定期(必要时随时)召开以相关省厅(部委)的局长为成员的青少年对策推进会议,促进相关省厅合作,建立起青少年政策的多部门联动实施机制。

随着经济社会大环境的变迁以及各项保护性措施,青少年违法犯罪数以 1983 年(31.7 万人)为顶峰基本呈显著下降趋势,2018 年降至 4.4 万人,在 10 岁及以上青少年人口的占比由 17.2‰降至 3.9‰,在违法犯罪人口的占比也由 30.9%降至 7.0%,在一定程度上反映出青少年国民运动和全面发展政策的有效性,青少年的违法犯罪并没有因为针对性政策的减少而有所增长。

3. 从青少年对策到青少年发展政策

随着青少年群体产生的社会问题具有越来越大的影响力,以及现代社会对"青年之力"的期望,青少年政策也从把青少年作为培育、保护对象的客体视角转变为将青少年作为自我实现的主体,帮助青少年自觉建立自我意识以及实现自我的主体思维。1999 年青少年问题审议会提出,青少年政策由既往的"青少年对策",转变为"青少年发展政策"。同年,内阁府召开"青少年对策推进会议",将《青少年对策促进纲要》的名称改为《青少年育成施政纲要》①,提出致力于培养全体青少年的社会参与和社会连带性,并从为全体青少年自觉自律建立自我意识、不断提升自我,以及排除青少年健康成长中的阻碍因素等视角,对既往的青少年对策进行了大幅修订,正式开启了增强青少年主体性的"青少年发展政策"。

4. 应对时代需求不断发展变化

纵观日本青少年政策的发展,可以明确看到青少年政策随着不同的经济社会发展阶段以及青少年群体的不同现状和需求不断发生着改变,由救助弱势群体、针对特殊群体、问题对策导向等客体视角逐步发展为重视普惠性、规划性和主体性的政策理念。当前日本青少年政策从家庭、教育、职场、青少年成长环境等多方面,统筹国家、地方政府、地区和社会团体,有计划、有步骤地推动政策的制定和实施,在使青少年获得安心快乐学习、生活、成长和工作的环境,培养青少年丰富的心灵世界的同时,更加重视青少年社会参与以及社会连

---

① 亦可根据英文意译为《青少年发展施政纲要》。

带感的培养。

根据 1995 年总务厅实施的《青少年连带感调查》（1970—1990 年）及《青少年生活及思想调查》（1995 年），回答没有烦恼和不满的青少年超过三成，且呈上升趋势，但另一方面，"普通孩子"的"爆发型"犯罪增加，学校内暴力、欺凌、自杀、吸毒等现象频发，这背后或许隐藏着连青少年自身都没有察觉到的不安和危险。从中可以看出，青少年政策的制定和实施就是这样一个逐步深入了解、掌握青少年行为背后的深层原因和需求，而后根据需求不断进行调整和修订的互动过程。

第四节　对中国青少年政策制定和实施的启示

1. 以长期指标与现状指标相结合的青少年发展数据网络为基础

随着经济社会的发展以及时代变迁，青少年的需求也在不断发生变化。日本《青少年白皮书》中以 0～24 岁人口为主要统计人群，数据积累已有 60 余年。当前数据包含青少年人口、健康、安全、教育、劳动就业、违法犯罪、生活与环境 7 大类别 100 余项指标，其特点是并没有明确的一级、二级指标，只有连续、稳定、覆盖七大领域的长期指标和丰富多样、随着关注度以及需求的提升添加进来的现状指标，表现出明显的以实践和需求指导指标制定的理念。其中长期指标从 1964 年基本保持统计口径的连续性、可比性以及进行国际比较的可行性，为科学、客观掌握青少年发展状况提供了有力支撑。现状指标则注重时代性、特征性以及深入性，主要由相关省厅（部委）提供。同时，青少年白皮书中每年还以专题报告的形式对近年突出的青少年问题进行调查研究，为全方位、深入了解青少年状况提供了有效保障。这样以稳定持续的青少年发展长期指标为主干、一系列专项调查为支撑构成的青少年发展数据网络成了日本青少年政策制定和评估的坚实基础。

当前我国的青少年政策亦建立在数据支撑的基础上。但还没有形成稳定、持续的指标体系。青少年发展指标制定时可以参照日本等国家，将指标区分为核心指标和共通指标。核心指标要注重数据统计口径的稳定性、连续性、可实施性、可评估性和国际可比性，例如，日本既遵循国际惯例以 0～24 岁为青少年及儿童的统计口径，近年来又随着老龄化社会的发展，将一些指标扩展到了 29 岁或 34 岁。共通指标则要注重时代性、特征性以及深入性。这样可使指标体系既保持结构的完整稳定，且在实施过程中可评可比，同时兼具时代特色以及中国和地区特色，从而实现对青少年及其主要亚群真实需求的充分了解和掌握。

2. 以全体青少年的全面发展为导向

日本青少年政策从最初针对青少年问题的"青少年对策"，逐步转变为发挥青少年主体性，重视培养青少年的社会连带感，全面促进青少年发展的发展理念。青少年政策从针对部分青少年的基本生存救助、社会关怀的狭义范围，扩展为广泛的、积极的、发展取向的青少年福利概念，也是近些年来世界各国的普遍趋势。[①]

一直以来，我国的青少年政策虽然非常注重青少年的社会属性，但青少年权益的保护往往局限于社会救助和狭义的保护[②]，并且由于欠缺服务青年的理念，不能深入掌握广泛青少年的真实现状和需求。今后的青少年政策应以全体青少年的积极发展为导向，在更加理解青少年群体特殊性的基础上深入了解掌握青少年的切身需求，同时，把青少年作为社会的重要组成部分，进一步发挥青少年的主体性，通过鼓励青少年积极参与社会生活促进青少年自身的成长和发展。

3. 全面、权威且具有可行性的政策制定和实施

日本青少年政策制定最初即以《儿童福利法》《少年法》《教育基本法》《学校教育法》《社会教育法》《劳动基准法》等构成其法律基础，更在 2009 年正式颁布了《儿童、青年育成支援推进法》作为第一部综合指导青少年发展的法律，并一直由总理府/内阁府等政府核心机构牵头，协调各省厅（部委）推进工作，具有较强的全面性、持续性和权威性。

而我国的青少年政策一直以来缺乏一个明确统一的体系，大多是由相关法律法规、工作文件以及实际做法指引各级行政、社会组织和个人行动，形成一种散布的青少年政策体系。[③] 且有关青少年的政策中被动性、预防性、倡导性的较多，在具体的实施和执行中具有一定的难度。[④] 但自 2017 年中长期青年发展

---

① 中国青年政治学院"中国青少年政策"课题组 . 现状与评价：中国青少年政策研究报告［J］. 中国青年研究，2001（01）：4-12.

② 陆士桢，王剑英 . 我国青少年政策与事务［J］. 中国青年政治学院学报，2012，31（01）：13-17.

③ 陈涛，陆玉林，周拥平等 . 现状与评价：中国青少年政策研究报告（续）［J］. 中国青年研究，2001（02）：30-37.

④ 同②。

规划（2016—2025 年）发布和 2020 年民法典颁布以来，省级、市级政府陆续依据规划制订了与自身地区相适宜的青年发展规划，大幅增强了我国青少年政策的明确性、统一性、全面性和权威性。今后在具体政策的制定和实施中，首先，还需明确一个强有力的专责部门来负责政策的制定和实施，例如，在国务院系统设立青少年政策主管部门，以行政手段综合协调青少年政策的实施。其次，中国青少年政策在不同领域存在一定的不平衡。在青少年社会保障、劳动就业、住房以及更深层次的需求方面，还需进一步完善相关政策的空白。① 其三，青少年政策的实施层面还需要进一步考虑服务模式和方法，确保将服务、资源和权益切实输送到青少年手中。此外，对其服务质量的监控、评估和意见反馈也应是政策体系中的重要一环。

4. 以"区社会"为切入点，合力形成青少年发展支撑网络

青少年的发展关乎国家和民族的兴衰，日本的"青少年育成推进本部"以内阁总理大臣为本部长，以全体阁员为成员，从顶级层面确保在青少年政策的制定和实施中，相关行政机关得以顺利运作，形成合力。此外，统筹国家、地方政府、地区社会和家庭，尤其重视发挥地区的作用也是日本青少年政策实施的一个特点。以地区为单位建立起的家庭援助、青少年违法犯罪预防体系、社会参与等措施一方面保障、促进了青少年在家庭、教育、文化学习等方面的福利，另一方面也为青少年创造了交流活动、社会活动以及体验活动等多样化的活动机会和场所。

青少年发展涉及家庭、教育、劳动、卫生、司法等众多部门，只有通过政府各部门间的协调合作，有效整合各部门资源，形成部门间的有机联动，才能有效促进青少年政策的实施。此外，还需充分调动社会各方面力量以及家庭的积极性，从国家、地方政府、社会和家庭等多个维度，共同合力构建起青少年发展的支撑网络。其中社区、学区、街区等微观区域社会，一方面，与青少年的家庭、教育、生活、卫生、安全、劳动以及预防违法犯罪等方面紧密联系；另一方面，这些地缘性微观社会所具有的连带性以及凝聚力，也适于调动各方力量以及针对青少年个体开展多样化的活动，在今后的青少年政策实施中应进一步发挥其应有的作用。

---

① 陈涛，陆玉林，周拥平，等. 现状与评价：中国青少年政策研究报告（续）[J]. 中国青年研究，2001（02）：30-37.

第二章

日本青少年发展与指标体系构成[*]

第一节 研究背景

青少年发展指标体系是科学、客观把握青少年发展现状及特征，揭示影响青年发展的深层因素，监测、评价、预测青少年发展变化的重要方式。也是落实"十四五"规划，促进我国《中长期青年发展规划（2016—2025）》（以下简称《规划》）纵深推进，将《规划》的指导思想具体化、实效化以及可监测可评估化，促进我国青年发展迈向高质量发展的关键举措。

日本自1956年（昭和31年）开始，从青少年人口、健康安全、教育就业、违法犯罪等多方面建立起相对稳定的指标体系，由政府牵头以《青少年白皮书》的形式每年向社会公开发布，迄今已有60余年，积累了长期的关于青少年发展指标体系构建、应用以及与青少年政策有效互动的经验，具有重要的典型意义以及研究价值。当前我国对日本青少年指标体系进行专门且深入探讨的论著不多，其中张华通过对日本1956、1980、1990、1999、2012年度《青少年白皮书》内容结构的对比，总结出日本青少年发展指标体系具有结构稳定、客观、完整等特点。① 其他研究大多只是在背景综述中对日本青少年指标体系的 一级指标进行了简单介绍或对比，没有深入到具体指标；或是针对日本青少年体格②、

---

* 本章主要内容发表于《青少年学刊》。详见：李健. 日本青少年发展指标体系的研究与启示 [J]. 青少年学刊, 2022 (05): 56-64.

① 张华. 日本青少年发展指标体系的特点及其借鉴意义 [J]. 中国青年研究, 2014 (04): 107-114.

② 吴建中. 青海省青少年学生与日本青少年学生部分形态发育及素质指标比较 [J]. 青海大学学报（自然科学版）, 2000 (02): 65-68.

体质①、预防违法犯罪②等单一领域的指标体系研究。本章以平成 30 年版（2018 年）日本《儿童、青年白皮书》为基础，对日本青少年发展状况及青少年发展指标体系进行系统整理。从中可以看出与既往认知不同，日本《青少年白皮书》中没有明确提出青少年发展体系的一级、二级指标，而是分青少年人口、健康、安全、教育、劳动就业、违法犯罪、生活环境等几大分类，将具体指标穿插于现状描述和政策实施之中。本章从日本《儿童、青年白皮书》（平成 30 年版）中梳理出描述日本青少年发展的 100 余项具体指标，并对具体指标进行归类分析，在描述日本青少年主要发展趋势的同时，总结日本青少年发展指标体系的具体构成与特点，期望为我国青少年发展指标体系的构建以及与政策的互动关系提供有益参考。

第二节 日本青少年发展状况与指标体系构成

日本《青少年白皮书》以 0～24 岁人口为主要统计人群，近年来随着日本社会的老龄化发展和成年初显期延长，一些指标也扩展到 29 岁或 34 岁。数据在法律规定下，由政府每年向国会提交，并向社会发布。当前数据包含青少年人口、青少年健康、青少年安全、青少年教育、青少年劳动就业、青少年违法犯罪、青少年生活环境七大类别 100 余项指标，其特点是并没有明确的一级、二级指标，只有连续、稳定、覆盖七大领域的长期指标和丰富多样、随着关注度以及需求提升添加进来的现状指标，表现出明显的以实践和需求指导指标制定的理念。其中长期指标从 1964 年基本保持统计口径的连续性、可比性以及进行国际比较的可行性。为科学、客观掌握青少年发展状况提供了有力支撑。

现状指标则注重时代性、特征性以及深入性。主要由相关省厅（部委）提供。同时，《青少年白皮书》中每年还以专题报告的形式对一些突出的青少年问题进行调查研究，此外内阁府还协调相关机构提供持续的关于青少年生活及思想、国外青少年、青少年网络使用情况等专项追踪调查，为全方位、深入了解青少年状况提供了有效保障。这样以稳定连续的青少年发展长期指标为主干，

---

① 蔡丹聘，孙有平，季浏．中外青少年体质测定标准之力量素质评价指标的比较［J］．首都体育学院学报，2013，25（04）：371-374.

② 姚建龙．预防青少年违法犯罪工作核心指标体系研究——以上海市为例［J］．中国青年研究，2010（05）：63-68.

相关省厅（部委）提供的系列数据和专项调查为支撑构成的青少年发展数据网络成了日本青少年政策制定和评估的坚实基础。下面分别就这七大类别的具体指标进行简要的分析和描述。①。

1. 青少年人口

青少年人口指标主要是指青少年人口数、出生数、死亡数等指标。具体有总人口、0~29 岁分年龄段分性别人口及占比、出生人口、0~24 岁青少年死亡数、0~24 岁青少年意外死亡数等指标。

以 2017 年为截面来看，日本总人口为 1.27 亿，0~29 岁青少年人口为 3411 万人，占总人口的 27.0%；0~24 岁青少年人口为 2782 万人，占总人口的 22.0%；出生数为 95 万人，0~24 岁青少年死亡数为 6427 人。

以指标中的 1964 年以来日本 0~29 岁青少年的人口数量及占比变化（参见图 2-1）为例可以具体看出，战后日本青少年人口在经过第二个婴儿潮（1971—1974 年）后，在 1976 年达到最高峰值（5540 万），之后基本呈下降趋势，至 2017 年青少年占比与 1964 年 55.1% 相比，降低了一半左右，凸显日本青少年在总人口中所占比重过低的现状。

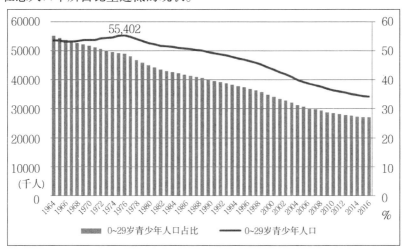

图 2-1　0~29 岁日本青少年人口及占比变化

注：1964—1971 年的人口中不包含冲绳县人口。根据日本《子供·若者白书》（平成 30 年版）数据制成。

---

① 以下指标中的一级、二级分类是使指标构成更加清晰化，由笔者根据具体指标分类而成。

2. 青少年健康

青少年健康指标主要包括体格、营养/运动/体质、疾病等类别（参见表2-1），平成元年（1989年）以来新增加的指标主要在营养、运动、疾病等方面。

表2-1　日本青少年健康指标

青少年健康	体格	出生时分性别平均体重
		3岁/5岁分性别幼儿身高及体重平均值
		小学/初中/高中分性别身高及体重平均值
	营养/运动与体质	分年龄段营养均衡占比 *
		初二分性别一周总运动时间 *
		小五/初二分性别除体育课保健课外一周运动时间 *
		9岁/11岁/13岁/16岁分性别新体质测试 */50 m跑/垒球（或手球）得分
		肥胖倾向/瘦身倾向儿童出现率
	疾病	幼儿园/小学/初中/高中裸眼视力小于1.0/龋齿/哮喘/过敏性鼻炎 *主要疾病发生率
		0~29岁分年龄段青少年推算患者数以及病因分类比
		分年龄段性病 */HIV感染者报告数
		分年龄段人工流产发生率 *

* 为1989年来新增指标。

以2017年为截面来看，日本青少年营养状态总体良好，但青少年与全体相比较，营养均衡度较差，20~30岁每日两次以上食用由主食、主菜和副菜搭配餐食的人数占比37.2%，大幅低于全年龄段的营养均衡状况（58.1%）。青少年身高、体重基本与上年度持平，17岁男子和女子高中生的身高分别为170.6 cm和157.8 cm，体重分别为62.6 kg和53.0 kg。小学生、初中生和高中生裸眼视力未满1.0的占比分别为32.5%、56.3%和62.3%，有过敏性鼻炎等鼻腔疾病的占比分别为12.8%、11.3%和8.6%。

以青少年健康指标中自1998年开始实施的新体质测试得分（参见图2-2）为例可以具体看出，自1998年新体质测试得分实施以来，不同年龄、性别青少年的得分基本呈上升趋势，青少年体质下降问题得到遏制。但与1985年的最高水平相比仍然属于较低水平。① 青少年的体质关系到青少年的健康发育和成长，也是更为丰富和充实生活的保障。青少年体质下降将会影响未来全体国民的身体素质，甚至会使整个社会失去活力。近年来日本更加重视提升青少年体质，通过加强体育锻炼和游戏活动，从儿童时期开始培养青少年热爱运动的习惯和能力。

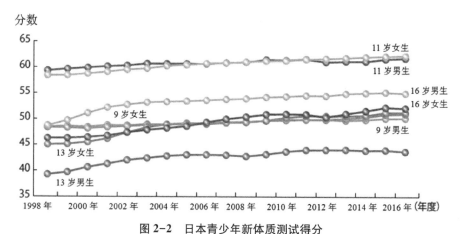

图 2-2　日本青少年新体质测试得分

注：引自日本《子供·若者白书》（平成 30 年版）。

3. 青少年安全

青少年安全指标主要包括遭遇事故、虐待及家庭暴力、收养/寄养、欺凌及校园暴力、自杀、刑事及危害青少年权益等类别（参见表 2-2），是一个较新的分类，大多为新增指标，近年来将一些指标的年龄扩大到了未满 30 岁。

以 2017 年为截面来看，30 岁以下青少年意外事故死亡人数为 111 万人，其中交通事故导致死亡的占比为一半（50.0%），小学、初中、高中学校管理下发生的受伤/疾病等事件分别为 35 万件、34 万件和 26 万件，发生率分别为 5.49%、10.28% 和 8.02%。劳动灾害导致 30 岁以下青少年死伤数 17303 人，占全部死伤者的 14.4%。全国儿童咨询所收到关于虐待儿童的咨询 13 万件，是防止虐待儿童法出台前的 11.5 倍，虐待儿童案件中施虐者为生母的占比最高（46.9%），其次为生父（40.7%）；家庭内暴力发现件数 2996 件，其中以初中生占比最高（46.2%），对象中母亲的占比最高（62.1%），原因中对家庭教育

---

① 日本内阁府. 子供·若者白书（平成 30 年版）[EB/OL]. (2018-06) [2020-01-06]. https：www8. cao. go. jp/youth/whitepaper/h30honpen/pdf_　index. html.

的逆反占比最高（64.3%）。

表 2-2　日本青少年安全指标

青少年安全	遭遇事故	未满30岁青少年意外事故死亡数/分年龄段构成比/死亡原因构成比*
		分年龄段交通事故死伤数及所乘交通工具构成比*
		劳动灾害导致30岁以下青少年死伤数及占比*
		学校管理下受伤/疾病发生数及发生率*
	虐待及家庭暴力	儿童咨询所记录儿童虐待件数及施虐者构成比*
		警方记录儿童虐待件数及双方关系*
		家庭暴力发现件数及不同学习、工作阶段/对象/原因构成比*
		保护儿童对策地区协议会数量及覆盖率*
	收养/寄养	登记领养家庭数/委托领养家庭数/委托儿童数/家庭集体护养数*
		收养设施数/定员/现有人数/职工数*
		社会收养/寄养儿童数及占比*
		护养儿童受虐待情况*
	欺凌及校园暴力	分性别小学生遭遇欺凌占比及次数*
		小学四年到初中三年欺凌受害和加害次数及构成比*
		小学/初中/高中欺凌发生件数及学年构成比*
		小学/初中/高中的警察处理欺凌案件数及其起因动机比*
		欺凌事件发现的契机比*
		校园欺凌等人权咨询数及侵犯人权件数*
		小学/初中/高中暴力事件数及学年构成比*
		警察处理的校园暴力事件及其中对教师的暴力事件人数*
	自杀	分年龄段未满30岁青少年死亡原因构成比*
		分性别分年龄段自杀人数及原因构成比*
	刑事及危害青少年权益	未满20岁分类别青少年成为主要受害者的刑事犯罪数量*
		分类别危害青少年权益犯罪人数及其中黑社会人员数/构成比*
		分性别分类别违反青少年权益犯罪未满20岁受害人数*
		约会网站和社交网络导致未满18岁受害青少年数和年龄构成比*
		JK（女子高中生）相关产业类型构成比*

* 为1989年来新增指标。

以青少年安全指标中的日本国立小学/初中/高中发生欺凌事件数量变化（左）和 2016 年在各学年中的占比（右）（参见图 2-3）为例可以具体看出，1995 年至 2005 年，日本国立小学/初中/高中发生的欺凌事件的总数保持在 5 万件以下，且呈减少趋势。2006 年对调查方法进行了修正，由欺凌发生数变为欺凌认定数。调查方法改变后，除高中阶段的欺凌依旧保持在低位，小学/初中的认定数量出现明显的增长，小学、初中发生欺凌事件数分别突破 5 万件。之后至 2011 年呈缓慢下降趋势。2011 年之后小学转为急剧上升趋势，中学表现为波动上升，2016 年日本国立中小学及特别援助学校共发生欺凌 32.3 万件，其中小学发生欺凌 23.7 万件。按学年划分，小学 2、3 年级阶段发生的数量最多。可以看出对欺凌事件认定方式的改进，可以使更多的欺凌现象浮出水面，以及小学低学年和初中 1 年级是欺凌容易发生的主要时期。从警方处理的欺凌案件的起因来看，"力气小和不反抗"占比最高，约为四成。

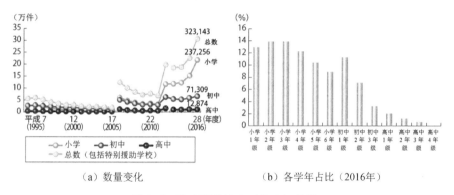

（a）数量变化　　　　　　　　（b）各学年占比（2016年）

图 2-3　欺凌事件认定（发生）件数

注：引自文部科学省《児童生徒の問題行動・不登校等生徒指導上の諸課題に関する調査》。欺凌是指在学校内就读的学生受到该学校其他学生等与该学生具有一定人际关系学生的心理或身体影响（包括互联网行为），使该学生感觉到身心的痛苦。2005 年之前为欺凌事件的发生数量，2006 年修改了调查方法，为欺凌事件的认定数量。

4. 青少年教育

青少年教育指标主要包括各级学校教育、自然体验活动、拒绝上学/肄业、单亲/就学援助、学力国际评估、留学等类别（参见表 2-3），平成元年（1989年）以来新增的指标主要在自然体验活动、拒绝上学与肄业、单亲与就学援助、学力国际评估等方面。

表 2-3 日本青少年教育指标

青少年教育	各级学校教育	学校教育人口总数
		义务教育阶段人口数
		包括幼儿园/保育园在内的各级学校数以及各级学校分性别在学学生数
		幼儿园/保育所/幼保联合型认定儿童园个数/利用状况比 *
		分年龄儿童保育方式构成比 *
		等待入所入园儿童数及年龄构成比 *
		初中升学率/除去升入函授高中的升学率
		大学/大专升学率
	自然体验活动	小学/初中/高中开展体验活动时间 *
		小学各年级校外团体开展自然活动的参加率 *
	拒绝上学/肄业	小学/中学/高中拒绝上学学生数及占比 *
		小学/中学/高中拒绝上学原因构成比 *
		高中分学年肄业人数/肄业率及学年占比 *
		高中肄业原因及构成比 *
	单亲/就学援助	有未成年子女的家庭/核心家庭/有未婚子女的单亲家庭数及单亲家庭占比 *
		有未婚子女家庭/单亲家庭的平均所得 *
		全体家庭/单亲家庭子女高中/大学入学率 *
		小学生/中学生中需救助/潜在救助人数及就学援助比 *
	学力国际评估	日本学生的国际学生评估项目（PISA）平均分及排名 *
		数学素养靠前者/靠后者占比变化 *
		小学 4 年/初中 2 年数学和理科教育平均分排名 *
	留学	小学/初中/高中归国青少年数
		小学/初中/高中需要日语辅导的外国学生数及其母语构成 *
		日本出国留学人数及主要留学国家（地区）构成比
		外国人留学生人数及国家（地区）构成比

* 为 1989 年来新增指标。

以 2017 年为截面来看，从幼儿园到大学的在学人数为 1897 万，其中，小学、初中、高中、大学的在学人数分别为 648 万人、341 万人、331 万人和 287 万人，升入高中/职高等的升学率为 98.8%（包括主修课程为函授的升学），升入大学/短期大学的升学率为 57.3%。此外，2016 年度缺席 30 天以上拒绝上学的小学生、初中生和高中生分别为 3.5 万人、10.9 万人和 5.0 万人，分别占该群体的 0.54%、3.25% 和 1.51%。

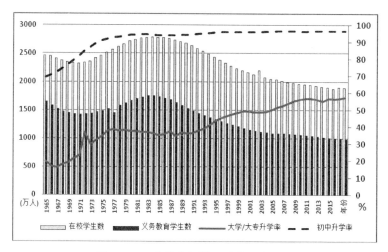

图 2-4　日本教育规模及升学率的变化
注：根据日本《子供·若者白书》（平成 30 年版）数据制成。

以青少年教育指标中的日本教育规模及升学率变化（参见图 2-4）为例，可以具体看出日本教育规模的变迁。1964 年后日本在校学生总数稍有下降，之后在 20 世纪 80 年代初期升至最高值（2783 万人），之后基本呈下降趋势。义务教育学生数与其呈现出相同的变化趋势，但在学生总数中的占比由 60 年代的三分之二，降至目前的一半左右，表现出在校生中高中及以上教育占比的显著提升。这一点从初中升学率和大学大专入学率的变迁也可以得到佐证。初中升学率（不包括函授高中）自 70 年代中期升至 90% 后，基本呈现稳定的微增长趋势。大学/大专入学率虽表现出一定波动，但从 60 年代的不到 20%，至目前的将近 60%（57.3%），表现出高等教育占比的显著提升。

5. 青少年劳动就业

青少年劳动就业指标主要包括劳动就业总体状况、实习/能力培训、各级学校毕业生就业、无业青年状况等类别（参见表 2-4），平成元年（1989 年）以来增加的指标主要在实习/能力培训、各级学校毕业生就业、无业以及非正规雇佣/自由职业和离职等方面。

表2-4 日本青少年劳动就业指标

青少年劳动就业	劳动就业总体状况	15~24 岁人口
		15~24 岁就业人口
		分年龄段劳动力人口及占比
		15~29 岁分性别劳动力人口及占比①
		分年龄段分性别完全失业率及失业人数
		分性别行业别人数及占比
		分性别非正规雇佣占比 *
		分性别离职率 *
		不同工作年数初中/高中/大学应届毕业生初次就业离职率 *
		分性别不同雇佣形式别平均工资 *
		分性别研究生/大学生/高职大专/高中毕业生起薪
		15~34 岁分年龄段自由职业者（包括零工和兼职意愿者）人数及占比 *
		15~34 岁分性别自由职业者（包括零工和兼职意愿者）人数及占比 *
	实习/能力培训	国立/公立/私立初中职场体验实施率及天数构成比 *
		国立/公立/私立高中实习率 *
		高中普通学科/职业学科实习体验人数比及实施率 *
		大学（研究生）/大专/职高（高职）实习实施率 *
		职业能力证明卡取得人数② *
	各级学校毕业生就业	初中/高中/高职（职高）/大专/大学毕业就业者数
		高中毕业生求职人数/求人倍率 *
		分性别高中毕业生毕业去向及构成比 *
		日本各级学校及分性别高中/大学就业率
		分性别大学毕业生就业状况及构成比 *
	无业	15~39 岁分性别分年龄段无业青年数 *
		15~39 岁分性别分年龄段不选择就业原因 *

* 为 1989 年来新增指标。

---

① 劳动就业指标中没有特别标出年龄阶段的均为 15~29 岁指标。

② 一种一生可用的职业履历和职业能力证明卡。

以 2017 年为截面来看，日本青少年劳动力人口（15～29 岁）为 1100 万人，其中男性为 580 万人，女性为 520 万人，自进入平成以来日本青少年劳动力人口呈下降趋势。从产业来看，前五位依次为"批发/零售"（18.7%）、"制造业"（15.3%）、"医疗/福利"（12.7%）、"饮食/住宿"（10.9%）和"教育/学习"（5.6%），上述产业就业占全部产业的六成以上。除去学生的 15～24 岁青少年、25～34 岁青年的非正规雇佣比分别为 27.2% 和 25.9%，均低于全体非正规雇佣比（37.3%），且近年来呈降低趋势。新毕业就业者中，初中毕业生为 3204 人，高中毕业生为 190259 人，大学毕业生为 432333 人，与前一年相比，初高中毕业生进一步减少，大学毕业生进一步增加。19 岁以下、20～24 岁、25～29 岁青少年劳动者的离职率分别为 39.1%、28.2%、19.8%，均高于全体就业者的离职率（15.0%）。

以青少年劳动就业指标中的日本各级学校就业率变化（左）和分性别高中生和大学生就业率的变迁（右）（参见图 2-5）为例，可以具体看出日本青年就业市场的变迁。1975 年至 2000 年间，初中、高中以及职高/高职生的就业率均呈下降趋势，其中职高/高职的下降幅度最为明显。进入 2000 年后初中、高中以及职高/高职生的就业率基本保持横向波动，而大专和大学毕业生的就业率则呈现微增趋势，结合各级学校的毕业生数，可以从一个侧面反映出大专/大学毕业生已成为日本青年就业的主要构成。从性别来看，2000 年后大学女生就业率超出大学男生就业率，差距亦呈增大趋势。考虑到日本大学男生和女生仍存在较大的数量差异，大学女生的就业总量不一定超过男生，但仍可以看出大学女生也已成为日本青年就业中的一个主要构成。

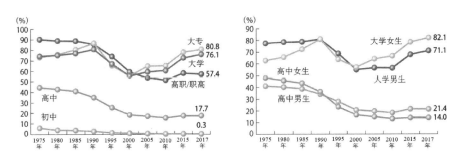

图 2-5 日本各级学校就业率变化

注：引自文部科学省《学校基本统计》。

6. 青少年违法犯罪指标

青少年违法犯罪指标主要包括青少年各类违法犯罪人数与构成、暴走族与街头犯罪、毒品、家庭裁判所青少年监护案件、不良行为与咨询等类别（参见表2-5），平成元年（1989年）以来增加的指标主要在青少年犯罪、暴走族与街头犯罪、毒品、不良行为与咨询等对青少年违法犯罪的细致划分上面。

表2-5　日本青少年违法犯罪指标

青少年违法犯罪指标	青少年违法犯罪人数与构成	14~19岁负刑事责任年龄青少年人口
		刑法犯青少年、盗窃犯青少年、特别法犯罪青少年、未满14岁刑法犯罪少年、未满20岁送交/通告虞犯青少年、道路交通法违法青少年人数
		青少年机动车驾驶过失致死伤人数
		刑法犯青少年/未满14岁刑法犯罪少年的年龄构成*
		刑法犯青少年/未满14岁刑法犯罪少年的犯罪类别构成比*
		特别法犯罪青少年/未满14岁特别法犯罪少年人数及占比*
		初次犯罪青少年人数/占比/犯罪类别/犯罪原因/时间构成比*
	暴走族与街头犯罪	20岁以下暴走族人数和被检举人数及年龄构成比*
		被检举的街头犯罪总数/青少年犯及占比*
	毒品	30岁以下因兴奋剂/大麻被检举青少年人数和占比*
		分年龄段因滥用药物被检举人数及占比*
	家庭裁判所青少年监护案件	家庭裁判所青少年监护案件新受理人数（包括一般监护案件人数、道路交通监护案件人数）及违法犯罪类别构成
		家庭裁判所一般监护案件终了人数（包括监护处置人数、送检察官刑事处置人数、免于处分人数、免于审判人数）及占比
	不良行为与咨询	分性别分身份类别警察登记青少年咨询数/占比/咨询人/内容构成比*
		不良行为训导类别构成*/人数/占比

* 为1989年来新增指标。

以2017年为截面来看，刑法犯青少年、盗窃犯青少年、特别法犯罪青少年人数分别为26797人、15575人、5041人。刑法犯罪青少年中，盗窃的占比最高，接近六成（58.1%）；分年龄来看，14岁及以上青少年中14~16岁的低年龄层占了五成以上（53.8%）；未满14岁少年中13岁占比最高，接近四成

（37.5%）。初次犯罪被检举青少年 15247 人，占刑法犯罪青少年的 56.9%。

以指标中的日本青少年违法犯罪人数变迁（参见图 2-6）为例，可以具体看出被检举的刑法犯罪青少年、被训导的未满 14 岁刑法犯罪少年和被训导的未满 20 岁虞犯青少年人数在 1985 年后都呈减少趋势；从犯罪结构来看，近年来刑法犯罪青少年以及未满 14 岁刑法犯罪少年中，盗窃占一半以上，暴行/伤害等占一成左右。从中可以看出，随着经济社会大环境的变迁以及各项保护性措施，日本青少年违法犯罪数以 20 世纪 80 年代中前期为顶峰显著下降，近年来被检举的刑法犯罪少年在青少年人口的占比也呈现显著下降趋势，但仍高出成年刑法犯罪人口占比，青少年违法犯罪依然是青少年问题中影响最为严重且不可忽视的社会问题。

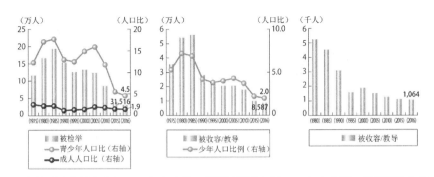

（a）刑法犯罪青少年 　　（b）未满14岁刑法犯罪少年 　　（c）未满20岁虞犯青少年

图 2-6　青少年违法犯罪人数变迁

注：引自警察厅《少年の補導及び保護の概況》。人口比是指在该年龄层的千分比（未满 14 岁犯罪少年的人口比按照 10~13 岁人口计算）。

7. 青少年生活环境指标

青少年生活环境指标主要包括家庭、地区、网络环境、财政等类别（参见表 2-6），均为平成元年（1989 年）以来增加的指标。

根据厚生劳动省 2009 年调查，父母与子女一周内的谈话时间不满 10 小时的占比分别为母亲 25.2%、父亲 50.5%，亲子间缺少足够的交流时间。以 2017 年为截面来看，82.5% 的青少年使用各种设备上网，小学生、初中生和高中生的智能手机拥有/使用率分别为 29.9%、58.1% 和 95.9%。青少年工作日使用网络的日平均时间约为 159 分钟。分别有 5.1%、11.6% 和 26.1% 的小学生、初中生和高中生工作日的日使用网络设备时间超过 5 小时以上。在使用智能手机的青少年监护人中，有 84.4% 采用相关措施限制青少年上网，采取的措施主要有

"使用互联网过滤服务"（44.0%）、"掌握孩子上网状况"（36.1%）和"在大人视线范围内使用"（31.6%）等。

表 2-6　日本青少年生活环境指标

青少年生活环境指标	家庭	父/母每周与子女的谈话时间 *
		父/母回家时间 *
	地区	青少年援助地区协议会开设数目 *
		课后儿童教室/俱乐部数量及实施覆盖率 *
	网络	青少年网络设备利用率 *
		小学生/初中生/高中生智能手机和移动电话使用情况 *
		小学生/初中生/高中生网络使用时间 *
		小学生/初中生/高中生智能手机使用时间 *
		使用智能手机上网的青少年监护人措施 *
		监护人对上网的认知和经验习得 *
	财政	青少年发展援助预算、决算明细 *

* 为 1989 年来新增指标。

以青少年生活环境指标中的课后儿童综合计划的实施状况（参见图 2-7）为例可以具体看出日本儿童政策的实施情况。2007 年后，课后儿童教室/儿童俱乐部的数量以及开设上述活动的市/镇/村占比呈稳步上升趋势，至 2017 年，已在 1098 个市/镇/村开办了 17615 个课后儿童教室，儿童教室市/镇/村覆盖率达 63.1%，在 1619 个市/镇/村开办了 24573 个儿童俱乐部，儿童俱乐部市/镇/村覆盖率达 93.0%。课后儿童教室是以所有的儿童为对象，在地区居民的参与帮助下为儿童提供学习、体育、文化艺术，以及与地区居民交流的计划。课后儿童俱乐部是以双职工家庭等监护人因工作原因白天不在家的小学生为对象，在学校放学之后利用空闲教室和儿童馆作为玩耍和生活场所的举措。为了进一步帮助双职工家庭解决育儿和工作难以兼顾的困局，促进下一代培养，文部科学省和厚生劳动省于 2014 年联合制订了《儿童课后综合计划》，保障所有就学儿童的课后安全以及参加多样性体验活动的机会，切实提高儿童生活的环境品质。从图 2-7 中可以看出，在《儿童课后综合计划》推出后，"课后儿童教室"及"课后儿童俱乐部"数量出现较为显著的提升，明显展示出政策的促进作用。

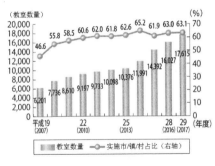

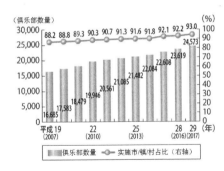

（a）课后儿童教室　　　　　　　　（b）课后儿童俱乐部

图 2-7　课后儿童综合计划的实施状况

注：引自文部科学省《学校と地域でつくる学びの未来》（http：//manabi-mirai. mext. go. jp/）、厚生劳动省《放課後児童健全育成事業（放課後児童クラブ）の実施状況》。

第三节　日本青少年发展指标体系特点

纵观日本青少年发展的长期指标以及以 2017 年为横截面的具体现状指标，可以看出日本青少年发展指标体系的以下三个特点。

1. 长期指标分领域保持口径稳定、数据连续，具有较强的可比性

日本青少年发展指标在青少年人口、健康①、教育、就业、违法犯罪等方面建立起长期、翔实的统计数据，可以追溯到 1964 年或是更早的年代。且主要统计指标保持了 0~24 岁的年龄组别统计，便于进行国际比较。近年来随着日本社会的老龄化发展和成年初显期延长，一些指标述扩展到了 29 岁或 34 岁。数据分领域由不同的省厅（部门）提供，并以相关法律为基础依照实际状况界定政策所需要覆盖的青少年具体范围。例如，《儿童福利法》《青少年安全安心上网环境整治法》等的覆盖范围为未满 18 岁者，《少年法》《民法》《未成年人吸烟禁止法》、《未成年人饮酒禁止法》等的覆盖范围为未满 20 岁者，这样以各法律为基础提供的统计口径，可使数据既涵盖了法律所保护对象的全体范围，又在各自领域内保持连续、稳定以及专业性。

――――――――――――

①　身高体重和疾病可以分别追溯到 20 世纪 70 年代和 80 年代。

2. 丰富的现状指标灵活增减，全面、深入反映青少年发展状况

在稳定、连续的长期指标之外，日本还根据青少年发展现状不断增添新的指标，以平成元年（1989 年）为分界来看，新增指标已占到现指标体系的一半左右。这些指标覆盖健康、安全、教育、劳动就业、违法犯罪、生活环境等各个领域。例如，青少年安全是一个较新的分类，大多为新增指标，包含了事故、虐待及家庭暴力、收养/寄养、欺凌及校园暴力、自杀、刑事及危害青少年权益等多方面内容，很多是随着近年来青少年的突出问题和对青少年权益保护的日益重视而新增的指标，其中一些随着其重要性的增加和数据的积累，很可能会逐步转变为长期指标（例如，30 岁以下青少年意外事故死亡数、分年龄段交通事故死伤数、家庭暴力发现件数等）。同时随着问题解决、关注度下降、数据获取等原因，一些指标（例如，不同学级青少年离家出走状况、公立学校器物损害状况、30 人以上规模民营企业加班情况等）也会被去除。此外，不回避负面指标也是日本青少年发展指标全面性和深入性的一个体现，在当前的七大分类中，以安全和违法犯罪领域为主，负面指标在指标体系中有相当大的占比。

综上可以看出日本青少年发展指标体系中的现状指标具有全面、深入特点的同时，对现状指标的取舍也具有较大的灵活性，主要以是否反映当前青少年发展现状及问题为目的，表现出较为明显的以实践和需求指导指标制定的理念。结合长期指标，日本青少年发展指标体系以翔实的数据全面、深入地描述了青少年发展状况以及存在的问题，为青少年政策的制定和实施提供了重要的数据支撑。

3. 政府主导、分工明确的数据采集系统保障数据稳定、可靠

日本青少年指标体系涵盖儿童、青年不同的发展阶段以及安全健康、劳动教育、违法犯罪、生活环境等不同的发展领域，数据全面、丰富。其信息采集系统的特点是由专门的政府权威机构牵头（现为设置在内阁府的"儿童、青年育成支援推进本部"），总务省、厚生劳动省、文部科学省、警察厅、最高裁判所等国家政府权威部门分别负责提供人口/劳动、出生/死亡/安全健康、学校/教育、违法犯罪、少年监护等关于青少年发展的大部分数据，从而保障了相关数据的专业性、稳定性和连续性。此外，还针对当前突出的青少年问题，纳入了由权威部门以及独立法人组织提供的专题研究及追踪调查数据，为全方位、深入了解青少年状况提供了有效保障。这些数据在当前的法律规定下，由政府每年向国会提交，并向社会发布。这样由政府主导形成的权威且职责分明的信息采集系统为日本青少年指标体系数据的专业性、权威性提供了有效保障。

第四节　对构建中国青少年发展指标体系的启示

1. 以合理的指标结构解决指标体系简洁可比与全面深入间的困局

构建青少年发展指标体系的直接目的是科学把握青少年发展的现状及特征，揭示影响青少年发展的深层因素，监测发展变化，评价发展状况，引导以及预测青少年发展。全面深入的描述往往意味着庞大的指标体系，而评价和比较则要求指标简洁可比。借鉴日本青少年发展指标体系中稳定的长期指标和丰富的现状指标，可以考虑将中国青少年发展指标体系分为简版和长版两个版本。简版仅由依据学理以及青年发展现实状况筛选出的核心指标（A级）构成，简洁稳定，便于长期跟踪以及进行国际、省际或地区间的比较；长版在核心指标的基础上纳入内容丰富的共通指标（B级），同时鼓励地方加入具有地方特色的自选指标（C级），长版的"A+B+C"模式可以全面反映中国青年的时代特色以及地方特征，从而实现对中国青年发展状况的深入了解和掌握。由核心指标构成的简版和由上述三种指标共同构成的长版指标评价体系将有效解决指标体系简洁可比与全面深入之间的困局。共通指标随着青少年发展现状在一定时期内可以统一进行增减，在保持核心指标长期稳定的同时，也解决了青少年发展指标随着时代变迁的发展变化问题。

2. 以政府主导的数据采集网络保障青少年发展指标数据的权威客观

科学客观的指标体系一方面是对指标设计的要求，另一方面也是对指标数据采集系统的要求。日本青少年发展指标数据采集的最大特点是政府主导，由政府主导形成的职责分明的信息采集系统为数据的专业性、权威性提供了有效的保障。2021年我国出版了第一部青年发展领域的统计年鉴——《青年发展统计年鉴2020》，为解读我国青年各领域的发展状况提供了综合性的权威数据，但其数据主要来自相关部门公开出版的统计年鉴、数据公报等，未来亟需将青少年发展的核心类指标（A级指标）纳入政府统计部门的监测序列，以实现青少年发展核心数据的权威化、规范化和可及性。同时借鉴日本，由政府权威部门牵头，各政府职能部门分别提供相关负责的青少年发展数据（B级、C级指标），在保障核心指标连续、稳定和统一的同时，实现对青少年发展全貌的深度展现。

3. 同时构建衔接性儿童发展指标有利于代际比较和政策评估

除了兼顾长期、稳定和丰富、开放之外，日本青少年指标体系的另一个主要特点是指标随领域不同包含了不同的年龄构成，涵盖了儿童、青少年成长发展的较为完整的系列，便于进行代际比较，并有利于对政策的实施效果进行追踪、评价。

我国当前正在积极构建青年发展指标体系，而同时，随着"十四五"规划纲要明确把"儿童友好城市建设"列入重大工程，构建科学、客观、有效的少年儿童发展指标体系也日趋必要和重要。参考日本青少年指标体系设计，以青少年安全为例，可以看出其中有些是少年儿童专有的指标，例如，儿童虐待件数等；有些是青年的专有指标，例如，劳动事故导致 30 岁以下青少年死伤数等；但同时也有许多少年儿童与青年的共有指标，例如，小学/初中/高中欺凌发生件数、分年龄段青少年自杀人数等。我国对青年的界定为 14～35 岁，对儿童的界定为未满 18 岁者，二者范围之间本身有着一定的重叠，因此在积极构建青年发展指标体系的同时，也应积极推进少年儿童指标体系建设，且应着重加强两指标体系在主要指标选取和统计口径上的一贯性及衔接性，从而便于进行代际比较、发展趋势预测，以及对青少年法律及政策的实施效果进行追踪、评价，同时，也有利于增强青少年法律以及政策制定的一贯性及衔接性。

02

| 重点领域篇 |

第三章

日本少子化现象及政策演变[*]

第一节　研究背景

2020 年我国总和生育率跌至 1.3，低于国际社会公认的 1.5 警戒线，且出生人口呈走低趋势，出现少子化风险的倾向。在这样人口发展的关键转折之际，系统梳理研究国外，尤其是与我国在社会习俗和价值观上有较多共性的日本的少子化政策发展以及经验教训，对我国生育支持政策的制定和实施有着重要意义。

"少子化"是指总和生育率（TFR）长期低于人口更替水平的一种社会现象。1989 年（平成元年），日本总和生育率跌至 1.57，打破之前最低的 1966 年的 1.58①，被称为"少子化冲击元年"。也正是以 1989 年为契机，日本政府认识到少子化问题的严重性，在 1992 年度的《国民生活白皮书》中，作为官方文件第一次使用了"少子化"来描述日本出生率下降以及儿童数量减少现象。并从 20 世纪 90 年代中期开始制定、实施了一系列促进生育、遏制少子化进程的政策和法律法规，目前已形成了一套较为完善的政策体系，并收到一定成效。

我国也从 20 世纪 90 年代开始，从现状、原因、影响和政策等方面对日本

---

* 本章主要内容发表于《中国青年研究》。详见：李健. 日本少子化政策演变及对中国生育支持政策的启示［J］. 中国青年研究，2022（07）：111-119+96.

① 1966 年是因为 60 年一次的迷信传说导致生育率降至 1.58。

41

的少子化进行了介绍①②，并逐步就少子化对女性就业③、教育④⑤、经济增长⑥、综合国力⑦等方面的影响进行了深刻分析。近年来，在进一步追踪日本少子化状况的同时，在政策体系方面，山田昌弘、胡澎指出当前日本少子化政策在设计和实施中忽略了包括中国在内的亚洲国家固有的价值观，一直是以欧美国家的少子化政策为基础范式，因此难以奏效⑧；王伟总结了日本少子化政策体系的特点，以及以经济援助、保育服务、工作方式改革、工作与生活相协调的施政重点⑨；王晓峰、全龙杰重点介绍了日本少子化政策体系的国会立法、内阁决议、少子化社会对策会议、政府职能部门四个层次，以及经济援助、生育和育儿援助、工作方式改革三条主线。⑩

　　本章在回顾日本少子化严峻发展状况、直接原因、深层背景的基础上，以日本历年《少子化社会对策白皮书》为主线，对 20 世纪 90 年代中期以来近 30 年日本少子化政策的演变历程进行了系统的梳理，并及时跟进到 2020 年以来日本针对既往少子化政策效果低迷所采取的一系列新举措。同时，通过对日本少子化政策发展的阶段划分，总结其演变的主要特点及其经验教训，为我国生育支持政策的制定和实施提供有益参考。

---

① 关春影. 论日本的"少子化"及其对策 [J]. 外国问题研究，1998（02）：59-62.

② 史丽华. 日本少子化发展态势及对策 [J]. 日本研究，2001（03）：35-40.

③ 毕雅萌. 日本的少子化和女性就业的关系 [D]. 导师：吴云珠. 上海外国语大学，2012.

④ 石人炳. 日本少子化及其对教育的影响 [J]. 人口学刊，2005（01）：46-50.

⑤ 王幡，刘在良. "少子化"社会背景下日本学前教育政策研究 [J]. 大连大学学报，2017，38（02）：124-133.

⑥ 王晓峰，全龙杰. 少子化与经济增长：日本难题与中国镜鉴 [J]. 当代经济研究，2020（05）：85-92.

⑦ 田香兰. 日本人口减少及老龄化对综合国力的影响——兼论日本的人口政策及效果 [J]. 日本学刊，2011（05）：107-121.

⑧ 山田昌弘，胡澎. 少子化问题的亚洲特征——日本与欧美比较的视角 [J]. 日本学刊，2019（02）：87-97.

⑨ 王伟. 日本少子化进程与政策应对评析 [J]. 日本学刊. 2019（1）：117-135.

⑩ 王晓峰，全龙杰. 日本少子化对策的演进、体系及政策工具评析 [J]. 人口学刊，2020，42（03）：89-101.

第二节　日本少子化现状及原因

1. 日本少子化现象的严峻现状

日本在 2007 年人口达到峰值（1 亿 2777 万人）后进入人口减少时代。2020 年总人口 1 亿 2571 万人，其中儿童（0～14 岁）、劳动适龄人口（15～64 岁）、65 岁及以上人口占比分别为 12.0%、59.3%、28.8%，儿童占比远低于联合国推算全世界儿童占比（25.4%），同时 65 岁及以上人口占比也远高于世界平均（9.3%）。从年出生人数来看（参见图 3-1），日本在 1947—1949 年的第一次婴儿潮时期约 270 万人，1971—1974 年的第二次婴儿潮时期最高约 210 万人，1975 年跌破 200 万人，之后基本呈逐年减少趋势，2019 年更是跌破 90 万人。总和生育率从 20 世纪 50 年代开始呈波动下降趋势，2005 年跌至历史最低点 1.26。之后呈现波动微升的趋势，在 2015 年达到近期峰值（1.45）。可以看出日本政府近期所采取的一系列少子化政策起到了一定成效。但之后总和生育率又转入减少趋势，2020 年降至 1.34，从中也表现出解决生育问题的艰巨性和复杂性。

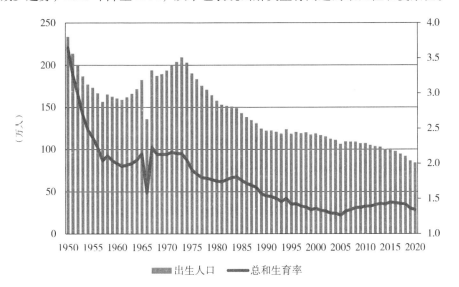

图 3-1　日本出生人口和总和生育率变迁

注：依据日本厚生劳动省「人口動態統計」绘制。

依据国立社会保障与人口问题研究所发布的《日本未来推算人口（2017 年

基准）》，2053 年日本总人口将跌破 1 亿人。这样急速的人口减少不仅会带来严峻的经济和社会保障问题，也会严重影响到国家和社会的存在基础。

2. 日本少子化现象的人口学因素以及深层背景

日本少子化现象的人口学因素主要有未婚化（结婚率降低、大龄未婚率增加）、晚婚晚育和夫妇生育数量减少等，而结婚、生育问题的社会经济背景主要有：没有遇到合适的对象、结婚观/价值观的变化、经济状态不稳定、工作和育儿难以兼顾、家务/育儿对女性的负担偏重、育儿中的孤立感/负担感、育儿和教育费用沉重等多方面的深层因素。

（1）人口学因素

日本少子化现象的人口学因素主要有：结婚率降低、大龄未婚率增加、晚婚晚育，以及夫妇生育数量减少等。

①结婚率降低

日本在 1970—1974 年，每年结婚件数超过 100 万组，结婚率（年结婚件数／千人 * 1000）大致在 10.0 以上。之后结婚件数和结婚率基本呈下降趋势。1978—2010 年，结婚件数在年 70 万组左右波动，2011 年之后，下降至年 60 万组左右，2018 年跌破 60 万组，为 1947 年以来最低值。2019 年受到令和改元的一定影响，"令和婚"增加，结婚率也较上年的 4.7 增加了 0.1，但也仅有 20 世纪 70 年代前半期的一半左右。

②大龄未婚率增加

从长期来看，无论男女未婚率均呈上升趋势。分年龄来看，根据总务省的国势调查，2015 年，30~34 岁男性约 2 人中有 1 人（47.1%），女性约 3 人中有 1 人（34.6%）未婚；35~39 岁男性约 3 人中有 1 人（35.0%），女性约 4 人中有 1 人（23.9%）未婚。以 50 岁的未婚率（根据 45~49 岁和 50~54 岁的未婚率的平均算出）为例来看，2015 年男性约 4 人中有 1 人（23.4%），女性约 10 人中有 1.5 人（14.1%）未婚，大幅超出 1970 年的 1.7% 和 3.3%，大龄未婚化现象显著。

③晚婚晚育显著

从长期来看，日本平均初婚年龄无论男女均持续上升，晚婚化趋势明显。2019 年男性初婚年龄为 31.2 岁，女性为 29.6 岁，与 1975 年相比男性增长 4.2 岁，女性增长 4.9 岁。从孩子出生时母亲的平均年龄来看，2019 年一胎母亲的平均年龄为 30.7 岁，二胎母亲的平均年龄为 32.7 岁，三胎母亲的平均年龄为 33.8 岁。与 1975 年相比分别增长了 5.0 岁、4.7 岁和 3.5 岁。初婚年龄上升、生育年龄不断推后直接影响到夫妻的育儿数量。但近年来，晚婚晚育化的发展均有所放缓。

④夫妻生育数量减少

根据《第15回生育动向基本调查》，从结婚持续时间为15～19年双方均为初婚夫妻的平均生育数来看，20世纪40年代到70年代，平均生育数从4.27快速降至2.2左右，之后至2002年基本维持在2.2左右。但自2005年开始再次呈现减少趋势，2015年降至1.94的历史最低值。

（2）深层因素

造成未婚化、晚婚晚育和夫妇生育数量减少的深层因素有：未遇到合适的对象、结婚观和价值观的变化；不能自立的年轻人增加；兼顾工作和家庭的困难，尤其是女性结婚和生育的机会成本增加等。此外，虽然夫妻生育数量减少，但育儿和教育费用的负担不减反增；再加上核心家庭化的发展、丈夫在育儿中的分担较少等都进一步加剧了少子化现象。以下对几个重要方面展开较为详细的分析：

①近一半青年因没有遇到合适对象而保持单身，近三成青年没有感到结婚的必要性

具体来看，在2015年调查中①，适龄未婚者（18～34岁）中回答"总有一天会结婚"的占比，男性为85.7%，女性为89.3%。与30年前相比虽然有所下降，但无论男女都保持着较高的结婚意愿。对于未婚者（25～34岁）仍是单身的理由，男性的前三位是"没有遇到合适的对象"（45.3%）、"还未感觉到必要性"（29.5%）和"结婚资金不足"（29.1%）；女性的前三位是"没有遇到合适的对象"（51.2%）、"不想失去自由和轻松"（31.2%）和"还未感觉到必要性"（23.9%）。可以看出单身者中，无论男女均有近一半左右是因为没有遇到合适对象而保持单身；男性中近三成，女性中近四分之一没有感觉到结婚的必要性；无论男女均有三成左右是因为不想失去单身生活的自由和轻松。而男性中还有近三成担心结婚资金不够，这一点大幅高于女性（17.8%）。随着结婚观/价值观的变迁，青年越来越重视自身感受，不愿将就妥协是影响结婚率的一个重要原因。

②经济状态不稳定，部分青年难以实现经济自立

从不同雇佣形式男性的配偶率来看，雇佣形式及收入与配偶率有着密切联

---

① 国立社会保障・人口问题研究所. 第15回生育动向基本调查［EB/OL］.（2017-03-31）［2020-03-06］. https：//www.ipss.go.jp/ps-doukou/j/doukou15/NFS15_ reportALL.pdf.

系。根据总务省 2017 年《就业构造基本调查》，正规员工 25~29 岁和 30~34 岁年龄层的配偶率分别为 30.5% 和 59.0%，而非正规员工该年龄层的配偶率分别为 12.5% 和 22.3%，分别为正规员工的一半以下。且非正规员工中，25~29 岁、30~34 岁兼职者的配偶率分别为 8.4% 和 15.7%，分别为正规员工的四分之一左右，可以看出雇佣形式与配偶率之间的紧密联系。从男性年收入别的配偶率来看，无论哪个年龄层，在年收入到达一定水平后（100 万日元以上），配偶率基本均会随着收入的增加而升高。近年来，随着日本经济发展低迷以及终身雇佣制的瓦解，日本青年就业稳定性降低、非正规就业占比升高，青年收入整体向下调整，部分青年难以实现经济自立，成为阻碍青年结婚、生育的一大重要因素。

③女性孕后辞职致使结婚/生育的机会成本增大

从女性生育前后的就业状况来看，已生育一胎的已婚女性，生育后辞职的占比，1985—1989 年和 2010—2014 年大致在四成左右。①虽然日本从法律上规定了育儿假的权利，但通常休假期满后很难回到原来的岗位。在末胎孕后辞职的女性中②，正规员工的主要理由是"虽然想继续工作，但工作和育儿难以兼顾"（30.2%），非正规员工中"家务/育儿需要时间"（29.7%）的占比最高。工作和育儿/家务难以兼顾是女性孕后辞职的主要原因，在无形中增加了女性结婚/生育的机会成本。向回答"虽然想继续工作，但工作和育儿难以兼顾"的人进一步询问理由时，正规员工中回答"没有能兼顾育儿的工作方式"的占比（57.7%）最高，其次为"工作时间不合适"（46.2%）和"职场没有支持兼顾育儿和工作的氛围"（38.5%）。非正规员工中，"公司没有产前、产后休假和育儿假制度"（44.4%）、"没有能兼顾育儿的工作方式"（33.3%）、"工作时间不合适"（25.9%）的占比较高。可以看出，职场没有友好的育儿支持方式和氛围是造成女性孕后辞职的主要原因。

④夫妻育儿数量减少的主要原因是育儿和教育花费太高

依据调查③，日本夫妇的理想子女数从 1987 年（2.67）开始呈下降趋势，

---

① 国立社会保障・人口问题研究所. 第 15 回生育动向基本调查［EB/OL］.（2017-03-31）［2020-03-06］. https：//www. ipss. go. jp/ps-doukou/j/doukou15/NFS15_ reportALL. pdf.

② 厚生劳动省. 平成 30 年度仕事と育児等の両立に関する実態把握のための調査研究事业报告书（劳働者アンケート调查结果）［EB/OL］.（2019-02）［2020-03-12］. https：//www. mhlw. go. jp/content/11900000/000534372. pdf.

③ 国立社会保障・人口问题研究所. 第 15 回生育动向基本调查［EB/OL］.（2017-03-31）［2020-03-06］. https：//www. ipss. go. jp/ps-doukou/j/doukou15/NFS15_ reportALL. pdf.

2015 年为 2.32 人，刷新了历史最低值。夫妇计划子女数为 2.01 人，也是史上最低值。对于计划子女数低于理想子女数的夫妇，减少生育的理由中最多的为"育儿和教育太花钱了"（56.3%），且其中 30~34 岁年龄层这样认为的占比超过了八成。其次的理由分别为"不想在高年龄生育"（39.8%）和"虽然想要但不能要"（23.5%）。根据 2009 年度日本《文部科学白皮书》，培养孩子到大学毕业，从学校全部是公立到全部是私立至少需要 1000 万~2300 万日元。如果供两个孩子上私立大学，费用约占工薪阶层可支配所得的 1/2，从主观和客观均反映出育儿和教育费用负担对生育意愿的切实影响。

⑤男性劳动时间过长，在家务/育儿上的协助较少

依据总务省《劳动力调查》，在有子女家庭中，男性在休息日参与家务/育儿的时间越长，生育二胎及以上的占比越高，家庭中男性参与家务/育儿的时间对生育子女有着明显的促进作用。然而，日本处在育儿期男性的长时间劳动占比明显超过其他年龄段。2020 年 30~39 岁、40~49 岁男性每周工作 60 小时及以上的占比分别为 10.2%、10.4%，明显高于全体（4.7%）。且依据 2019 年劳动政策研究机构的调查，日本每周工作 49 小时及以上的男性从业者占比为 27.3%，明显超出法国（14.0%）、德国（12.0%）、芬兰（11.5%）、瑞典（8.7%）等近年来少子化政策取得一定成效的欧洲国家。男性劳动时间过长，且由于传统文化的影响，在家务/育儿上的协助较少，亦是影响生育率的一个深层因素。

第三节　日本少子化政策演变

面对严峻的少子化境况，日本自 20 世纪 90 年代中期开始制定、推行了一系列遏制少子化进程的政策和法律法规，根据其主要目标和特征，大致可以分为以下四个阶段。

1. 以保育服务为中心的少子化政策初建阶段（1994—2003）①

日本少子化政策的第一阶段大致为 1994 年到 2003 年，这一阶段主要以《天使计划》和《新天使计划》为标志，以直接提升保育质量和数量为主要目

---

①　因政策制定往往存在一定的酝酿期以及政策实施存在一定的延续期，各阶段划分之间存在一定的时间重合。

的和手段（参见表 3-1）。

表 3-1 日本少子化政策（第一阶段：保育服务）

时间	政策	级别			
		法律	内阁决议	少子化社会对策会议	职能部门及其他
1994.12	《天使计划》				●
1994.12	《紧急保育对策等 5 年项目》				●
1999.12	《少子化对策推进基本方针》				●
1999.12	《新天使计划》				●
2001.07	《工作和育儿两立援助方针——待入园（所）儿童归零作战等》		●		
2002.09	《少子化对策+1》				●

注：依据日本内阁府令和 3 年《少子化社会对策白書》编制。

日本自第二次婴儿潮（1971—1974 年）以来，30 年间出生数和总和生育率均呈下降趋势。1989 年的总和生育率降至 1.57，被称为"1.57 冲击"，引发了日本各界对少子化的关注。政府也意识到总和生育率持续下降这一严峻问题，于 1994 年和 1999 年分别提出了《天使计划》和《新天使计划》。其特征都是以保育服务为中心，充实保育政策以及推进地区育儿援助中心建设。具体有扩大保育数量、涵盖 0~2 岁低龄儿童、延长保育时间等。与《天使计划》相比，《新天使计划》还广泛增加了雇佣、母子保健、咨询、教育等内容。从实际效果来看，从 1994 年到 2004 年，保育所入所儿童及其中未满 3 岁的低龄儿童分别由 159 万人和 41 万人，增长到 197 万人和 62 万人，分别增长了 38 万人和 21 万人，计划的目标值基本达成，政策取得一定成效，但从结果来看并没能扭转少子化的大趋势。

2. 以法律为基础的少子化政策体系构建阶段（2003—2015）

日本少子化政策的第二阶段大致为 2003 年到 2015 年，这一阶段主要以《少子化社会对策基本法》《少子化社会对策纲要》《少子化社会对策基本法新纲要——儿童、育儿展望》以及相关法律法规为标志，建立起较为完备的以法律为基础的少子化政策体系（参见表 3-2）。

表 3-2　日本少子化政策（第二阶段：法制体系）

时间	政策	级别			
		法律	内阁决议	少子化社会对策会议	职能部门及其他
2003.07	《少子化社会对策基本法》	●			
2003.07	《下一代育成援助对策促进法》	●			
2004.06	《少子化社会对策纲要》		●		
2004.12	《儿童、育儿援助计划》			●	
2006.06	《关于新少子化对策》			●	
2007.12	《日本支持儿童及家庭重点战略》			●	
2007.12	《工作与生活协调发展宪章》及行动指南				●
2008.02	《新待入园（所）儿童归零作战》				●
2010.01	《少子化社会对策基本法新纲要——儿童、育儿展望》		●		
2010.01	《儿童、育儿新系统研讨会议》			●	
2010.11	《待入园（所）儿童消减先手项目》				●
2012.03	《儿童、育儿新系统相关基本制度》			●	
2012.08	《儿童、育儿援助法等相关三法》	●			
2013.04	《加速消减待入园（所）儿童计划》				●
2013.06	《突破少子化危机紧急对策》			●	
2014.07	《放学后儿童综合计划》				●
2014.11	《地区、人与工作振兴法》	●			
2014.12	《地区、人与工作长期展望及综合战略》		●		

注：依据日本内阁府令和 3 年《少子化社会对策白书》编制。

2003 年日本制定了《少子化社会对策基本法》，这是日本应对少子化问题的基础性法律。2004 年依据该法律制定了《少子化社会对策纲要》（以下简称《纲要》）。《纲要》将少子化对策定位为以举国之力践行的重要政策，明确提出以"让孩子健康成长的社会，让人们可以从生育、养育中感受到安心和喜悦的社会"为目标，扭转少子化进程。并从"促进青年自立的愿望和能力""消除育儿中的不安""合力构建育儿制度的新支撑"三个角度出发，提出了"促进青年自立和儿童健康成长""对工作、家庭二者兼顾的援助以及对工作方式的再思考""理解生命的重要性和家庭的作用""合力构建育儿制度的新支撑"四个重点课题。2010年基于《少子化社会对策基本法》制定了新的纲要——《儿童、育儿展望》。新纲要强调以儿童和养育者视角出发的援助政策，并提出政策实施中重视生命和成长、回应困难之声、加强日常生活援助三个重要准则。

此外，在《少子化社会对策基本法》的基础上，于2003年制定了《下一代育成援助对策促进法》，以促进地方公共团体和企业采取计划性措施，援助下一代成长；于2012年通过了与社会保障/税收综合改革相关的《儿童、育儿援助法等相关三法》①，将社会保障由之前主要面向老年人的三种经费支出扩大为包括少子化对策在内的四种经费（养老金、医疗、看护、少子化对策）；并根据《儿童、育儿援助法》着手"儿童、育儿援助新制度"的准备工作，2014年度利用消费税率提高到8%获得的税收，在待入园（所）儿童较多的市镇村等推行了《紧急确保保育项目》；于2014年通过了《地区、人与工作振兴法》，将少子化问题与地区振兴联系起来。

在一系列法制基础建设和第一次、第二次《少子化社会对策纲要》的实施中，日本总和生育率从2005年的1.26，到2013年的1.43，呈现出缓慢增长趋势。

3. 多领域综合推进少子化政策阶段（2015—2020）

日本少子化政策的第三阶段大致为2015年到2020年，这一阶段主要以《第三次少子化社会对策纲要》为标志，进入多领域综合推进少子化政策阶段，政策不仅仅止步于育儿援助，而是从财政、婚姻、教育、工作方式和地区振兴等多领域入手，协同推进政策实施（参见表3-3）。

---

① 指《儿童、育儿援助法》《关于推进就学前儿童教育、保育等综合性援助法律的部分修订》《关于推进儿童、育儿援助法及就学前儿童教育、保育等综合性援助法律的部分修订在实施中相关法律整备法》三部法律。

表 3-3　日本少子化政策（第三阶段：多领域综合推进）

时间	政策	级别			
		法律	内阁决议	少子化社会对策会议	职能部门及其他
2015.03	《第三次少子化社会对策纲要》		●		
2015.04	《下一代育成援助对策促进法》延长	●			
2016.04	《儿童、育儿援助法修订》	●			
2016.06	《日本一亿总活跃计划》		●		
2017.03	《工作方式改革实施计划》				●
2017.06	《安心育儿计划》				●
2017.12	《新经济政策一揽子计划》		●		
2018.04	《儿童、育儿援助法修订》	●			
2018.06	《育人革命基本构想》				●
2018.07	《促进工作方式改革相关法律整备法》	●			
2019.04	《新放学后儿童综合计划》				●
2019.05	《儿童、育儿援助法修订》	●			
2019.05	《大学等学业援助相关法律》	●			
2019.12	《地区、人与工作长期展望及综合战略》第二期		●		

注：依据日本内阁府令和 3 年《少子化社会对策白书》编制。

2013 年的《突破少子化危机紧急对策》以及 2015 年《第三次少子化社会对策纲要》突破了以往少子化对策的框架，新增加了对结婚的援助，《第三次纲要》满足了青年在低年龄即可结婚生子的愿望，并进一步照顾多子女家庭，改革男女工作方式，提出结合地区特点、实际情况以及长期效果，强化细化各项措施的工作方针。

育儿援助及财政方面，根据 2012 年颁布的《儿童、育儿相关三法》，从 2015 年起"儿童、育儿援助新制度"正式实施。2016 年对《儿童、育儿援助法》进一步进行修订，加强对企业内以保育为目的设施的补贴力度。于 2017 年颁布了《安心育儿计划》，规划至 2022 年度末增加 32 万人的保育配置，在 2017 年出台的《新经济政策一揽子计划》中，将此目标提前到 2020 年度末。对于利用保育所的双职工家庭，儿童上学后也面临着放学后可以安全安心托管的问题，从培养下一代的观点出发，让所有儿童在放学后参与多样化的体验活动也是一项重要措施，为此，文部科学省和厚生劳动省联合，于2014年和2018年分别制订了《放学后儿童综合计划》和《新放学后儿童综合计划》。其中《新放学后儿童综合计划》提出至2021年度琳和2023年度末，增加放学后儿童俱乐部25万人和30万人的配额目标。

教育方面，2017年提出的《新经济政策一揽子计划》以"育人革命"和"生产性革命"为主轴，其中，"育人革命"包含了幼儿教育的无偿化、消除待入园（所）儿童、高等教育无偿化等规模2兆日元的政策提案。根据2019年通过的《儿童、育儿援助法的部分修订》以及《大学等学业援助相关法律》，于2019年开始实施幼儿教育、保育无偿化，并于2020年开始实施针对低收入家庭的高等教育援助新制度。

工作方式改革方面，2016年《日本一亿总活跃计划》从正面应对经济成长的瓶颈——少子高龄化，为实现"意愿生育率1.8"[①]，提出了加强青年的稳定雇佣、改善非正规雇佣待遇、推进工作方式改革、完善多样化的保育服务、破除接受教育的制约等2016—2025年的10年路线图。2018年，为了综合推进工作方式改革，实现劳动者可根据自身情况选择多样化的工作方式，国会通常会议通过了《促进工作方式改革相关法律整备法》，以纠正长时间劳动、实现灵活多样化的工作方式、确保与雇佣形态无关均能得到公正待遇等。

地区振兴方面，2014年通过《地区、人与工作振兴法》，将少子化、超高龄化和地方振兴结合起来，并于2014年和2019年依次公布了对人口和经济进行中长期展望的《地区、人与工作振兴长期展望》一期和二期规划。在包括结婚、生子、育儿援助的基本目标的指引下，提升地方活力，纠正东京圈一极集中趋势，实现"由充满活力的地区构成的社会"。

在这段时期内，日本总和生育率从2015年的1.45，下滑至2019年的1.36，虽然这一时期日本少子化政策日趋完善和全面，但由于少子化问题的复杂性以及政策效果的滞后性，想要彻底扭转少子化趋势仍是一个巨大的挑战。也需要看出，总和生育率虽然又转入下降趋势，但仍高于2001—2007年水平，表明日

---

① 意愿生育率1.8（日语为"希望出生率1.8"）于2014年《地区、人与工作振兴长期展望》中首次提出，是指青年一代实现其结婚和生育意愿时的生育率。具体公式为［（已婚者占比×计划子女数）＋（未婚者占比×有结婚意愿者占比×意愿子女数）］×离婚等影响系数。根据2010年普查、第14次生育意愿基本调查、2012年日本未来推算人口中的系数，得出［（34%×2.07人）＋（66%×89%×2.12人）］×0.938≈1.8。

本少子化政策至少在减缓少子化进程的严重性上，起到一定成效。

4. 全世代型社会保障改革方针推进阶段（2020 年至今）

日本少子化政策的第四阶段大致可从 2020 年开始，这一阶段主要以第四次《少子化社会对策纲要》为标志，进入以全世代型社会保障改革方针推进少子化政策的新阶段（参见表 3-4）。

表 3-4　日本少子化政策（第四阶段：全世代型社会保障）

时间	政策	级别			
		法律	内阁决议	少子化社会对策会议	职能部门及其他
2020.05	第四次《少子化社会对策纲要》		●		
2020.12	《全世代型社会保障改革方针》		●		
2020.12	《新育儿安心计划》				●
2021.05	《儿童、育儿援助法及儿童津贴法的部分法律修订》	●			
2021.06	《关于育儿休假、护理休假等育儿或家庭看护劳动者权益的相关法律以及雇佣保险法的部分修订》	●			

注：依据日本内阁府令和 3 年《少子化社会对策白书》编制。

2020 年 5 月内阁会议通过了第四次《少子化社会对策纲要》。第四次纲要提出为实现"意愿生育率 1.8"，以"创造一个易于青年、育儿世代发展的友好环境""满足多样化育儿家庭的多种需求""根据地区实际情况采取细致措施""建立一个温暖的适宜结婚、怀孕、生育、育儿的社会""积极利用科学技术成果等新资源"五个基本思想为基础，依据社会形势变化，推动符合令和时代和以当事人为视角的少子化对策。

2020 年 12 月内阁会议通过了《全世代型社会保障改革方针》，提出人生百年的时代已经到来，不仅要针对老年群体，对儿童群体、育儿群体，甚至对正当年群体都要给予广泛的、使其安心的保障，从养老金、劳动、医疗、看护、少子化对策等全方位，对社会保障进行可持续性改革。并确立了第四次纲要的具体施政方向：

婚姻援助方面，进一步加强对采取综合性婚姻援助的地方公共团体进行经济补贴。将对交友平台的补助率由 1/2 提高到 2/3，加强对房租、搬家费用等新婚生活的援助，放宽对年龄、收入和补助金额的上限。

生育援助方面，将不孕治疗纳入保险，从 2022 年度开始实施。在纳入保险之前，废除现行的补助制度中对收入的限制，并提高补助额度（首次 30 万日元），以减轻家庭的经济负担。并推进社会对不孕治疗的友好氛围，从增加专门咨询员到出院后母子身心健康护理，增强从怀孕到育儿的无缝隙援助。

育儿环境建设方面，为了缓解待入园（所）儿童问题，于 2020 年 12 月发布了《新育儿安心计划》，提出在 2021—2024 年度末，扩充约 14 万人的保育名额，并通过提升职业魅力增加保育员数量、活用地区所有育儿资源等，尽快消化吸收待入园（所）儿童。并对积极推进员工育儿休假的中小企业予以补助（企业平均 50 万日元）。为推进男性参与育儿活动，从 2020 年度开始，为男性国家公务员提供 1 个月以上的育儿假，同时促进民间企业的男性育儿假，于 2021 年国会提出了《关于育儿休假、护理休假等育儿或家庭看护劳动者权益的相关法律以及雇佣保险法的部分修订》。

地区和社会援助方面，为了让育儿家庭于所在地区安全且安心地养育子女，结合地区特点，推进以利用者援助为核心的多功能型育儿援助地区建设，并为促进各育儿援助机构间的合作，对《儿童、育儿援助法及儿童津贴法》的部分法律进行了修订。

税制及经济援助方面，延长了对结婚、育儿等资金赠予的不征税期限和范围，对国家和地方公共团体实施的育儿补助免征税费。

应对新冠疫情方面，对不安和有困难状况的孕妇进行电话和网络咨询援助、护理指导等，对难以回家乡生育的孕妇提供育儿援助服务等，对孕妇和婴幼儿提供综合援助。

第四节　日本少子化政策演变的主要特点

日本从 20 世纪 90 年代开始实施了一系列少子化政策。纵观日本少子化政策的演变，可以看出日本不断根据实际状况改善、修订政策，在摸索中试行的特点。其政策演变的几个主要特点为：

1. 窗口前移、后展，从聚焦育儿扩展到婚姻、教育等多领域

从前面对日本少子化政策的梳理可以看出，日本少子化政策的初期主要以

提升保育质量和数量为主要目标,《天使计划》《新天使计划》均以扩大保育规模、延长保育时间、扩展涵盖范围、充实相关服务为主要内容,第一次和第二次《少子化社会对策纲要》也是从生育和养育出发,提出相应的环境建设以及从儿童和养育者视角出发的援助准则。

而有学者指出日本生育率低下的主要原因是未婚化增长以及婚内生育率降低,其中前者的影响更大,总和生育率从 20 世纪 70 年代左右的 2.01 降至 2012 年的 1.38,变化量的约 90% 是由婚姻行为带来,只有约 10% 是由夫妻生育行为带来的影响。① 政府也从 2013 年的《突破少子化危机紧急对策》开始重视婚姻行为,将结婚、怀孕、生育援助作为政策实施的三驾马车。2015 年的第三次《少子化社会对策纲要》正式突破以往少子化政策的框架,增加了对结婚的援助,在进一步充实育儿援助政策的同时,帮助青年实现在低年龄即可结婚生子的愿望。并颁布了与税收改革相关的《儿童、育儿援助法等相关三法》,以及推行幼儿教育/保育的无偿化、高等教育援助制度、纠正长时间劳动、实现灵活多样的工作方式、确保与雇佣形态无关均能得到公正待遇、提升地方活力等,从财政、教育、工作方式和地区振兴等多领域入手,协同推进政策实施。

2. 覆盖对象从儿童和育儿群体扩展到全员全世代

与施政范围扩大,逐渐覆盖多领域的政策内容相匹配,日本少子化政策对象也逐步由儿童和育儿群体过渡到对全员全世代的覆盖。

少子化政策初期,以《天使计划》和《新天使计划》为代表,施政对象主要为育儿和儿童群体。从施政效果来看,虽收到一定成效,但未能扭转少子化发展的大趋势。日本总和生育率从 1994 年的 1.50 一路跌至 2005 年的 1.26。此后,日本除了向育儿以及儿童群体扩大财政投入外,还以助学金贷款和奖学金等形式扩展到初中、高中、大学等各求学阶段。当前,日本以《全世代型社会保障改革方针》为标志,开展了对社会保障体系的全方位改革。与之相应,第四次《少子化社会对策纲要》的主要施政方向也扩展到结婚援助、怀孕/生育援助、工作与育儿兼顾、地区社会援助、经济援助、应对新冠疫情等多领域,施政对象涵盖儿童、青少年、育儿以及正当年群体。例如,对结婚生活援助中,年龄从原来的 34 岁扩大到 39 岁,包含了一部分中年群体。依据《国势调查》,日本 2015 年 30~34 岁男性约 2 人中 1 人,女性约 3 人中 1 人未婚;35~39 岁男

① 岩澤美帆. 少子化をもたらした未婚化および夫婦の変化. 人口減少と少子化対策(高橋重郷・大淵寬編. 人口減少と少子化対策)[C]. 原書房. 2015. pp. 49-72.

性约 3 人中 1 人，女性约 4 人中 1 人未婚，大龄未婚化现象明显是影响生育率的一个重要原因。而日本泡沫经济破裂后，就业环境恶化，并随着终身雇佣制的瓦解催生出大量的非正规雇佣员工。非正规雇佣员工收入不稳定，福利待遇差，这些都是直接导致很多人不能结婚，甚至不敢结婚的重要原因。严峻的少子化问题是社会环境，以及人们意识和行为综合作用的结果，因此，不仅限于育儿和儿童群体，以全世代为对象，整合多领域的政策措施才是综合解决少子化问题的方向所在。

3. 行政应急措施与法律基石相结合建设少子化政策体系

日本在应对少子化问题中采取的政策大致可分为相关法律、内阁决议通过、少子化社会对策会议（以内阁总理大臣为会长，由全体内阁成员组成）决议通过、职能部门及其他出台四种类型（参见表 3-1 至表 3-4）。其中后两种，尤其是职能部门和专项会议出台的政策相对程序简单，进入实施阶段快，具有较强的机动性和灵活性。例如，1994 年出台的第一部少子化政策《天使计划》就是由文部省、厚生省、劳动省、建设省联合制订颁布，并同时由大藏省、厚生省和自治省联合推出了《紧急保育对策等 5 年项目》，确定了少子化政策的起始方针和举措。之后相关部门陆续出台了《新天使计划》《少子化对策+1》《工作与生活协调发展宪章》等十余部针对少子化严峻状况及新现象制定的机动、紧急的应对举措。

在以政府职能部门为主推出紧急应对措施的同时，日本于 2003 年制定了《少子化社会对策基本法》，确立了应对少子化问题的基础性法律，并依据该法律依次从 2004 年到 2020 年制定了四次由内阁决议通过的《少子化社会对策纲要》，形成日本少子化对策的基本框架。此外，日本还从 2003 年开始相继颁布了《下一代育成援助对策促进法》《儿童、育儿援助法等相关三法》《地区、人与工作振兴法》《促进工作方式改革相关法律整备法》《大学等学业援助相关法律》及相关修订，涉及儿童、育儿、财政、劳动、教育等多领域，形成了针对少子化进程的较为完备的法律体系。

这样日本由较为机动、灵活的行政举措和较为完备的法律基础构成了较为完整的少子化政策体系。其中法律制度奠定了政策体系的根基，重要的政策经由内阁会议决定，确定政策的重点领域和措施；少子化社会对策会议制订更为具体的计划；相关职能机构负责政策的具体实施并针对具体情况出台紧急应对措施。从中可以看出日本少子化政策依据具体情况，不断积累经验，从实践经验中形成法律，再由法律约束指导实践的发展过程。

4. 扩大财源、增强财政支持是保障少子化政策实施的关键所在

日本少子化社会政策相关预算在平成倍滞期财政紧张的状况下不断加大投入。近 20 年间，从 2003 年度的 1 兆 4772 亿日元到 2021 年度的 5 兆 9574 亿日元，提升幅度明显。其中最重要的举措之一——儿童补贴，从 1972 年度向 143.5 万名儿童发放了 422 亿日元，到 2019 年度向 1641.0 万名儿童发放了 2 兆 678 亿日元①，不论在对象数量还是额度上都有大幅提升，目前约占日本少子化财政的一半左右。儿童补贴是日本对育儿家庭提供经济援助的重要方式，始于 1972 年，是在日本少子化对策开始之前就建立起来的一项社会保障制度。近 50 年来不断扩大补贴对象和额度，成了少子化对策中的一项重要举措，目前儿童补贴的实施对象是 0～15 岁儿童，0～3 岁一律为 15000 日元/月；3～12 岁为 10000 日元/月（三孩及以上为 15000 日元/月），13～15 岁一律为 10000 日元/月。②。

在财政紧张的情况下，日本一边通过立法扩充财源，一边积极号召社会力量给予支持。政府在 2012 年推出与社会保障、税收综合改革相关的《儿童、育儿援助法等相关三法》，将少子化对策经费纳入社会保障财政之中。并在 2013 年度修正预算中创设了"地区少子化对策强化补贴"。直接的财政支持可以带来较为明显的政策效果，2014 年度利用消费税率提高到 8% 获得的税收，在待入园（所）儿童较多的市镇村等开展了"紧急确保保育项目"，实现了约 22 万人的保育扩容，超额完成目标。2017 年的"育人革命"包含了幼儿教育的无偿化、消除待入园（所）儿童、高等教育的无偿化等规模 2 兆日元的政策，切实解决育儿和教育负担，将社会保障制度推向全世代型。2019 年，通过将消费税提高到 10%，为以上这些政策提供了稳定财源。同时，在以全社会之力支持育儿的大方向下，日本开始积极倡导经济界给予大力协助，以进一步巩固和扩大财政来源。

---

① 日本内阁府. 儿童手当. [EB/OL]. [2021-12-04]. https：//www8.cao.go.jp/shoushi/jidouteate/index.html.

② 抚养者收入超出限额时，根据法律给予特例支付（儿童每人每月一律 5000 日元）。

第五节 对我国生育政策
制定和实施的启示

日本针对少子化的严峻状况采取了紧急应对举措和法律制度相结合的政策体系，不断扩大财源、增强对重点项目的针对性投入，将援助窗口前移至婚姻援助、以全员全世代多领域的社会保障来遏制少子化进程。从目前的效果来讲，对少子化进程起到了一定的缓解作用，但还未能彻底扭转少子化的大趋势，其经验和教训可以为我国生育政策的制定和实施提供以下几点启示。

1. 以更积极措施建设生育友好社会环境，彻底扭转少子化社会生育意识

从日本以及少子化较为严峻的发达国家的人口发展状况可以看出，少子化趋势一旦形成很难扭转。日本在 1989 年总和生育率跌至 1.57，而在此之前，早在 1974 年就已跌至 2.05，开始低于人口更替水平。然而由于 1971—1974 年日本迎来第二次婴儿潮，且"人口爆炸论"在世界范围盛行，因此日本提出了控制人口增长的宣言。[1] 之后总和生育率基本呈下降趋势，却没有引起政府的警觉。即使 1989 年"1.57 冲击"后，直到 1994 年年底《天使计划》出台，政策的反应速度也不能说是迅速。之后日本虽然出台了一系列法律法规和政策措施，却难以扭转少子化的大趋势。对人口发展形势的错误判断、坐视总和生育率下降、政策出台不够及时，是造成日本现今严峻少子化境况的一个重要原因。而法国等近年来少子化政策效果较好的国家，大多在总和生育率还不是太低时就及时出台了各种针对少子化的政策措施，被认为是政策取得成效的一个重要因素。[2]

我国总和生育率自 1992 年跌破 2.0，1999 年跌至 1.59，之后呈缓慢上升趋势，2019 年为 1.70，虽然略高于日本，但长期低于人口更替水平。2020 年更是跌至 1.3，低于国际警戒线，且出生人口呈走低趋势，已呈现少子化现象的端倪。由于人口惯性和政策制定、实施以及效果显现的滞后性，政策对人口现象的影响往往要经过几十年才会显现出来。扭转人们对生育、家庭的意识，以及建立一个可以让人们安心生育、养育的社会更是需要长期的投入和宣传，不是

---

① 王伟. 日本少子化进程与政策应对评析 [J]. 日本学刊, 2019 (1): 117-135.
② 田中景. 日本和法国的少子化对策及启示 [J]. 人口学刊, 2020, 42 (2): 90-102.

一朝一夕一蹴而就，这也就要求扭转少子化趋势的政策宜早不宜晚，越早采取行动，所面对的困难就越小，收效也会越高。因此，在我国还未进入少子化的加速期之前，在端倪之初即采取积极彻底的政策措施至关重要。

2. 结合地域特点，以多领域综合性措施，覆盖社会全体成员

日本少子化的初期政策主要以提升保育质量和数量为目标，辅助以工作方式改革，直到 2013 年的《突破少子化危机紧急对策》才开始重视婚姻等行为的重要作用，2015 年的第三次《少子化社会对策纲要》才正式加入了对结婚的援助。而学者普遍认为，对于日本总和生育率下降和出生人口减少，婚姻行为的影响要远大于或大于生育行为。2019 年日本千人结婚率 4.7，仅为 20 世纪 70 年代前半期的一半左右。造成结婚率降低、晚婚晚育、大龄未婚率的原因错综复杂，有价值观/婚育观的变化、缺乏安定的经济条件、无法兼顾工作和家庭、女性结婚和生育的机会成本增加，以及与异性交往机会少等多种原因。从对日本少子化政策的梳理可以看出，只聚焦于生育/育儿援助的单一政策效果有限。就业、结婚、生育、育儿、教育，以及养老这一系列环节环环相扣、彼此之间密不可分，对任何一个环节的保障缺失都会削弱其他环节的政策效果。日本近年来提出的涵盖儿童群体、青少年群体、育儿群体，以及正当年群体的《全世代型社会保障改革方针》，正是对多年来少子化政策探索的总结。

因此，我国的少子化政策在制定和实施中，虽应有所侧重，却不应仅针对儿童或育儿群体，也不应仅限于生育和育儿等单一领域，仅采用增加产假、育儿假等单一手段，而是应从当事人的角度出发，制定综合全面且覆盖社会全员的政策措施。例如，生育津贴的领取因有参保要求，将大量非正规就业或未就业女性排除在外，今后可考虑转换为儿童津贴，以儿童为主体，从出生前即可申请，0 岁开始领取，切实覆盖全体儿童和育儿群体；以及进一步扩充公立幼儿园/托儿所、普惠园建设；以北京将辅助生殖技术项目纳入医保为契机，探讨将不孕不育检测、治疗全面纳入保险；在育儿援助之外，重点加强对青年交友、婚恋、成家的援助；促进工作与家庭兼顾的工作方式、完善新兴就业群体在内的各类就业的社会保障等，从多领域入手，协同制定和推进政策实施。同时，我国幅员辽阔，不同地域/地区、城乡、不同规模的城市所面临的境况和问题都有着较大差异，因此应结合各自特点，分别制定具有针对性的政策细则。

3. 政策应目标明确、重点突出，并及时开展评估以检验效果

日本政府由于在战争时期的人口扩张政策饱受谴责，对制定"人口政策"

顾虑重重，甚至将涉及人口的大多举措称为"对策"，且日本社会普遍认为结婚和生育涉及个人隐私，不应该由国家政策来引导。① 因此，日本少子化对策中迟迟没有提及可量化的宏观目标。直到 2016 年的"日本一亿总活跃计划"才具体提出"意愿生育率 1.8"以及 50 年后仍维持充满活力的 1 亿人口的战略目标。但从中仍可以看出日本少子化对策宏观目标的模糊性，即虽然少子化由总和生育率定义，但却既不以总和生育率，也不以出生人口数作为少子化对策直接的宏观目标。因此少子化对策中，虽然有一系列具体目标，如在"日本一亿总活跃计划"中针对意愿生育率 1.8，提出到 2020 年，非本意非正规 25～34 岁青年员工占比减半、结婚意愿实现率达 80% 等细化目标，但这些具体目标与总目标之间的关系并不清晰，难以对政策总体的达成效果进行有效评估，从而及时发现问题并进行纠正。

因此，我国的少子化政策首先应该设置明确的人口政策目标，而后根据总体目标进一步细化为就业、婚恋、生育、育儿、教育、保险、财政等各领域的具体目标，这样具体指标的达成才能与总体目标联系起来，从而通过对具体指标实施效果的评估，及时掌握总体的人口政策目标的达成情况。同时，少子化政策的制定和实施既要覆盖多领域、涵盖全体社会成员，也要确定重点领域和施政顺序。从近年来的研究成果来看，工作及收入不稳定是阻碍结婚、生育的一大关键要素。② 结合当前经济社会发展状况以及日本少子化政策的经验，除了延长育儿假时间、提高育儿假薪资、增设公立及普惠型幼儿园/托儿所等直接与生育相关的政策外，应尽快建立起以儿童为主体的儿童津贴制度，避免育儿家庭因没有（正规）工作没有参保而不能领取生育津贴的困境，同时重点加强对青年，尤其是劳动权益保障不能完全覆盖的新兴就业群体的劳动待遇提升；加强青年婚育观/家庭观建设、促进交友交往，探讨对结婚/多子女家庭提供一定补贴或退税优惠，从实际层面对青年的婚恋进行援助，切实促进青年的结婚意愿和能力，而后逐步扩展到教育、保险以及财政等各方面。

4. 倡导社会力量、加强财政支持力度是政策实施效果的重要保障

日本不断加大对少子化政策的财政支持，少子化社会政策相关预算从 2003 年度的 1 兆 4772 亿日元到 2021 年度的 5 兆 9574 亿日元，有着大幅提升。然而

---

① 王伟. 日本少子化进程与政策应对评析 [J]. 日本学刊, 2019 (1)：117-135.
② 守泉理惠. 第 4 次少子化社会对策大纲与日本的少子化对策的到達点 [R]. 国立社会保障・人口問題研究所.「日中韓における少子高齢化の実態と対応に関する研究」令和 2 年度総括研究報告書. 2020.

与其他发达国家相比，2018 年日本用于家庭的社会性支出占 GDP 比重为 1.65%，与瑞典的 3.42%、英国的 3.19%、法国的 2.93% 和德国的 2.40% 仍有着较为明显的差距。政策的实施离不开强有力的财政支持，瑞典和法国等近年来总和生育率有较好趋势的国家均有着强有力的家庭补贴政策。截至 2017 年，法国的家庭补贴已达 30 多种①，用于家庭的社会性支出达 661.60 亿欧元，与日本相当，而法国人口仅为日本的一半左右。因此，如何确保少子化政策的财政来源、增加对少子化政策的经济投入一直是日本少子化政策中的一个重要问题。

从日本少子化政策的实施情况也可以看出，增强针对性财政投入会收到较好的政策效果。少子化问题关系到国家和社会的发展，应举全国之力增加对政策实施的经济保障。这就需要不断扩大国家财政支持力度的同时，积极倡导社会各界给予支持，既要有充足的财源支持，又要注意不把负担过多地推给企业。同时，应进一步加强对政策的费用—效益分析，做到科学指导下的统筹分配，科学评估政策的实施效果，及时调整和修订政策，让有限的资金发挥最大的作用。

---

① 田中景. 日本和法国的少子化对策及启示 [J]. 人口学刊, 2020, 42 (2): 90-102.

第四章

日本青年就业观及启示*

第一节　研究背景

就业观是人生观在职业方面的反映，直接影响到青年的未来以及国家和社会的发展。对个人来讲，就业不仅仅是赚取收入的手段，同时也是建立经济基础、实现社会独立、参与社会生活的重要标志以及建立社会联系、实现自我的重要途径。因此青年就业观一直是青年就业研究中的一个重要领域，我国从青年就业心理①、就业观变迁②、择业观引导③等多方面对青年的就业观开展了较为全面的研究，但对其他发达国家，尤其是日本青年就业观的介绍和研究较少。就业观会随着社会的发展和时代变迁不断发生变化，对经济社会较早进入丰腴时期且文化氛围相近的日本青年的就业观，以及日本针对青年就业迷茫所采取的一系列措施的研究具有重要的参考意义。

当前我国虽然针对日本青年就业观的研究不多，但有着各自不同的切入点且具有一定的时间跨度，可以从一定侧面反映出日本青年就业观的大致变化。20 世纪 80 年代，桑凤平对日本大学生就业观进行了归纳总结，指出超过半数的青年想到民间企业/团体工作，且即使工作不符合自己的愿望也要就业，大部分

---

* 本章主要内容发表于《北京青年研究》。详见：李倢．日本青年就业观研究及启示［J］．北京青年研究，2022（02）：43-49.

① 沈杰．后单位制时代：中国青年择业心理的多元化取向［J］．中国青年研究，2002（03）：40-44.

② 刘成斌．改革开放 30 年与青年就业观念的变迁［J］．中国青年研究，2008（01）：4-7+16.

③ 谢俭．青年马克思的择业观及对当代青年的价值启示［J］．北京青年研究，2021，30（01）：43-48.

青年希望在家乡或是回家乡工作①；桑凤平也对大四毕业生的就业观进行了归纳总结，指出大学毕业生的"自立志向"高于同年龄段其他青年群体，且当时日本青年对频繁更换工作普遍呈负面评价。② 90 年代，卢春珍指出发达国家青年当前更崇尚实用主义，注重自身的享受，日本青年的就业观从 70 年代的愿意从事"有社会责任性的工作"，到 80 年代初的"提高自身能力"或"稳定性强"的职业，发生一定转变，在 80 年代末"自由度"成为青年衡量工作是否有吸引力的一个重要标准③；星明指出日本和中国，子辈会在较高程度上继承父辈职业的同时，日本青年在就业前，往往偏好能发挥自己能力的工作，在就业后则偏好稳定、收入高的工作。④ 21 世纪初，于泳红、木村裕指出日本私立大学生在择业标准上比较看重能发挥能力、人际关系良好、工作稳定、能自我实现、工资高等因素，且就业观几乎没有性别差异，就业时受父母的影响较大⑤；朱绪芹指出日本终身雇佣制的瓦解催生出大批自由职业者的同时，也迫使青年改变自己的就业观，日本青年的就业观由"集体主义"转向"个人主义"，呈现出多元化的特点⑥；丁红卫指出日本青年在不同经济发展阶段对非正规就业有着不同认识，在经济稳定时期，为追求个人目标以及工作时间相对自由，主动选择非正规就业的趋势较为明显，经济低迷时期，就业不成功、被迫为非正规就业者的青年增加。⑦ 从以上我国对日本青年就业观的研究中可以看出日本青年的就业观念随着经济社会的发展有着较为明显的转变，由理想转向现实，由"集体主义"转向"个人主义"，呈现出多元化的特点，以及经济低迷时，被迫成选择非正规就业青年增多的现象。

本章以 2018 年日本《儿童、青年白皮书》中《关于青少年意识的调查》（子供・若者の意識に関する調査，以下简称"2017 年度调查"）为基础，从时间序列上将日本青年就业观的分析延伸到最新的同时，通过对日本青年如何

① 桑凤平. 日本大学生的就业意识 [J]. 青年研究，1987 (02)：45-48+44.
② 桑凤平. 日本学生的就业意识——日本大学四年级学生的职业观 [J]. 青年研究，1987 (04)：46-49.
③ 卢春珍. 美日法三国青年就业倾向 [J]. 青年研究，1990 (06)：48+28.
④ 星明. 论青年的职业选择机会 [J]. 当代青年研究，1997 (Z1)：44-48.
⑤ 于泳红，木村裕. 三所日本私立大学学生的就业意识调查研究 [J]. 中国青年政治学院学报，2009，28 (03)：23-28.
⑥ 朱绪芹. 日本自由职业者的出现和终身雇佣制的瓦解 [J]. 工会论坛（山东省工会管理干部学院学报），2010，16 (02)：151-152.
⑦ 丁红卫. 日本青年就业与就业意识 [J]. 中国青年社会科学，2015，34 (05)：132-136.

看待工作、选择职业时所重视的要素、就业后继续学习的意愿、对未来的期待以及针对青年就业的优秀援助项目进行分析、整理，为系统、全面了解日本青年就业观，分析随经济社会发展青年就业观变化的普遍规律以及促进青年就业的有益举措，进而为我国青年职业发展援助提供参考。

第二节　日本青年就业观分析

2017年内阁府进行的青年就业观网络调查以日本全国16～29岁青年为对象，有效回答数为10000人。其中，16～19岁、20～24岁、25～29岁占比分别为28.0%、34.7%和37.3%。被调查青年中当前学习就业状态依次为正规就业（全职，32.9%）、学生（31.1%）、非正规就业（兼职/零工等，包含派遣和合约员工，18.0%）、无业（包括求职中和料理家务，10.5%）、家庭主妇/主夫（4.6%）、个体经营/自由职业（2.5%）及其他（0.5%）。

1. 就业观

就业观反映出就业者在就业过程中的目标和选择，也是人生价值观在职业方面的反映，是直接影响青年未来发展的重要因素。以下主要从对雇佣形式偏好、初次就业的持续状况及离职原因、无业原因、工作目的、工作与家庭/个人之间的平衡、跳槽意识等几方面进行分析描述。

（1）雇佣形式出现多元化倾向，但"正规雇佣"仍是大多青年的首选

整体来看，七成（76.0%）的青年会选择"正规雇佣"，近两成（16.7%）的青年会选择"非正规雇佣"，近一成（6.8%）的青年会选择"个体经营/自由职业"。其中，现在为"正规雇佣者"的96.0%，现在为"学生"的88.4%选择了"正规雇佣"。目前为"非正规雇佣者"的47.1%选择了"正规雇佣"，46.9%选择了"非正规雇佣"。现在为"个体经营/自由职业者"的60.4%选择了从事"个体经营/自由职业"，现在为"全职主妇（主夫）"的68.9%选择了"非正规雇佣"。

对于选择理想就业形式的理由，选择"正规雇佣"者最多的理由为"稳定持久"（59.0%）和"收入高"（26.9%）。选择"非正规雇佣"者最多的理由为"自由支配的时间多"（33.9%）和"可与育儿、看护等兼顾"（28.0%）。选择"个体经营/自由职业"者最多的理由为"自由支配的时间多"（28.9%）

和"不被指派，自己负责做决定"（22.9%）。

可以看出，虽然日本大部分青年对"正规雇佣"有更强的偏好，但"全职主妇（主夫）"和"非正规雇佣"者对"非正规雇佣"，"个体经营/自由职业者"对"个体经营/自由职业"都有较强的偏好，表现出对雇佣形式较强的多元化倾向。

（2）初次就业形式为"正规雇佣"青年的占比不到六成，且职业稳定性不高

从青年的第一次就业形式来看，"正规雇佣"占比57.8%，"非正规雇佣"占比34.2%，"个体经营/自由职业"占比2.8%、无业占比4.6%，初次就业形式为"正规雇佣"青年的占比不到六成。分年龄段来看，"25岁到29岁""20岁到24岁""16岁到19岁"青年的"正规雇佣"占比分别为68.3%、53.2%、30.6%，随年龄降低，"正规雇佣"占比明显降低。这一方面反映出高中/高职毕业或中途退学的低年龄段青年较难有机会被"正规雇佣"，同时也反映出随着年龄降低，对"非正规雇佣"的接受度也较高。

其中初次就业时为"正规雇佣"者中，当前为"正规雇佣""非正规雇佣""无业"的占比分别为72.5%、13.4%和4.0%。初次就业时为"非正规雇佣"者中，当前的上述三项占比分别为12.6%、45.3%和9.5%。从学校毕业或中途退学后即成为"无业"的青年中，当前的上述三项占比分别为18.1%、44.2%和13.7%。可以看出，非"正规雇佣"和"无业"青年中的相当一部分会维持/选择"非正规雇佣"的形式。

从初次就业的持续状况来看，回答"现在仍在继续"的最多，占比41.4%，之后依次为"在1年及以上3年以下期间离职"（17.6%）、"在3个月及以上1年以下期间离职"（16.3%）、"在1个月及以上3个月以下期间离职"（8.7%）、"不到1个月离职"（6.8%）等，初次就业的稳定性不高。从年龄段来看，所有年龄段中"现在仍在继续"的占比均为四成左右。而在"16岁到19岁"群体中，"不到1个月离职"的占比为17.3%，"1个月及以上3个月以下期间离职"的占比为15.5%，与其他年龄段相比，未满20岁劳动者短时间离职者的占比较高，表现出较强的不稳定性。

离开初次就业工作的原因依次为"工作不适合自己"（43.4%）、"人际关系不佳"（23.7%）、"工作时间/休息日/休假条件不好"（23.4%）、"工资不高"（20.7%）和"配额/责任过重"（19.1%）等。

（3）因没有理想工作而"主动无业"现象明显

目前"无业（包括求职中和料理家务）"青年选择不工作的原因依次为

"没有理想的行业/职位"（26.0%）、"健康原因"（21.8%）、"没有特别想做的事情"（18.5%）、"人际关系不顺"（17.4%）、"不想工作"（16.1%）等。与2011年度青年就业观调查相比①，回答"没有理想的行业/职位"（14.7%）、"没有特别想做的事情"（9.7%）、"不想工作"（10.0%）的占比明显增多，无业青年中"主动无业"的现象愈加明显。

（4）择业时稳定性、收入等保障性因素和发挥能力等发展性因素兼顾

青年的工作目的依次为"为了收入"（84.6%）、"通过工作获得成就感和生存价值"（15.8%）、"发挥自己的能力"（15.7%）、"理所当然要工作"（14.8%）、"为了成为有用之人"（13.6%）等。从中可以看出，获取收入是大部分青年工作的主要目的，但也有部分青年分别表现出为"获得成就感和生存价值""发挥自己的能力""成为有用之人"等从自我尊重、自我实现，以及超越自我等方面，对工作的更高层次需求。

择业时所重视的因素中，认为"稳定、持久"及"收入高"非常重要/比较重要的占比均为88.7%，所占比重最大。之后依次为"可以做自己想做的事情"（88.5%）、"福利待遇优厚"（85.2%）、"可自由支配的时间多"（82.2%）等。而认为"可依靠实力出人头地"和"不被指派，自己负责做决定"非常重要/比较重要的占比分别为51.6%和55.8%、所占比重相对较小。上述趋势与2011年度青年就业观调查相比变化不大，表现出日本青年在寻找工作时较多重视稳定、收入、福利、自由时间多等保障性因素，同时会考虑到发挥自己的知识技能、有提高能力的机会、成为有用之人等发展性因素，对依靠实力出人头地、自己做决定等个人主义因素，以及社会评价等社会声望因素的重视程度不是很高。

（5）对家庭与个人生活重视程度增加，大多青年感觉工作与家庭难以兼顾

对于工作和家庭/个人，63.7%的青年回答"比起工作，更优先家庭/个人"，较2011年度青年就业观调查中的52.9%有明显增长。分性别来看，58.3%的男性回答"比起工作更优先家庭/个人"，低于女性（69.4%），但与2011年度调查（47.3%）相比明显提升，现已接近六成。

在工作和家庭的关系中，对"有些职业难以兼顾育儿和工作"表示"非常认同/比较认同"的占比最高（86.2%），之后依次为"考虑到家庭，难以跳槽

---

① 因选项略有不同，直接对比存在一定的误差。以下亦同。

或离职"（81.4%）、"由于加班等与伴侣的作息时间难以协调"（76.6%）、"有些职业结婚后难以从事"（76.4%）、"结婚或者生子之后工作会更有干劲"（70.4%）、"休产假和育儿假会带来职场压力"（65.8%），可以看出，日本青年对家庭与个人生活重视程度增加，以及大多日本青年感觉工作与家庭难以兼顾。

与2011年度青年就业观调查相比，"有些职业结婚后难以从事"（89.0%）、"考虑到家庭，难以跳槽或离职"（88.9%）、"由于加班等与伴侣的作息时间难以协调"（82.4%）、"休产假和育儿假会带来职场压力"（76.6%）等占比均有一定幅度的下降，表现出近年来整体社会中，工作与家庭生活平衡发展的氛围有所提升。

（6）青年对职业转换的认同度大幅提高

对于跳槽，青年选择"即使是不适合自己能力和特点的职场，也绝不应该跳槽/也尽量不要跳槽"的否定跳槽的占比为17.3%，不到二成，青年对正常职业流动的认同度较终身雇佣制瓦解之前大幅提高。分性别来看，男性中选择否定跳槽的占比为21.4%，高于女性（13.2%）。

对跳槽时所重视的因素，回答"与工资和劳动条件相比，自己的兴趣和想做的事情非常重要/较为重要"的占比为49.4%，回答"与自己的兴趣和想做的事情相比，工资和劳动条件非常重要/较为重要"的占比为40.0%。重视自己兴趣的青年占比明显高于重视工资和劳动条件的青年。分性别来看，男性中回答"与工资和劳动条件相比，自己的兴趣和想做的事情非常重要/较为重要"的占比为52.9%，明显高于女性（45.8%），男性在跳槽中更重视自己的兴趣和想做的事情。

2. 工作烦恼与未来发展

可以看出，随着社会以及科学技术的发展，现今社会无论在时间还是空间上，都使得更为灵活的工作方式成为可能，同时更加注重家庭与工作兼顾、工作与生活平衡等问题。但这也对职业及未来发展、职业生涯教育和社会环境整备提出更高的要求。下面主要从烦恼状况、对未来展望、教育/培训三方面对工作相关烦恼与未来发展进行分析描述。

（1）工作烦恼主要围绕收入、能力以及与家庭的平衡

关于工作的烦恼中，对"能否获得足够的收入"，回答"非常不安"/"较为不安"的占比（76.5%）最高，之后依次为"退休后的年金状况"（75.4%）、"能否做好本职工作"（73.5%）、"工作和家庭生活能否兼顾"（72.2%）、"能

否处理好职场的人际关系"（71.4%）等。与 2011 年度青年就业观调查相比，对所有选项回答"非常不安"／"较为不安"的占比均有所减少，在一定程度上表现出青年对于工作的焦虑感有所缓解。

可以商量工作烦恼的人，依次为"父母"（52.9%）、"除去网络结识的朋友／熟人（初中、高中、大学时代的朋友等）"（31.3%）、"恋人／配偶"（23.4%）等。学校老师／就业顾问／公共机关／劳动咨询机关的占比为 16.1%，此外，回答"虽然有烦恼，但是没有和任何人商量过"的占比为 10.8%。可以看出日本青年商量工作烦恼的人依旧主要以自己的亲人／朋友为主，向学校／公共机关等进行咨询的占比不高，专业性咨询还有很大的发展空间。此外还有一成左右的青年没有合适的咨询对象，只能自己解决烦恼。对于咨询效果，表示"拓展了自己的思路"的占比为 58.4%，回答"对工作选择／继续工作等有好的参考"的占比为 55.5%，回答"理清了自己的心情和想法"的占比为 53.7%，对咨询效果的肯定远远大于否定（对上述表述的否定回答占比分别为 15.5%、16.1%、13.2%）。

（2）对未来的展望中表现出较强的家庭生活重视倾向

在对于自己 40 岁想成为什么样人的未来展望中，认同"对父母好"的占比（75.8%）最高，之后依次为"生活幸福"（73.0%）、"生儿育女"（67.8%）。而认同"变得有名"（16.5%）、"活跃于世界舞台"（19.0%）、"在海外积累工作经验"（19.4%）的占比均不高，表现出较强的家庭生活重视倾向，与 2011 年度青年就业观调查结果基本相同。

（3）对继续学习的意愿较高，对能力培训和寻找适合工作培训的需求较强

对就业后是否有继续学习的意愿，53.2% 的青年表示"如果条件合适，愿意继续学习"，占比最高。24.3% 的青年表示"愿意继续学习"，22.5% 的青年表示"不愿继续学习"。总体来看，青年愿意继续学习的意愿较高。

对于职业生涯教育的效果，"明白了工作的重要性"（61.7%）的占比最高，之后依次为"了解了沟通技巧的重要性"（61.0%）、"拓展了自己的思路"（58.0%）、"了解了商务礼仪"（51.3%）、"对选工作有帮助"（50.4%）等，表现出较为明显的培训成效。

关于学生时期希望被传授的就业相关内容，回答"沟通能力、商务礼仪等，作为社会人的基础知识"（47.1%）的占比最多，之后依次为"对工作有直接帮助的专业知识／技能等"（43.4%）、"各种各样的职业内容"（34.0%）、"各种各样职

业的薪资/工作时长等劳动条件"（28.4%）、"自己适合的/建立在生涯规划上的职业选择"（27.2%）等，表现出青年对社会立足/职业能力的培训外，还希望能够提供"帮助找到自己适合的工作"的培训。

第三节　日本青年就业援助优秀举措

如何了解并找到自己适合的职业，直接影响到青年的就业质量以及未来的发展。从前面的分析可以看出，在就业之前对职业内容、劳动条件不了解，以及不了解自己的职业适应性，是青年职业迷茫，甚至选择"主动无业"的主要原因。针对青年职业选择迷茫，日本正在积极推广一些地区以青少年为对象，为其提供职业思考契机以及职业生涯援助的优秀措施。

1. 寓教于乐，开发校外职业生涯教育

高知县"土佐子之城"① 的目的是让儿童和青少年体验高知县特有的工作和文化、促进孩子们之间的交流，以及成为孩子们对社会机制产生兴趣的一个契机。让他们可以一边学习社会运行机制，一边思考工作的意义以及进行各种职业体验。"土佐子之城"以德国慕尼黑市举行的儿童城市——"迷你慕尼黑"为参考，是一座每年由四百名以上的孩子们运营的"城市"。以小学四年级到初中三年级的孩子为对象，从 2009 年开始每年利用暑假中的两天，在体验工作和游乐的同时，提高孩子们对社会运行机制和地区的关心。

"土佐子之城"中有市政府、税务署、报社、餐饮、创作、娱乐等约 40 种工作，还可根据孩子们的想法，创建新的工作或岗位，让孩子们选择自己喜欢的工作，并在专家的指导下运营"城市"。通过工作可以得到虚拟货币"tos"作为工资，工资可用于缴纳税金或购物等。"土佐子之城"还可以进行选举、组织召开议会，孩子们可以通过自己的协作，改变自己的"城市"。

这样通过"土佐子之城"的亲身体验，可以让孩子们在幼年就可以学习了解到社会上有各种各样的工作，以及各种工作的重要性和必要性。成为孩子们在人生早期就有兴趣地思考工作和社会的一个重要契机。此外，除了参加活动的孩子们，还有很多高中生、大学生等也作为志愿者参与其中，"土佐子之城"也是他们学习和参与体验的场所。

---

① "土佐国"为高知县的古代称谓。

2. 学校、政府、地区协力推行高中职业生涯教育

冈山县和气镇和气闲谷高中与镇政府及教育委员会、工商会、企业等共同协作，利用学校的综合学习课时，探索如何发挥青少年的能力激发地区活力，解决地区问题，同时，培育出对当地具有深厚感情的领导人才，提升学校的吸引力。

具体措施上，和气镇政府将地区振兴人员和企业代表作为援助职员长期派驻于高中；镇教育委员会负责联系，在其主办的活动中纳入高中生，在高中主办的活动中纳入中小学生；工商会负责接收高中生实习，以及派遣讲师、协助商品开发等；车站前的商店街负责提供一定的店面、接收志愿者服务以及派遣讲师等。

有就业愿望的学生全部要在高二参加实习，政府机关和工商会负责协调接纳地点。此外，中小学校和镇教育委员会联动，让高中生成为中小学生的教师，承担英语等外出派遣授课、理科实验教室的教员、开展放学后的学习帮扶等。同时在英语夏令营中，让高中生设计、实践中小学生的英语教学。这些以高中生为主体的活动，在培养高中生的责任感以及自我肯定意识的同时，也使其成为中小学生的身边榜样。

这样，和气闲谷高中以特色教育、职业生涯教育来提高学生的学习能力和意愿，进而提升学校的吸引力，与和气镇政府提出的以发展教育应对地区衰退的理念相辅相成，在最大程度上调动地区的教育、行政、工商会、企业等资源，创建了学校和镇政府以及地区相互协作，向青少年提供多样化就业体验的活动机制的同时，也为城镇振兴注入了新的活力。

3. 多机构协作对中途离校青少年开展陪伴助力型就业/就学援助

由于辍学等原因，中途离校青少年往往失去了向老师、负责就业人士、职业咨询师等寻求专业性建议的机会。而高中辍学者中，有想要取得毕业资格的、有希望就业、有希望升入大学，也有连外出都存在困难的蛰居者等各种情况。不能因为离开了学校，就使青少年迷失了对未来的规划，群马县面对中途离校青少年所面临的各种困境，充分利用地区中的既存网络，通过多机构协作，推进陪伴助力型援助，帮助他们无缝隙实现社会自立。

群马县在县内高中的协助下，在学生中途辍学时，会向学生确认是否有接受帮助的意愿，有意愿的话，学生的信息会被送至"地区青少年发展援助协议会"（以下简称协议会）。协议会由教育、就业、医疗、福利等多领域相关机构成员组成，会依据本人的愿望采取不同的措施。对希望就业的青少年，会与地区青年援助站等就业援助机构联系；对于希望重新转入高中或希望取得高中毕业资格的青少年，会与再学习援助机构联系；对于蛰居家中的青少年，会先派遣专家进行咨询访问等援助，在状态得到一定改善后，再依据本人愿望进行再学习或就业援助。

从 2018 年度开始，该项目与市镇村教育委员会协作，将初中毕业、既不升学也不就业、未决定未来规划的青少年也纳入援助对象之中，对中途离校青少年的职业生涯形成了有力支撑。

第四节　对中国青年就业援助的启示

从对日本青年就业观的描述和分析可以看出，随着日本经济发展低迷以及终身雇佣制的瓦解，近年来日本青年就业稳定性降低、非正规就业占比升高、因没有理想工作"主动无业"现象明显、对转换职业的认同度大幅上升、更加注重职业与自身的适合程度，同时就业形态多样、与就业的相关压力有所缓解，但青年对工作是否能够获得足够的收入、是否可以胜任工作、工作和家庭能否兼顾、能否处理好工作单位的人际关系等，依旧抱有较强的不安，对职业生涯教育提出了更高的要求。面对这样的情况，日本也以青少年为对象，结合地方特色，为青少年就业提供多方面的支持和援助。在除去国家层面针对不同青年群体及时、动态出台相关政策以及配套财政支持［例如，针对自由职业者的《青年自立、挑战计划》（2004 年相关预算为 810 亿日元）、《自由职业者正规就业计划》（2007 年度预算额为 218 亿日元）、针对毕业生的《应届毕业生录用相关要求》（项目规模为 24.4 兆日元）］[1] 之外，对我国青年就业援助主要有以下几点启示。

1. 建立全国性青年信息动态样本库

日本此次青年就业观调查以及之前关于青少年思想、生活各方面的大多数专项调查均依托长期合作的专业调查公司，从全国范围登记在案的概率样本库中筛选符合要求的青年，从而保证了数据来源的规范性、权威性以及数据的可

---

[1]　李颖. 日本促进青年就业的政策研究［J］. 河北大学成人教育学院学报，2011，13（01）：57-58.

及、可比性。且调查基本可在几周内迅速完成，便捷且具有时效性。

我国目前对于青少年发展的主观指标，多依据所研究课题各自选定抽样范围，并非从一个全国范围的、统一的、具有良好抽样概率的样本库中进行抽样，因此有些存在抽样偏差，且结果之间很难进行直接对比，造成很多费时费力的抽样结果只是一次性的，不能进行历史追踪和对比。虽然我国也有专门的调研公司可以提供商用样本，但这些商业公司并未与青少年科研机构建立起长期稳定且可以信赖的联系，并会大幅度提高调研成本。

而随着我国《青少年发展中长期规划（2016—2025 年）》的落实，青少年发展指标体系建设日益重要。在进一步确立青少年发展客观社会统计指标，将社会统计指标纳入政府统计部门监测序列的同时，对于青少年的主观意识也需要进行及时、准确把握，从而实现对青少年发展全貌的深度体现。因此，随着对青少年研究需求的科学化、深入化发展，建立一个全国范围的、统一的、具有良好抽样概率的动态样本库至关重要。同时，也是深入、追踪了解青年所想所需，及时收到青年反馈，实现高效且低成本社会及舆情监测的重要一环。其中共青团作为我国最大的青年组织，具有得天独厚的组织优势和责任担当，应发挥其巨大的网络系统以及强大的组织能力，在全国青年动态样本库建设中发挥重要作用。

2. 从儿童、少年时期开展社会责任、职业内容教育

在我国，由于应试教育和传统观念等的影响，职业生涯教育主要集中在高校，且内容也主要以就业指导为主。中小学职业生涯教育一直没有得到应有的重视。小学阶段的职业生涯教育几乎处于空白，除去职业学校外，中学阶段也仅限于试点学校或地区。① 很多青少年的职业选择是从高中毕业开始，且志愿填报往往由父母根据"专业吃香""好就业"等代替决定，没有充分考虑和尊重青少年的个人喜好和适应性，从而直接影响到青少年今后的职业发展以及职业/生活满意度。

让青少年从人生早期即开始职业和社会角色体验是日本近年来培养青少年社会责任、引发青少年对职业进行思考、消减职业迷茫的一项举措，也是贯彻执行从幼儿园到大学各教育阶段系统进行职业生涯教育理念的重要一环。其主要特色一个是让青少年在人生早期就开始了解和实践社会中的不同职业和分工，

---

① 孙宏艳. 我国职业生涯规划教育应端口前移——基于中美日韩高中生职业生涯规划教育的研究 [J]. 教育科学研究，2013（08）：52-57.

另一个是寓教于乐，采用青少年易于接受的方式方法，例如，由青少年自己运营的"儿童城市"，或是让高中生设计、担任可以让中小学生喜闻乐见的教学（辅助）活动等，让青少年在人生早期即对社会分工、各种各样的职业内容、自己的职业适应性和兴趣爱好有所接触和了解，为未来更好地认识自己、选择更契合自己的职业发展奠定基础。结合我国具体情况，应有计划、逐步建立起贯穿一生的职业生涯教育体系，而不是仅仅将职业生涯教育作为毕业或就业时的应急手段。其中，从人生早期开始进行职业生涯教育启蒙，是建立、完善我国职业生涯教育体系的重要基础。

3. 国家、学校、企业、地区联动推行职业生涯教育

职业生涯规划并非简单的就业指导，其中包括了解自身特点、培养职业认知、兴趣和能力，以及了解就业环境，从而促进未来更好的职业发展。可以看出，职业生涯教育并非以单纯的理论授课为主，而是注重理论与实践相结合，涉及个人、家庭、学校、企业、地区、国家等多个主体，包含教育、就业、心理、福利等多个领域。

职业生涯教育体系的建立和实施首先需要从国家层面意识到在人生早期实施职业生涯教育的重要性，制定相关法律法规，落实到教学大纲之中，才能保障从中小学开始推行职业生涯教育。例如，日本中央教育审议会在1999年即提出职业生涯教育这一概念，2000年由文部科学省发布的文教政策中提出为培育学生的职业观，初中和高中要实施职业体验与实习活动。① 我国虽于1996年颁布了《中华人民共和国职业教育法》，但主要指区别于普通教育的狭义职业教育，与职业生涯教育存在较大的区别。但近期我国也于2021年6月向全国人大常委会提交了《职业教育法》修订草案，规定政府应当支持、鼓励中小学增加职业启蒙、职业认知、职业体验与劳动技术教育等教学内容，对广义职业生涯教育有着重要的推动作用。

其次，职业生涯教育的实施需要整合多方面的力量和资源，需要教育部门、劳动部门、权益部门、企业和地区的协调合作，只靠单一部门/机构的力量远远不够。日本职业生涯教育的蓬勃发展是其政府、企业、学校紧密联系的结果。例如，群马县利用由教育、就业、医疗、福利等多领域机构成员组成的"地区青少年发展援助协议会"，协调多机构协作，助力青少年实现社会自立；冈山县和气闲谷高中与镇政府最大程度地调动地区的教育、行政、工商等资源，创建

---

① 蔡璐.日本中小学职业生涯教育及启示［J］.外国中小学教育，2017（07）：17-25.

了学校、镇与地区的协作模式。因此，我国切实推进青少年职业体验和实习活动也需要在进一步整合教育资源的基础上，充分发挥社会、地区、企事业单位的力量，为青少年的职业生涯教育活动提供全力支持和援助。

第五章

日本灵活就业政策演变及启示

第一节　研究背景

随着我国的经济发展、社会开放以及科学技术的不断创新，灵活就业已成为劳动市场中日益重要的就业形式。人社部及国家信息中心数据显示，当前我国灵活就业人员已达到2亿人。其中，青年已成为灵活就业的主要群体，一方面，由于就业观念的开放和多元化，青年与父母长辈不同，更加追求自由、宽松的就业形式以及兴趣、成长等价值取向；另一方面，灵活就业也常常成为青年找到稳定或对口工作前的暂时选择，同时也有一部分青年被迫为了生计选择了灵活就业。灵活就业在一定程度上对青年群体起到了就业稳定器的作用，但实践中也往往存在对其缺乏有效组织、管理，对其权益保障力度不够等问题。从而导致灵活就业青年不仅需要面对灵活就业群体常常会遇到的雇佣不稳定、收入不稳定、劳动条件差、缺乏社会保障等一般性问题；还因为所处的特殊人生阶段，使得他们还需要面对职业成长和发展问题。例如，灵活就业的不稳定性往往使得青年难以在一个工作岗位形成长期的经验积累和发展，从而严重制约了青年的职业发展；而临时项目或是兼职的低收入和不稳定性也使得青年难以实现经济独立，进而严重影响到家庭的组建和社会的发展。因此高度重视以青年为主体的灵活就业市场的规范化、建立起具有强力支撑的社会保障体系将会极大推动包括青年在内的灵活就业群体的高质量发展。

与我国相似，日本长期以来以高度稳定的"终身雇佣制"而闻名，但近年来随着技术革新以及市场竞争，日本的非正规雇佣①也不断增长。根据总务省

---

① 日本非正规雇佣主要是相对"终身雇佣"等长期稳定的"正规"雇佣而言，亦称为非正式、非典型或非传统雇佣。

《劳动力调查》，1984 年日本非正规雇佣员工 604 万人，占雇佣员工的 15.3%，至 2024 年已增至 2137 万人，占比 37.3%，即现在平均三个雇佣员工中就有一人为非正规雇佣。按照其非全日制、有期限，以及派遣/外包等雇佣特点，与我国灵活就业群体范围大致重合。① 非正规雇佣关系一方面可以降低企业的雇佣及培训成本，提高竞争力；另一方面，也降低了就业门槛，使人们可以更加灵活地选择工作以及工作时间，追求多元化价值。但同时也带来工作及收入不稳定、福利待遇差等问题，甚至导致许多日本人不能或不敢结婚，对国家和社会的存在基础带来严重影响。自 20 世纪 80 年代开始，日本随着就业市场的变革，尤其是"终身雇佣制"瓦解以来，出台了一系列政策措施，为保护非正规雇佣员工权益建立起相对完备的政策保障，对非正规雇佣市场的快速发展提供了重要支撑。

我国当前对日本非正规雇佣的研究较为丰富。胡颖、李向东②对 1989—2015 年日本非正规雇佣的发展状况及对策进行了分析，总结出日本细化立法以规范劳动关系、提供多样化补贴以及促进职业培训等。刘绮霞③指出了经济发展环境对日本雇佣形态转变的影响。宁坚、李益然分别强调了非正规雇佣对降低失业率④、提高生产效率及企业活力⑤的正向作用；邢雪艳、邵剑兵、吕守军、郭云蔚分别强调了非正规雇佣的增加对拉大贫富差距等影响⑥、对制造业技能传承和质量持续改善的阻碍⑦、导致 20 世纪 90 年代以来日本长期的经济萧条⑧、可能会降低企业全体员工薪资水平⑨等负面影响；田野⑩认为雇佣的灵活化与劳

① 文中涉及日本和中国时分别采用"非正规雇佣"和"灵活就业"的表述，二者的涵盖范围大致相同，有时亦以灵活就业代替非正规雇佣。

② 胡颖，李向东. 日本非正规雇佣的变化趋势、对策及启示［J］. 江苏理工学院学报，2016（06）：48-55.

③ 刘绮霞. 现代日本雇佣形态的转型及其启示［J］. 国外社会科学，2007（05）：57-61.

④ 宁坚. 日本低失业率形成原因及其对中国的启示［J］. 云南师范大学学报（哲学社会科学版），2012（04）：107-113.

⑤ 李益然. 21 世纪以来日本就业结构变化及其经济影响分析［D］. 导师：崔健. 吉林大学，2019.

⑥ 邢雪艳. 日本雇佣体制转变的社会影响［J］. 日本研究，2007（02）：48-52.

⑦ 邵剑兵，王蕴. 丰田公司非典型雇佣模式的经验与借鉴［J］. 现代日本经济，2009（05）：47-52.

⑧ 吕守军. 日本劳资关系的新变化及其对中国的启示——基于法国调节学派制度理论的研究［J］. 教学与研究，2011（11）：46-54.

⑨ 郭云蔚. 日本非正规劳动者的扩大对企业内劳动者待遇水平的影响［J］. 现代日本经济，2020（03）：81-94.

⑩ 田野. 日本非典型雇佣的发展及其启示［J］. 东疆学刊，2011（02）：105-110.

动法的管制缓和一方面促进了经济发展，但同时也使就业安全受到严峻威胁。在与非正规雇佣紧密关联的职业培训方面，李彬彬①指出日本公共职业培训对培养技能型人才、促进非正规雇佣，以及缓解劳动市场供需矛盾的作用。郭迪佳、宋德玲②分岗位和正规性两个维度介绍了日本更为系统的企业培训。

从中可以看出，我国对日本非正规雇佣的研究主要集中在影响方面，利用长期数据及资料对日本非正规雇佣的变化趋势以及与之相应的政策进行系统梳理的研究较少，尤其对近十年来的政策演变出现空白。本章从历史纵向视角，对自 20 世纪 40 年代至今的非正规雇佣政策的发展变化进行系统梳理，总结其演变的主要特点及经验教训，以期为推动我国灵活就业政策的制定和实施，促进就业高质量发展提供有益借鉴。非正规雇佣相关问题往往涉及就业者的基本权益以及安全隐患等严重问题，仅依靠行政指导难以形成足够的约束力和持久性，相关政策往往需要更具权威性和强制力的法律形式得以体现和保障。因此，对日本非正规雇佣政策的梳理也主要聚焦于相关法律法规的发展演变。系统研究日本在非正规雇佣领域的立法进程、实施效果以及以此为基础的非正规雇佣政策的演变特点，将为奠定我国灵活就业领域更加稳定、公平的制度基础提供有益借鉴。

第二节　日本非正规雇佣现状与发展

日本随着经济泡沫的破裂，其具有代表性的"终身雇佣"制也逐步瓦解，与之相应，非正规雇佣人数迅速增长。其主要类型有非全日制员工、有期限员工、派遣及其他（参见表 5-1）。2024 年，非正规雇佣已占全部雇佣员工③的37.3%，其中非全日制员工、有期限员工、派遣及其他的占比分别为 26.2%、6.9%、2.6% 和 1.6%，可以看出其主要部分为非全日制员工。从雇佣方式来看，正规员工、有期限员工和非全日制员工为直接雇佣，派遣员工为间接雇佣。自20 世纪 80 年代以来日本非正规雇佣主要呈现以下几个特点。

---

① 李彬彬．基于"职业能力开发基本计划"的日本公共职业训练研究［D］．导师：张桂春．辽宁师范大学，2014.

② 郭迪佳，宋德玲．论日本企业培训模式的演进［J］．佳木斯大学社会科学学报，2009（01）：35-38.

③ 此处的"雇佣员工"不包括企业的董事，以及个体经营者（及在其中无偿劳动的亲属）。

表 5-1　日本主要雇佣类型

	雇佣类型	特征	雇佣方式
正规雇佣	正规员工（正社员）	雇佣关系无确定的终止时间，全日制工作	直接雇佣
非正规雇佣	有期限员工（契约社员/嘱托社员）	雇佣关系有确定的终止时间	
	非全日制员工（part-time/アルバイ）	周劳动时间少于全日制员工的短时间劳动者，多为家庭主妇/主夫和学生	
	劳动者派遣	由派遣方指派到其他公司工作	间接雇佣

注：参考君润研究院《详解日本企业的雇佣形态（三）》制成。①

1. 非正规雇佣员工增长迅速，现占比已接近四成

从图 5-1 的日本非正规雇佣员工数和占比可以看出，自 20 世纪 80 年代中期以来，日本非正规雇佣占比基本呈上升趋势，从 1984 年的 15.3%最高升至 2019 年的 38.5%，近两年来虽有所波动，但也仍有接近四成的占比，增长显著。其中超过 2/3 为女性，尤其是在 2005 年之前，基本超过 70%均为女性。这一现象与日本传统的性别角色分工、家庭责任分配不均等社会文化因素密切相关，但同时也反映出弱势群体在就业方面面临的结构性不平等待遇。

从增长速度来看，1994—2006 年日本非正规雇佣人数增长最快，平均年增长 1%。这期间有两个标志性事件。一个是 20 世纪 90 年代初期，随着日本经济泡沫破裂，经济下行，企业越来越难以维持高成本的终身雇佣制，需要通过更加灵活的雇佣方式减少成本支出；另一个是 2002 年日本雇佣问题对策会议通过了《关于雇佣问题的政劳资协议》，政劳资三方就降低失业率、积极推进雇佣形态多样化等达成共识，成为日本终身雇佣体系终结的信号。②

---

① 君润人力．详解日本企业的雇佣形态（三）[EB/OL]．（2022-06-24）[2023-05-17]．https：//www．sohu．com/a/560587043_ 121149004．

② 田野．日本非典型雇佣的发展及其启示 [J]．东疆学刊，2011（02）：105-110．

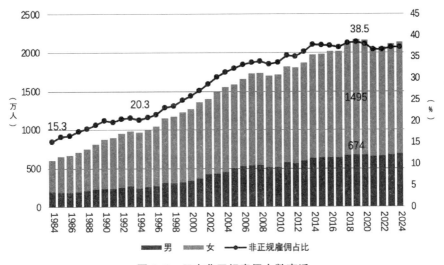

图 5-1　日本非正规雇佣人数变迁

注：根据日本总务省《劳动力调查》长期数据制成。

2. 非正规雇佣在青年和老年群体中占比较高

分年龄段来看（参见图 5-2），15~24 岁的青年和 55 岁及以上（尤其是 65 岁及以上）中老年群体中非正规雇佣的占比较高。尤其在 1994 年后，呈现出较为明显的波动上扬趋势。其中 15~24 岁青年的非正规雇佣占比从 1994 年的 22.2%，波动增长到 2024 年的 53.9%，55~64 岁和 65 岁及以上中老年人的非正规雇佣则从 27.3% 和 51.6% 分别增长到 43.3% 和 77.1%，可以看到受非正规雇佣影响最大的是 15~24 岁的青年和 65 岁及以上的老年群体。但其中除去学生的 15~24 岁青年的非正规雇佣占比保持在三成左右，与其他群体相似。在校生兼职是青年非正规雇佣占比较高的一个主要原因。

3. 非正规雇佣主要集中于第三产业

据统计，2022 年非正规雇佣按规模主要分布于批发零售、医疗福祉、制造、餐饮住宿业，分别在全产业中占比 20.0%、15.2%、11.3%、10.9%。具体分产业来看，餐饮住宿业中非正规雇佣的占比最高，已超过七成。此外，生活/娱乐、批发零售、农林业中非正规雇佣的占比也已超过一半。与 2002 年相对比（参见图 5-3），可以看出 20 年间非正规雇佣的总体占比略有升高，仅在建筑、情报通信、金融保险业中占比下降，在农林、制造业中微升外，在其他产业中均有较大幅度的提升。尤其在教育援助、医疗福祉、综合服务以及其他服务业

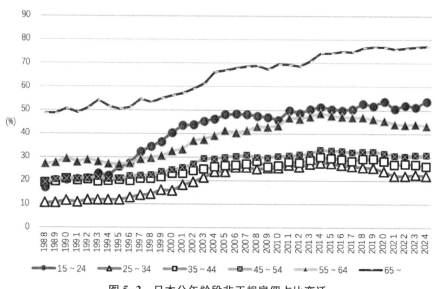

图5-2 日本分年龄段非正规雇佣占比变迁

注：根据日本总务省《劳动力调查》制成。

等第三产业的占比有着较为明显的上升。①

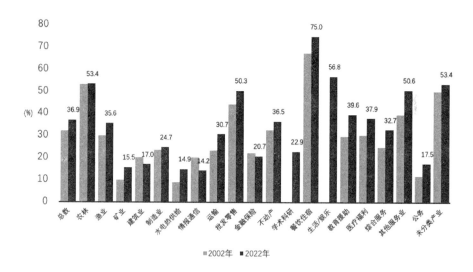

图5-3 日本非正规雇佣产业别占比变迁

注：根据日本总务省《就业构造基本调查》制成。

---

① 除去了2002年未有的学术科研及生活/娱乐业。

4. 与正规雇佣员工薪资差异较大，近年低收入段薪资有较大提升

从 2023 年非正规和正规雇佣员工的年收入来看，非正规雇佣员工的年收入主要分布在低于 300 万日元的区间（占比 86.2%），正规雇佣员工的年收入主要分布在 200 万~999 万日元区间（占比 85.9%），可以看出非正规与正规雇佣员工之间存在着较大的薪资差异。将 2023 年非正规雇佣员工的年收入与 2002 年相对比可以看出（参见图 5-4），100 万日元未满的占比大幅下降，而 100 万~299 万日元的占比大幅提升，考虑到平成低迷期的 20 年间薪资基本没有增长这一特殊情况，可以看出在低收入段，非正规雇佣的薪资水平有了较大的提升。

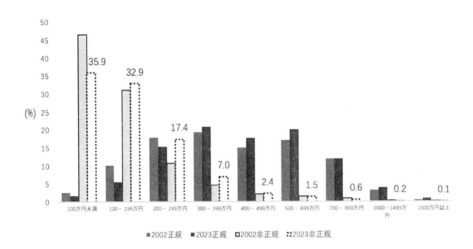

图 5-4　日本非正规与正规雇佣薪资差异变迁
注：根据日本总务省《劳动力调查》制成。

第三节　日本非正规雇佣法律政策演变

日本自 20 世纪 60 年代中期开始关注非正规雇佣，制定、推行了一系列保护非正规雇佣的法律法规，根据其主要目标和特征，大致可以分为以下三个阶段。

1. 非正规雇佣关注期（20 世纪 40—70 年代）

二战后，日本随着民主化政策的实施，制定了一系列法律以保护劳动者的

基本权益。其中，奠定日本劳动法基础的"劳动三法"（合指 1945 年制定的《工会法》、1946 年制定的《劳动关系调整法》和 1947 年制定的《劳动基准法》），以及 1947 年制定的《职业安定法》《失业保险法》和《劳动者伤害补偿保险法》，1949 年制定的《紧急失业对策法》等法律，旨在保障劳动者的基本权益，促进就业，并规定国家为失业者提供救济、就业机会和职业介绍；此外，为对职业技术培训提供法律保障，1958 年制定了《职业培训法》；为了保障特定人群的健康和合法权益，分别制定了《老人福祉法》（1963 年）、《劳动青少年福祉法》（1970 年）、《劳动女性福祉法》（1972 年）等；为了促进劳动就业供需平衡，于 1966 年制定了《雇佣对策法》；为了改善劳动者的安全和卫生状况，于 1972 年制定了《劳动安全卫生法》；为了增强劳动者福利待遇、保障失业者的生活安定以及促进就业，于 1974 年制定了《雇佣保险法》。[①]

其中，《劳动基准法》明确提出了平等待遇原则和消除中间剥削原则。平等待遇原则要求雇主应对员工一律平等，不得以员工的国籍、信仰、社会身份等为理由，在薪资、劳动时间以及其他劳动待遇等方面进行歧视；消除中间剥削原则指除法律规定，任何人不得以职业介绍为业，奠定了日本劳动法中保护劳动者待遇和对间接雇佣进行严格限制的基调。

日本对非正规雇佣的探讨始于 20 世纪 60 年代。随着经济形势的变化，日本劳动法也从对非正规雇佣的严格限制转为缓和。为纠正劳动力供求的产业间、区域间不平衡，尤其是应对当时青年劳动力不足以及因破产导致的离职者增加等问题，日本于 1966 年制定了《雇佣对策法》，该法旨在通过制订就业促进计划、指导求职及招聘、确保对技术工人的培训、设置职业转换补助金等基本方针，促进雇佣方式的多元化及职业稳定性，可以说是日本最早对非正规雇佣的保障措施。

2. 非正规雇佣法制化基础奠定期（20 世纪 80—90 年代）

进入 20 世纪 80 年代，在经济全球化和技术革新的推动下，"终身雇佣制"以及仅由政府机构提供职业介绍等方式已无法满足对多样化人才以及人力资源的需求。这一时期日本开始日益重视非正规雇佣的作用，一边对一些重要的法律法规做出修订，缓和适用于非正规雇佣时的各种障碍；一边针对非正规雇佣制定了一系列专项立法，拓展了非正规雇佣的发展空间，针对性、系统性地对非正规雇佣市场提供了法律保障，为其发展奠定了重要的法制化基础。

---

① 张有全. 日本劳动法的特点及借鉴 [J]. 广西社会科学，2004（09）：82-84.

法律法规修订方面，1987 年对《劳动基准法》做出修订，规定对非全日制就业者实行特殊休假制度。1989 年对《雇佣保险法》做出修订，将周劳动时间20~30 小时、连续雇佣 1 年以上且年收入高于 90 万日元的短时间劳动者纳入保险范围。1999 年对《职业安定法》做出修订，废除了国家对职业介绍的垄断，原则上允许私营收费职业介绍所开展业务。

专项立法方面，1985 年制定的《劳动者派遣法》，可以说是日本第一部针对非正规雇佣的专项法律。由于从江户时代直到二战前，日本通过"租人""承包"等中介方式对劳动者实施强制劳动和剥削，二战后日本原则上禁止通过向"劳动者提供职业"牟利。通过《劳动者派遣法》的制定，日本的劳动政策由严格限制，向保障更加灵活、更加多元化的雇佣形式发生转变。并通过明确雇佣关系、由派遣公司履行雇主的责任、接收方仅具有指挥权等，来避免中间剥削的产生，谋求对劳动者的保护。但在这一阶段，日本劳动立法的目的虽然是构建更加多元化的劳动力供求体系，但也对非正规雇佣的发展进行着较为严格的管控。这一时期的《劳动者派遣法》仍然具有维护日本式雇佣体系和正规雇佣的色彩，旨在不能让非正规雇佣成为威胁到正规雇佣员工的存在①，仅对正规雇佣员工被替代可能性较低的工种开放，最初只开放了需要专业知识/技术/经验的 13 类工种。但在泡沫经济崩溃导致的经济低迷中，对《劳动者派遣法》中的限制大幅缓和，1996 年派遣工种扩大到了 26 类。1999 年派遣原则上实现自由化，由原来指定允许派遣工种的"白名单"，转变为指定禁止派遣工种的"黑名单"，仅有少数行业被指定为禁止派遣领域，对非正规雇佣的发展起到了促进作用。

1993 年，制定了《关于改善短时间劳动者雇佣管理等法律》（以下简称《短时间雇佣劳动法》），通过保障短时间劳动者获得适当的劳动/雇佣条件、提升职业技能的培训机会、向正规雇佣转型的机会等，实现短时间劳动者与正规雇佣员工的均衡待遇，从而有效发挥短时间劳动者的能力，促进其自身及社会整体的发展。

3. 非正规雇佣法制完善期（21 世纪初至今）

进入 21 世纪以来，随着日本经济低迷，企业通过非正规雇佣降低成本的意愿和动机更加强烈。2002 年，日本"雇佣问题对策会议"提出了《关于雇佣问

---

① Recruit. わかりやすく解説"派遣法"の歴史【前編 1986—2004】［EB/OL］. （2020-11-30）［2020-06-26］. https：//www. r-staffing. co. jp/cl/column/ct_ 299.

题的政劳资协议》，在确保就业、降低失业率、积极促进雇佣形态多样化等方面，政劳资三方达成共识，这也被认为是日本终身雇佣制终结的信号。这一时期日本主要围绕非正规雇佣推进专项法律及相关法律的修订，为保障非正规雇佣的发展构建完备的法制体系。

（1）专项法律《短时间雇佣劳动法》的适用对象逐步扩大，加强同工同酬的实践细则建设

2007 年《短时间雇佣劳动法》的修订明确指出，雇主不得对与正规雇佣员工工作内容相同的短时间雇佣员工①在薪资水平、教育培训、待遇等方面进行歧视，且有将其与正规雇佣员工平等对待的义务。雇佣时须书面明示劳动条件，雇佣后须提供向正规雇佣转型的机会。2014 年的修订扩大了禁止差别对待的范围，即"工作内容与正规员工相同、人事变动与正规员工相同"，去掉了已签订无期限劳动合同的限制；并增加了"短时间劳动者待遇原则"，将均等待遇原则扩大到全部短时间劳动者。2019 年的修订中，将有期限雇佣员工也纳入适用范围，将法律名称更改为《关于改善短时间及有期限雇佣劳动者雇佣管理等法律》，简称《短时间及有期限雇佣劳动法》。主要修订有制定对同工同酬（均等、均衡原则②）司法判断时的实践依据、强化雇主对劳动者待遇进行说明的义务、加强行政保障以及庭外纠纷解决细则建设等。

（2）专项法律《劳动者派遣法》首次由逐步缓和转变为加强管制，明确了保护劳动者权益的立法目的

2000 年对《劳动者派遣法》的修订中解除了对"介绍预定派遣"③的禁令，增加了直接雇佣的机会；并逐步取消了对生产制造业、医疗相关的派遣限制并放宽了期限。但 2008 年由于雷曼危机的影响，以制造业为中心发生了大量的派遣中断和停止雇佣，引发了严重的社会问题，派遣法也首次由逐步缓和转变为强化管控。2012 年修订中，派遣法的正式名称由"完善"更改为"保护"（即由《关于确保劳动者派遣业的合理运营及完善派遣劳动者就业条件的法律》变更为《关于确保劳动者派遣业的合理运营及保护派遣劳动者的法律》），明确

---

①　指工作内容、责任、工作时长与正规员工大致相同；更新过合同且没有限定雇佣期间的短时间劳动者。

②　均等/均衡原则中的均等是指同样的工作要求同样的待遇，即禁止歧视性待遇原则；均衡是指同样的工作，如果待遇不同时，其不同可被合理解释，即禁止不合理待遇差原则。

③　是劳动者派遣和职业介绍相融合，派遣公司在派遣结束后向接收单位推荐该劳动者的一项机制。

了以劳动者权益保护和稳定就业为该法的主要目的。2015 年修订中，派遣业务全部变更为"许可制"，原则上派遣上限一律为 3 年，以避免实际应用中因职业不同造成不同的标准，并规定了派遣方在派遣结束后有促进派遣员工向无期限雇佣转型[①]、稳定派遣工就业的义务，以及包括入职培训在内的系统性教育培训的义务。2020 年修订的主要目的是消除对派遣劳动者的不合理待遇差，实现"同工同酬"。其中的"待遇"除了薪资外，还包括可以使用的福利设施以及教育培训的机会等。

（3）配合专项法律，对相关重要法律及制度进行系统修订

专项法律的制定和修订需要与多部法律及制度的协同合作才能得以完成。配合专项法律，日本对相关重要法律和制度也进行了系统修订。2003 年对《劳动基准法》的修订，延长了短时间雇佣和劳动者派遣的期限（由原来的 1 年延长到 3 年），并将派遣的行业范围扩展到制造业，为非正规雇佣提供了更多的就业机会以及更为稳定的就业机制[②]。2009 年和 2010 年对《雇佣保险法》的修订中，分别将对雇佣期的要求缩短到 6 个月和 31 日，让更多的短时间雇佣员工享有参保资格。2012 年《劳动契约法》的修订进一步加强了对非正规雇佣稳定性的保障力度，规定有期限雇佣超过 5 年时，劳动者有权提出将有期限合同改为无期限合同。2015 年对年金制度进行了改革，将短时间劳动者加入社会保险的限制缩短（由周工作时间超过 30 小时缩短为 20 小时），将更多的短时间劳动者纳入到社会保障中。2018 年通过了《工作方式改革相关法》，进一步消除非正规和正规雇佣员工之间的待遇差异。

第四节　日本非正规雇佣政策演变的主要特点

1. 专项立法与既有法律的系统调节相结合，奠定非正规雇佣发展的法制基础

从日本非正规雇佣相关法律政策的变迁可以看出，其政策经历了一个从严格管控到管控缓和，再到管控加强的过程，其中，逐步缓和的是派遣劳动的从业范围和期限，逐步加强的是包括派遣劳动在内的对非正规雇佣员工给予平等

---

① 包括委托接收单位直接雇佣、提供新的接收单位、派遣单位无期限雇佣等措施。

② 胡颖，李向东. 日本非正规雇佣的变化趋势、对策及启示 [J]. 江苏理工学院学报，2016（06）：48-55.

待遇的保障机制。

长期以来，日本虽以终身雇佣等正规雇佣为主，但从上世纪 60 年代就开始了对非正规雇佣的政策探讨。随着经济全球化和技术革新，日本开始日益重视雇佣形式的灵活化和多元化，一边通过对《劳动基准法》《职业安定法》等重要法律的系统性修订，废除了国家对职业介绍的垄断，缓和对非正规雇佣的歧视性待遇；一边通过《劳动者派遣法》《短时间雇佣劳动法》等关于非正规雇佣的专项法律的制定、颁布及系列修订，奠定了非正规雇佣的法制基础。加强了对非正规雇佣的规范化管理，矫正不合理待遇，保护非正规雇佣员工的权益，拓展非正规雇佣的发展空间。

2. 以公平待遇为重点，多渠道加强非正规雇佣社会保障体系建设

随着非正规雇佣规模的不断增大，企业在一定程度上摆脱了终身雇佣制下的种种束缚，获得了更高的经营效益。但也暴露出在非正规雇佣中劳资双方的力量对比更加悬殊、导致对非正规雇佣员工权益保护严重缺失等问题。非正规雇佣员工很多没有健全的劳动、医疗以及养老保险。2010 年，日本正规和非正规雇佣的劳动保险覆盖率分别为 99.5% 和 65.2%、医疗保险分别为 99.5% 和 52.8%、养老保险（厚生年金）分别为 99.5% 和 51.0%，差距明显。因此，待遇公平成为非正规雇佣政策的重要目标。2009 年、2010 年日本通过对《雇佣保险法》进行修订，将资格从雇佣 1 年缩短到 31 天，将更多的短时间劳动者纳入到社会保障中。2015 年通过对年金制度的改革，将纳入社会保障的资格缩短为周工作 20 小时，使更多的短时间劳动者享有了参保资格。截至 2019 年，正规和非正规雇佣的劳动保险覆盖率分别为 92.7% 和 71.2%、医疗保险分别为 97.2% 和 62.7%、养老保险（厚生年金）分别为 96.1% 和 58.1%，通过对保险法以及年金制度等多渠道的改革，日本非正规雇佣的社会保障覆盖率有了较为明显的提升①。

3. 立法、财政、市场相结合，多举措促进非正规雇佣就业及就业稳定

2012 年《劳动契约法》修订规定非正规雇佣员工在同一单位连续工作超过 5 年，员工提出申请后，单位须与员工签订无期限雇佣合同。该规定一般被称为"五年规则"或"无期限转换规则"。该规定适用于契约、派遣、非全日制/兼

---

① 厚生労働省 . 就業形態の多様化に関する総合実態調査（2010 年、2019 年）［EB/OL］.［2020-06-26］. https：//www. mhlw. go. jp/toukei/list/5-22d. html.

职等非正规雇佣形式，有力地保障了非正规雇佣员工的合法权益，促进了非正规雇佣员工向正规雇佣的转型及雇佣稳定。

同时，政府的财政预算中，一直有着针对非正规雇佣的专项援助预算。2022 年针对女性和非正规雇佣劳动者的专项援助预算为 558 亿日元。其中对非正规雇佣劳动者的早期再就业援助为 31 亿日元，以育儿和就业兼顾的女性为对象的就业援助为 40 亿日元，对新冠疫情导致的再就业援助为 133 亿日元，对实施"试雇佣"雇主的援助预算为 29 亿日元。

劳动市场方面，广泛推出了"试雇佣"政策。该政策针对尼特族、职业经验不足等就业困难者，对其进行 3 个月左右的试用雇佣，帮助其发现自己的适应性和能力，有助于劳动者和用人单位双方在相互了解的基础上过渡到无期限雇佣，是一项向正规雇佣转型的过渡机制。对积极参与"试雇佣"的单位，国家将支付一定的补助金。以"试雇佣"刚开始推行的 2001 年 12 月到 2003 年 3 月间的 3.6 万人参与者为例，试雇佣期满的 2.3 万人中 79.0%转型为全日制员工[①]。可以看出，日本从立法、财政预算、劳动市场等多方面推出的多项措施，对促进非正规雇佣就业以及就业稳定具有一定成效。

4. 政府主导，企业培训与公共职业培训相结合，提高劳动者素质及技能

非正规雇佣员工职业稳定性差、待遇差、就业难的一个主要原因是在工作技能、经验以及综合素质方面往往存在一定的短板，而就业单位采用非正规雇佣方式的一个重要原因是降低人力成本，因此企业内部对非正规雇佣员工进行职业培训的意愿较低。对此，日本政府一方面通过对《短时间雇佣劳动法》的修订，禁止对非正规雇佣员工在教育培训等方面进行歧视，为其争取在企业内接受平等培训的机会，另一方面积极推进公共职业培训，并于 2011 年设立了"求职者援助制度"，对于不在劳动保险范围内的求职者进行免费培训，并对收入较低者（个人月收入 8 万日元以下且家庭月收入 25 万日元以下）在接受培训的前提下给予一定的现金补贴（月 10 万日元及交通费）；对培训实施机构会根据就业实绩支付奖金。2022 年度，约有 4 万人接受了培训，其中六成左右在培训后就业，尤其是医疗、护理专业，近七成的培训者成功就业[②]。日本通过加强企业内培训和充分调动民间教育培训机构，促进对收入较低、专业技能及综合

① 阿部正浩. 非正规雇用增加の背景とその政策対応［EB/OL］.［2022-09-23］. https://www. esri. cao. go. jp/jp/esri/others/kanko_ sbubble/analysis_ 06_ 13. pdf.
② 厚生労働省. 求職者支援制度のご案内［EB/OL］.［2023-09-28］. https://www. mhlw. go. jp/stf/seisakunitsuite/bunya/koyou_ roudou/koyou/kyushokusha_ shien/index. html.

素质较为欠缺的非正规雇佣员工的能力开发，助力其职业发展，取得了一定的成效。

第五节　对我国灵活就业政策的启示

日本长期以来为保护非正规雇佣员工权益所采取的一系列相关政策措施、以及相对完备的法律保障，可为我国灵活就业政策的制定和实施提供以下几点启示。

1. 界定范围、细分类别，将灵活就业纳入常规就业统计是针对性政策制定、实施的前提和基础

日本对非正规雇佣的逐年分类统计可以追溯到 1984 年，将灵活就业纳入常规就业统计，是准确掌握其规模和就业状况，从而制定针对性政策以及保障政策实施效果的前提和基础。

2021 年我国灵活就业人员已达到 2 亿人。将规模庞大的灵活就业人员纳入常规就业统计是全面反映我国就业状况的重要举措。目前我国针对灵活就业的统计还处于起步阶段，一些研究机构的抽样调查结果相差较大，其根本是由于对这一群体还缺乏一个准确、统一、规范的界定。七普长表中虽有涉及灵活就业的调查，但却没有对其进行详细分类。而灵活就业群体内部存在着较大的差异性，其中既有依托 IT 和互联网发展起来的众多新兴职业，也有制造、服务业等较为传统的行业；既有与高收入相关联的专业性职业，也有准入门槛较低的基础性行业；按工作时间、劳动期限以及与用工单位的关系又可分为多种类型。虽然作为灵活就业群体，均面临着雇佣不稳定以及社会保障欠缺等共性问题，但其内部的不同群体所面临的"急难愁盼"的具体问题却又存在着较大的差异，所需受到的保护和保障、所应适用的相关法律和福利措施也均有所不同。同时，依托调查周期较长的人口普查也不能及时有效地掌握不断变化的灵活就业群体状况。因此，亟须将灵活就业纳入常规就业统计范围，同时对这一群体进行明确、规范的界定，并在此基础上细致分类，才能根据不同亚群所面临的具体问题制定切实有效的针对性支持政策，发挥应有的政策效果。

2. 亟须以专项立法提升灵活就业权益保护的系统化、规范化管理以及执行力度

从日本的经验来看，《劳动者派遣法》《短时间雇佣劳动法》等关于灵活就业专项法律的出台，正式明确了国家对灵活就业的保护以及系统化、规范化管理，极大地促进了灵活就业市场的健康发展。

目前，我国针对灵活就业尚未建立明确的专项法律法规，对灵活就业者的权益保护散在于各类法律法规和指导性文件之中，适用时缺乏全面性和系统性：《劳动法》及《劳动合同法》虽然对劳动关系及事实劳动关系给予保护，却不能完全涵盖灵活就业者遇到的各种错综复杂的劳务关系；《社会保险法》中虽明确了灵活就业人员可以参加基本养老保险及基本医疗保险，但与其职业安全密切相关的的工伤险却由于没有签订明确的劳动合同而无法缴纳；对于劳务派遣这一灵活就业的重要组成部分，虽在 2014 年颁布了《劳务派遣暂行规定》，但对侵犯劳务派遣者合法权益、滥用劳务派遣等仍缺乏有力的制裁措施①；2021年人社部印发的《关于维护新就业形态劳动者劳动保障权益的指导意见》虽对规范平台企业用工、维护新业态劳动者权益具有重要意义，但却缺乏法律上的强制执行力。因此，亟须由国家出台针对灵活就业的专项法律，以此有效提升社会全体对灵活就业保障的重视程度以及保护力度，促进对灵活就业市场的系统化、规范化管理。同时，将相关法律法规整合在一起的专项法律，也便于普通维权者寻求法律支持，利用法律手段维护自己的合法权益。

3. 专项财政预算与劳动市场供需相结合，从雇员和雇主双方促进灵活就业发展

日本通过设立针对非正规雇佣的专项财政预算，并结合劳动市场供需，对非正规雇佣员工和雇主双方提供补贴和奖励，较好地促进了非正规雇佣市场的发展及其稳定性。

从中可以看出，专项财政预算，是促进政策落实的重要保障。我国虽于2005 年发布了《关于进一步做好下岗失业人员再就业工作的通知》，其中明确规定了对就业困难群体提供一定的社会保险补贴，但该项政策并没有得到很好的落实，尤其是经济欠发达地区，地方补贴往往无法到位②；在针对就业困难人员已推出社保补贴以及就业援助补贴的地区，补贴力度也往往不够充分、措施不够细致，而补贴的力度和细致度往往是决定政策效果的关键性因素。因此，国家应首先落实针对灵活就业援助的中央财政专项资金，并借鉴日本运作的较为成熟的再就业补贴机制，以再就业培训补贴、搬迁费补贴、远距离求职活动

---

① 梁硕南.《劳务派遣暂行规定》的亮点和缺陷［EB/OL］.（2015-11-21）［2022-11-12］https：//www.jiangshi99.com/article/content/159243.html.

② 胡颖，李向东.日本非正规雇佣的变化趋势、对策及启示［J］.江苏理工学院学报，2016（06）：48-55.

费补贴等更加细致周密的补贴方式保障和增强补贴力度。同时结合劳动市场供需，进一步从立法和经济激励双方面，推动"试雇佣"等机制，从灵活就业者和用工单位双方，促进灵活就业的稳定和发展。

4. 政府主导，法规与经济激励相结合，推进多主体协同、灵活开放的职业生涯培训体系

自身知识储备和技术水平较低，又缺乏系统培训，是非正规雇佣员工职业发展的主要障碍之一。日本政府通过立法保障非正规雇佣员工平等获得单位内培训机会的同时，大力推进免费且有一定补贴的公共职业培训，既保障了劳动力市场的公平性，又激发了劳动者的主动性，取得了良好的政策效果。

我国当前法规中针对灵活就业群体，仅提及应进行入职及安全教育培训，忽视了提升灵活就业者职业技能以及综合素质的培养性、发展性培训。今后需要从法律层面建立起约束用工单位平等对待灵活就业者的机制，对其开放内部培训机会，以保障其公平获取企业资源。同时也要进一步动员全社会力量，加大公共职业培训力度，构建开放共享的培训体系。推动各级各类学校、团组织等各类组织机构、人社部门和各企事业单位开放学习、培训、实习见习资源。并通过促进教学数字化进程，均衡教育资源，进一步提升教学质量和效率。并可采用与就业率相结合的补贴方式调动民间教育培训机构，构建灵活开放的终身教育培训体系，促进灵活就业者在职场中的发展和顺利转型。

第六章

日本主要政党青年组织运行现状、困境与对策*

第一节 研究背景

青年作为未来社会的主体，其对政治的参与直接影响到政党和国家的发展。近年来，随着经济全球化以及政治经济形势的不断变化、现代信息技术的不断发展，新的形势和动态对政党青年组织形成了巨大的挑战和冲击。日本与中国有着相近的文化渊源，且近年来其主要政党的青年组织均遭受到成员数量锐减、社会作用减弱等问题的困扰。以日本为例对其主要政党的青年组织进行系统和深入研究可以有助于我们分析和总结其成功经验，汲取其失当教训，为我党青年工作的进一步切实发展提供借鉴。

目前我国关于日本政党青年组织的相关研究较少，且多为对某一个政党的介绍或是与不同国家政党青年组织的简要对比。赵亚樵介绍了日本共产党的青年组织"日本民主青年同盟"在新世纪以来提高组织覆盖年龄、调整与政党关系等组织再建以及针对不同青年群体开展工作的枳极措施①。吴安庆介绍了日本民主党青年局和男女平等促进本部等青年机构开展的提高青年政治参与、稳定就业和促进男女平等等一系列凝聚青年的政策②。彭旦媛着手于国外政党与青年组织间的利益关系，将其归纳为领导、合作、对抗及暧昧关系③。

从中可以看出，我国对日本国内，即在一个统一的大环境下，不同政党青

---

* 本章主要内容发表于《中国青年研究》详见：李健. 日本主要政党青年组织运行现状、困境、对策及对共青团工作的启示［J］. 中国青年研究，2020（03）：113-119.

① 赵亚樵. 国外青年与青年工作［C］. 北京：外文出版社，2009：60-63.

② 吴安庆. 国外青年与青年工作［C］. 北京：外文出版社，2009：210-215.

③ 彭旦媛. 国外政党与青年、青年组织的关系及其原因探讨［D］. 中国青年政治学院，2011.

年组织运行状况进行横向对比的研究较少，尤其较少涉及政党青年组织的组织行为与其效果之间的对应分析，同时也鲜少涵盖经济、政治和技术发展的新形势对政党青年组织的影响和考验。本章聚焦日本国内主要政党的青年组织的发展运行以及所面临的困境，尝试解析新形势和挑战下日本主要政党争取青年群体的不同发展策略所带来的不同影响，并在此基础上提出对加强党的青年工作和共青团组织建设的相关建议。

第二节　日本主要政党青年组织的发展

日本政党众多，自由民主党（简称"自民党"）一党独大，其他政党在国会中的地位以及在社会中的影响复杂多变。本章选取日本政党中最具代表性的四个政党及其青年组织进行对比研究，分别为长时间保持优势的自由民主党、当前最大的在野党立宪民主党、曾长时间为日本第二大党的社会民主党以及具有大众政党之称的日本共产党。日本政党与其青年组织的关系主要分为两种：一是政党青年组织作为政党的内设部门或是接受政党的领导。比如，自民党青年局是自民党的一个重要部门，日本民主青年同盟则明确规定接受日本共产党的领导。二是不直接隶属的支持、合作关系。由于青年组织与政党的利益方向基本一致，从而在政治上倾向于某一政党。比如，以社会党青年局为前身发起的日本社会主义青年同盟，曾长期支持旧社会党；日本青年团协议会反对修宪、反对核武器、反对修改教科书，这些主张亦与旧社会党的主张相近。立宪民主党和社会民主党都由旧社会党的一部分构成，因而都与旧社会党的青年组织——日本社会主义青年同盟、日本青年团协议会等保持着非官方的合作关系。

1. 自由民主党青年局

自民党是日本第一大党，自民党是日本传统的保守政党，政治立场中间偏右，政治思想为保守主义、经济自由主义等。自民党青年局属于自民党内设部门，是该党研究青年问题、制定青年政策以及负责对外交流的最高机构。因自民党长期作为执政党，该部门也负责审议国家青少年工作的财政预算、青少年相关法案以及负责青少年政策的执行。自民党青年局主要由45岁以下自民党青年党员组成，奉行自民党的目标和纲领。党总部的青年局局长一职对于青年政治家有着"登龙门"的象征意义，包括竹下登、安倍晋三等前后有5人成为了党总裁/总理。该局的组织结构具有职能和地域分工的特点，日本47个都道府县都设有该党的青年局，被称为自民党的缩小版，担负着党本部和青年及地方沟通的桥梁作用。自民党青年局的主要活动有："青年交流计划"，内容是让平时与政治没有什么交集的青年借此提高对政治的兴趣；"开放革新征文大赛"，内容是通过年轻人常用的应用软件 Instagram 在学生中举办相关征文大赛；从保育园、幼儿园开始推广的"正确日本地图"等与青少年教育、推广、交流的相关活动；对日本选举有着极大影响的选举年龄下调政策，也是由自民党青年局最初提起的一项议案。

2. 立宪民主党、社会民主党共有的青年组织

立宪民主党简称为民主党，亦称为立宪民主等，是日本目前最大的在野党。政治立场中间偏左，政治思想为自由主义、立宪民主主义等。社会民主党简称社民党，曾长时间为日本第二大政党，因政治立场发生较大变化而失去了大部分社会基础，现在国会中没落为一个小党。政治立场中间偏左，政治思想为社会民主主义、护宪和平主义等。立宪民主党和社会民主党都与旧社会党的青年组织——日本社会主义青年同盟以及日本青年团协议会保持着友好合作关系。但由于政党自身组织和立场的不稳定，导致与这些青年组织的关系处于调整和重建阶段，在一定程度上也造成了相关青年组织的发展瓶颈。

（1）日本社会主义青年同盟

日本社会主义青年同盟简称"社青同"，是世界民主青年联盟的成员，以科学社会主义、劳农派马克思主义、马克思列宁主义、和平主义为指导思想。社青同长期支持旧日本社会党，前身是社会党青年部。与民主青年同盟的章程规定了"只接受日本共产党的领导"不同，社青同与旧社会党的关系是一种支持、合作的关系，其纲领规定为"保护劳动者的生活和权利，为实现民主主义及和平而斗争"①。社青同的组织成员为承认同盟的纲领和章程、参加所属班活动的15 岁到 30 岁青年，大多为工会骨干。社青同在中央委员会下设有地方本部、支部、班各级委员会，班为最基本单位。与社青同保持互助关系的政党有旧社会党、新社会党、社会民主党、立宪民主党等。社青同的活动主要是联系左翼青年团体，开展跨职场和产业类别的青年学习和交流的"青年共斗运动"。此外，社青同组织开展的从广岛和平纪念公园采集和平之火，以及在全国各地举行的反核和平圣火传递运动等，在市民运动团体中得到广泛支持，在全国范围有着

---

① 日本社会主义青年同盟北海道地区本部. 社青同の綱領. [EB/OL]. [2018-06-06]. http：//park17. wakwak. com/~lsyho/missionstatement. html.

较大影响。

（2）日本青年团协议会

日本青年团协议会简称"日青协"，是日本青年组织——"青年团"的全国性组织，也是日本历史最悠久、会员数最多、基层组织分布面最广的民间青年团体。其纲领是通过修练身心实现个人成长、友爱互勉、建设宜居社会和维护世界和平。因主张反战、禁止核武器、反对日本政府修改教科书等，在政治见解上被认为倾向于旧社会党。青年团的组织成员是在日本各地居住的 20 岁至 30 岁青年，以农山渔村的青年为主。逐层递进的组织结构是该组织的一个主要特点，也就是由市镇村的青年团组成各都道府县的青年团协议会，进而组成全国性的"日本青年团协议会"。另一个特点是以区域为单位的组织活动形式，这两个特点使得青年团既可以紧密地与青年生活、工作的地区联系在一起，又可以通过逐级递进，将每一个团员的愿望反映在全国运动之中。日青协主办的全国活动主要有两种：一是集运动、戏剧和乡土娱乐等文化活动为一体的全国青年大会，二是总结一年内青年团实践活动的全国青年问题研究集会等。

3. 日本共产党和日本民主青年同盟

日本共产党基层组织健全，尤其是在城市，堪称大众政党。其政治立场是左翼，政治思想为共产主义、科学社会主义等。日本民主青年同盟是日本共产党的青年组织，简称"民青同盟"或"民青"，是世界民主青年联盟成员。其成员原则上要求为 15 岁至 30 岁青年，但年龄上限具有弹性，也有 30 岁以上的成员在籍。成员大部分为高中生、大学生和在职青年①。民青同盟在中央委员会之下设有中央常任委员会、都道府县委员会和地区委员会。基层为班组织，由 3 名以上成员组成"班"，以职场、地区、学校（大学、高中等）为单位开展活动。民青同盟与左翼团体和工会保持着友好合作关系。开展的活动主要有反对日美安保条约的和平运动、反核电站运动、反对学费上涨运动、青年志愿者活动、以及学习和交流发展活动。

第三节　日本主要政党青年组织面临的困境

近年来，日本政党青年组织都面临着青年人口数量减少、青年对待政治态

---

① 苏海河. 日本民青同盟的魅力所在［N］. 中国青年报，2001-12-20.

度冷漠、思想多元化发展和非营利组织兴起、组织遭遇发展瓶颈等诸多困境。

1. 青年人口及占比不断减少

2010 年，日本总人口达到 1.28 亿的人口高峰，此后就一直呈下降趋势。同时，老龄化现象日趋严重，65 岁及以上老年人占比自 1970 年代突破 7% 后不断增长，至 2018 年占据总人口的近三成（28%）。从二战后日本青年的人口数量及占比来看，1950—1975 年，20—35 岁青年人口从 2000 万增长到 3000 万，青年在总人口的占比也从近 1/4 上升到近三成；1975—1990 年间，青年人口及其在总人口中的占比都呈现下降趋势；1990—2000 年间，第二代婴儿潮的出生人口步入青年，因此这一时期的青年人口有所增长，从 2600 万增长到 2900 万；2000—2018 年间青年人口和占比均呈显著下降趋势，青年人口降至 2100 万，占比也以每 5 年 2 个百分点的速度下降。自 2010 年起，20—35 岁青年在总人口中的占比不足 20%，处于过低水平。

2. 青年的政治冷漠日益严重

随着 1991 年经济泡沫的破裂，日本经济在此后 20 年一直处于停滞状态，劳动市场需求减弱，失业率不断攀升。随着日本引以为豪的终身雇佣制的松动，非正规雇佣占比逐渐增长。这些对尚未掌握一定工作技能和缺少工作经验的青年造成了更大的影响。2002 年，日本的失业率升至战后的历史最高位，15—19 岁、20—24 岁、25—29 岁青年的失业率分别为 12.8%、9.3% 和 7.1%，远高于总失业率（5.4%）。且现在劳动者中有近三成属于非正规雇佣，工作状况并不稳定，收入和福利与正规就业存在巨大的差异。生存和潜在压力加剧极可能是导致青年无暇参与政治的一个重要原因。2018 年，日本 15—34 岁失业青年总数近 70 万，其中很大一部分成为没有就业意愿的"尼特族"（不就业、不就学群体）以及逃避压力和复杂社交的"蛰居族"（不与社会接触、不上学、不上班，自我封闭在狭小空间的群体）。据 2015 年调查，15 岁至 39 岁的泛蛰居族人数已达 54 万[①]。失业率居高不下和非正规就业的增加以及尼特族、蛰居族人群的不断扩大导致日本青年中普遍存在遁世现象，缺乏家庭和社会担当，其中对政治参与的表现尤其冷漠。自泡沫经济破灭后的第 40 次选举开始，20—29 岁和 30—39 岁成为了投票率最低的年龄层，说明近年来日本青年对政治普遍表现冷漠。其中 20—29 岁青年的投票率在 2014 年创下 32.58% 的最低记录，是在各年龄群

---

① 内閣府. 子ども·若者白書［R］，日本：日経印刷株市会社，2018：90.

体中对政党活动最为疏离的群体。

3. 思想多元化发展和非营利组织的兴起

随着经济发展和信息化带来的思想碰撞和融合，现代青年的价值观越来越趋向于个性化、多元化以及不稳定化。组织相对庞大、固化的政党青年组织越来越不能有效满足青年追求个性、新奇以及易变的特性，政党青年组织动员、组织青年的能力减弱，社会作用不断弱化。与此同时，以 1995 年阪神大地震为契机，日本民间团体和志愿者在救灾中发挥的巨大作用也有效推动了非营利组织的迅速发展，使其成为社会活动中不可或缺的一部分①。自 1998 年日本制定实施《特定非营利活动法》以来，非营利组织法人认证相对宽松，具有法人资格的"认证 NPO"数量迅猛增长。当年只有 23 个，在 2002 年、2004 年、2006 年、2010 年和 2014 年数量分别突破 1 万、2 万、3 万、4 万和 5 万。此外还存在相当多的不需备案而以"志愿者团体"或"市民活动团体"形式组成的非法人型非营利组织。各种迅猛兴起的非营利组织在很大程度上弥补和满足了青年追求个性发展、自我价值实现、社区建设、社会福利、环境保护以及海内外救援等多元化、多层次的个人、社会和公共需求。

4. 政党青年组织遭遇发展战略瓶颈

当前，日本大多数政党青年组织都面临着成员数锐减、动员青年能力减弱、社会作用弱化等问题。曾为日本最大青年组织的青年团协议会逐步衰弱，从二战后的约 400 万成员，到 21 世纪初期降至约 10 万人，成员数量锐减，在日本社会中的作用也明显下降。日本民主青年同盟从 1970 年代最繁荣时期的 20 万人，到 2002 年的 2 万人左右，成员数大幅萎缩。自民党青年局及学生局虽然没有公布准确成员数目，但自民党的党员从 1991 年的约 547 万人降至 2016 年的 100 万人，数量大幅缩减，其间 2012 年仅有约 78 万人②，可以间接反映出其青年组织成员数的衰减。由于日本青年对政治缺乏兴趣，态度冷漠，政党青年组织往往采用淡化与政党关系的战略来扩大社会影响。例如，虽然在章程中规定接受日本共产党的领导，但民主青年同盟会员无须履行日本共产党"准党员"或党员义务，也可以接受其他党派和团体的支持，从而淡化与日本共产党的关系，尽

① 刘星.日本教育非营利组织（NPO）研究及对中国的启示［J］.日本研究，2012（2）：98-106.
② 维基百科.自由民主党（日本）［EB/OL］.［2018-06-08］. https：//ja.wikipedia.org/wiki/自由民主党（日本）.

量扩大社会影响①。淡化与政党的关系可以拓展青年参与基础，但以联谊会、旅行、体育活动为主的活动也会造成"娱乐性团体"的负面印象。在这一方面，与旧社会党理念相近的日本青年团协议会中一直存在着青年团组织的大众性、包容性、联谊性与政治态度明确性之间微妙关系的论争，可以说是制约青年团发展的一个突出瓶颈。

第四节　政党青年组织的变革与成效

日本政党青年组织在应对新情况新问题的过程中采取了一系列变革，主要表现为组织结构革新、战略调整、有针对性地开展青年活动等，其具体措施有：

1. 提高组织成员年龄上限和下调选举年龄

针对青年人口不断减少，日本民主青年同盟通过提高组织成员年龄上限，灵活组建基层组织等来扩大组织覆盖面。民青成员最初的年龄上限为 28 岁。为了促进组织的年轻化，曾一度降至 25 岁。从 2012 年起，年龄上限提高到了 30 岁，但仍有 30 岁以上的成员在籍。此外，民青的最小组织单位为班，3 人以上即可以成立班，灵活机动的组建方式有利于民青的基层组织建设。自 2007 年以来，日本选民中青年人数和占比一直处于低位。对此，作为执政党的自民党联合在野党共同提出将选举年龄下限从 20 岁降至 18 岁，旨在提升青年群体参与政治的积极性。这一举措从 2016 年参议院选举开始实施，新获得投票权的 18 岁、19 岁青年约为 240 万人，约占选民人口的 2%。这一变革吸引了媒体的集中报道，获得了广泛的舆论关注，将大众的关心集中到了青年和政治上。

2. 针对青年的主要问题和多种需求开展活动

针对青年思想的个性化以及需求的易变性和多元性，各政党青年组织均进行战略调整，开展了一系列针对青年主要问题以及多种需求的活动。

一是以就业、学费、消费税等青年民生问题为突破口调整行动纲领。为区别于自民党服务大企业的政策核心，"民青同盟"以就业、学费改革、消费税等与青年民生息息相关的问题为突破口，发起"国民是国家的主人公"的组织重

---

① 赵亚樵. 国外青年与青年工作［C］. 北京：外文出版社，2009：60-63.

建运动，进一步加强基层班的活动，扩大宣传，以求重振民青的影响力①。由于日本社会党的分裂和经济泡沫破裂后的经济衰退，劳动运动难以开展，以工会成员为组织基础的"社青同"在进入1990年代以后便大幅萎缩。面对如此窘境，"社青同"积极将各行各业的青年组织起来进行"青年共斗运动"，为青年争取职场福利，并延续着以各行业实际职场现状为基础的研讨活动。

二是针对不同青年群体解决实际困难，增强他们对所在政党的认同感和归属感。例如，"民青同盟"对在职青年主要集中于如何帮助他们解决就业及工作中的问题和烦恼，开展青年就业状况调查，递交给地区政府和日共党员。对青年学生主要集中于目前普遍存在的学校欺凌、自闭、交友以及毕业出路问题。利用周末举办兼带旅行的主题研讨会，为高中生提供倾诉和交流的平台。通过演讲、调查、签名和集会等各种方式推进"降低学费"运动等。针对未组织起来的其他青年，"民青同盟"提出"帮助他人"的口号，通过"和平与音乐"汇演、美术展、体育节、环保及灾害救援志愿者活动等来扩大自身的影响②。

三是加强与地区和社区的联系，加强地缘式工作开展方式，增强属地青年间的沟通交流。"日本青年团协议会"的基层组织是"青年团"，是由在市镇村居住的青年组成的自助团体，具有明显的地缘特征。由于地方青年向大城市迁移，城市近郊的青年到市中心通勤上班等原因，以地区、街道和自治会为基础的青年团的存续变得越来越困难，这一困境在农渔山村地区尤为明显。针对这一问题，青年团通过各类地区节日以及举办文化庆典来强化与地区和社区的联系，以开展活动来促进青年间的交流。这些节日和庆典既有街道范围的小型活动，也有被指定为非物质文化遗产的大型传统艺术活动，这些活动往往与地区传统文化和艺术保护相关，通过活动既保护、培育了地区传统文化，也可以通过艺术复兴促进地区活力，同时也增强了地区青年的凝聚力以及青年团的组织能力和动员能力。此外，青年团积极开展内部以及与其他团体的联谊、旅行、体育交流促进等活动，并以此为基础增强成员间的感情，促进组织的凝聚和再造。

3. 以青年为工作重心，举全党之力开展青年工作

日本政党中，在利用新媒体面向青年的宣传方面，自民党有着突出的优势。在自民党采取的一系列组织变革中，一个突出特点是青年局负责人往往也兼任

---

① 赵亚樵. 国外青年与青年工作 [C]. 北京：外文出版社，2009：60-63.
② 赵亚樵. 国外青年与青年工作 [C]. 北京：外文出版社，2009：60-63.

政党宣传部门的负责人。安倍晋三曾先后担任过青年局局长和力推宣传革新/信息传播的"党改革执行本部"本部长。18 岁选举权对策部部长村井英树也曾为网络媒体局次长。现青年局局长小林史明也曾兼任学生部部长、网络媒体局次长。自民党通过与青年在年龄上相近的年轻议员兼任宣传/媒体相关团体的职务，与青年群体建立紧密联系，以网络为基础展开针对青年的宣传推广工作。

以 18 岁选举权宣传为契机，自民党针对青年经常利用的网络媒体及学生部活动进行了综合设计。自民党官方网站在正面中央最吸引目光的位置，设置了自民党青年局的链接，在首页以与青少年非常亲近的漫画形式推出了"日本需要青年之力"Instagram 征文大赛。为了让那些不了解自民党的青年增加对该党的亲近感，网络媒体局推出了一款以安倍晋三为卡通原型的手机游戏"安倍蹦蹦跳"[1]，以青少年易于接受的方式引发青年对政治的兴趣，从而为平时较少接触政治活动的青年营造出容易亲近的同代环境。与此截然相反的是，当前最大在野党立宪民主党、曾长期为第二大党的社会民主党，以及有大众之党之称的日本共产党，在其官网首页均未面向青年明确标示出相关的联络方式。对比中至少可以看出自民党对青年工作的高度重视以及积极争取青年的强烈意愿。

经过 2016 年选举法改革以及政党和媒体的大力宣传，2017 年选举中日本各年龄段包括 20—29 岁和 30—39 岁群体的投票率都有所回升。初次参加投票的 18—19 岁青年的投票率为 40.49%，高出 20—29 岁青年约 7 个百分点，但略低于 30—39 岁泛青年人群（44.75%）。由于近年来在自民党执政下日本经济平稳发展、就业环境好转，以及自民党针对青年采取的一系列宣传措施，青年对自民党的支持率明显高于其他政党。《中日新闻》的舆论调查发现，20 岁投票者有近半数（47.1%）投票给自民党，高出其他年龄群体，而投票给日本共产党、立宪民主党等左翼或自由主义等"革新政党"的占比在各年龄层中最低[2]。根据共同通信社实施的舆论调查显示，18 岁和 19 岁新增投票者中有 40%的票投给自民党，高于全体对自民党的投票率（38.2%）[3]。由此可见，自民党积极争取青年的强烈意愿、更有效的争取方式具有更好巩固和扩大青年群众基础的政治

① 欧叶.日本执政党推手机游戏"安倍蹦蹦跳"吸引年轻选民［N］.中国日报网，2013-06-30.

② 山田昌弘.なぜ若者は自民党に投票したのか？ 現状に満足する若者、満足しない中高年［EB/OL］.（2017-11-19）［2018-07-05］. https：//biz-journal.jp/2017/11/post_21525_3.html.

③ 18、19歳の投票傾向は自民党が40%でトップ 民進党は全世代より低調［EB/OL］.（2016-07-11）［2018-07-10］. http：//www.sankei.com/politics/news/160711/plt1607110084-n1.html.

效果。

4. 自民党的年轻化、开放化、标准化策略

自民党在 2017 年选举中获胜并获得了近一半青年投票者的认可，这与近年来该党在宣传战略上进行重大革新，以"开放化""标准化"策略建立起的让候选人在选举和日常政治活动中都可共同利用的"选举平台"密不可分①。

"开放化"是指将具体的联络方式通过网络向社会广泛公开、促进自发访问的各种辅助措施。此前，政党青年组织往往针对组织起来的青年开展活动。就业市场中非正规雇佣的兴起，对政党青年组织尤其是以工会为活动基础的社青同和民青同盟等政党青年组织造成了严重影响。自民党也非常重视对利益团体、业界团体等被组织起选民的政策调整和交流，但在未被组织起来的"非组织选民"日益重要的今天，需要建立起任何人都可以便捷访问的途径和渠道，促使尚未被自民党联系和影响的非组织选民和业界团体主动与其建立联系。

"标准化"是指为达到一定水平的政治和选举活动而实施的辅助措施。自民党以前对候选人有一定的政治家资格要求。当前，由于自民党内的多样性、具有培育政治人才的派系作用的逐步减弱、以及政治职业时间较短的新人当选为议员等状况，使得自民党议员年轻化现象凸显。议员的年轻化虽然增加了与青年的亲近感，但由于经验不足，青年政治家也相对容易出现问题和丑闻。2013年，自民党为应对参议院议员的网络选举，在党内与广告代理店、IT 企业合作构建起集数据收集、分析、信息反馈为一体的 T2 机制，进而根据数据分析的结果，针对当天的选举演说提供详细信息。例如，当时原子能发电厂的再启是一项热门话题，T2 强调要使用"在以安全为第一的前提下，尊重原子能管理委员会的判断"这样的言语表述。这样即可在不影响各候选人特点的前提下达到一定水准的街头演说，还可以降低对敏感话题的失言风险。

第五节 对加强和改善我党青年工作的启示

1. 注重意识形态建设，加强青年对政党的认同和参与

近年来，全球范围内右翼保守主义势力日益崛起，许多国家都出现了反对

---

① 西田亮介 . 2010 年代の自民党の情報発信手法と戦略に関する研究［J］. 社会情報学 2016（5）：39-52.

全球经济一体化、反对非法外来移民的逆全球化思潮。自民党在日本社会右倾保守主义日趋盛行的氛围下，以生动、亲和的推广方式在青年中获得了较高支持。例如，自民党青年局从保育园、幼儿园开始推广"正确日本地图"活动；以青少年喜爱的应用软件 Instagram 为媒介，在学生中举办"开放革新征文大赛"；还推出以安倍晋三为卡通原型的"安倍蹦蹦跳"游戏等，以"润物细无声"的方式引导和培养青年对自民党的亲近感以及对政治的担当。可以看出，自民党青年组织既善于做青年的意识形态工作，又善于充分运用新媒体进行政党理念的宣传引导工作。

当前，我国意识形态建设面临众多社会思潮的影响和冲击，尤其需要发挥好新媒体的宣传作用，做好网络意识形态建设工作。中国青少年研究中心 2015 年在全国青年中的调查显示，新自由主义（61.5%）、民族主义（54.2%）、道德相对主义（41.3%）、功利主义（39.4%）、民主社会主义和社会民主主义（39.2%）这五种社会思潮对社会主义意识形态建设构成了较大冲击。在网络社会思潮和国外意识形态渗透的威胁下，更需要以青年群体为重点对象做好社会主义意识形态建设工作，从根基上坚定青年对党和国家的认同。

2. 锐意革新政党青年组织，强化组织活力

面对青年政治冷漠、政党青年组织动员能力减弱等问题，从 2000 年开始，自民党率先对信息传播的战略、方法和管理进行了一系列革新，2003 年在党内设立了"党改革验证·推进委员会"，2005 年更名为"党改革执行本部"，成为总裁直属组织，并与专业宣传公司签约。自民党还专门成立了网络媒体局，其要职常常由青年局的骨干兼任，通过青年局与青年组织建立联系，承担起包括网络宣传在内的宣传工作。而在同时期同样采取与专业宣传公司合作的旧民主党（现立宪民主党的前身），却将 2005 年众议院选举的惨败归咎于宣传公司，此后没有再继续推进信息传播及宣传的内部化改革，从而在信息传播革新中明显落后于自民党[①]。

同时，以选举活动和青年运动提升组织的凝聚力一直是日本各政党青年组织的发展方针。20 世纪 60、70 年代日本学生运动高涨时期也是日本各政党青年组织蓬勃发展的时期。一直以来，以选举为中心的宣传和讲演都是政党青年组织的重要活动。例如，自民党学生部的理念就是了解如何与民众尤其是青年形

---

① 西田亮介.2010 年代の自民党の情報発信手法と戦略に関する研究［J］.社会情報学 2016（5）：39-52.

成政治互动，其中一个方法是给每个组员 5 分钟的时间，让组员之间相互竞争，看看什么话题可以在大街上让人留下来聆听，从而了解民众的关心。组员间的竞争、强烈的价值认同、以及为所推选议员进行的热烈的助威宣传活动都发挥了团结和凝聚青年的积极作用。

对青年作用的高度重视和对信息传播重要性的积极认知，以及为此开展的一系列组织革新，是自民党与其他政党在青年间拉开差距的一个重要原因。当代中国青年是我国经济快速发展，国际地位和作用迅速提高的过程中成长起来的新一代，具有更高的知识素养、更开阔的眼界，也具有更加多元化的思想，这就要求党的青年工作和共青团要进一步深化和创新，以信息化、年轻化的革新举措促进组织建设，带动和凝聚青年，最大程度地发挥青年的创造力和激情。

3. 大力培养政党青年骨干，加强对其成长发展的规划和支撑

少子化和老龄化导致日本青年人口和占比不断减少，作为选民的青年占比远远低于中年及老龄人口，从而导致青年对选举的影响力不断降低。政治家往往更重视中老年群体的诉求，忽视青年群体的利益，没有自己的代言人也是造成青年政治冷漠的一个重要原因。因此日本在各党联合推动选举年龄下调，提高青年选民占比的同时，也致力于青年政治家的培养，以形成青年群体的代言人，代表青年发声，从而强化政党与青年的平等对话关系，创造青年容易感觉亲近的同代环境，吸引青年的投票和政治参与。自民党在这方面走在前列，与 IT 企业和专业宣传公司合作建立起集合数据收集、分析以及信息反馈为一体的 T2 机制，既可以及时监控和掌握社会舆情，并可根据数据分析结果，针对性地提出演讲及活动时的注意事项，对于从政经验较少的青年政治家，可以极大地降低失言的风险。

此外，各党派设立的政治培训学校也是日本各政党培养青年精英的特有方式。通过各自的培训学校，不但可以让经过层层选拔的青年精英更加系统地进行课程学习，还可以根据自己选定的主题进行政治活动，在实践和交流探讨中积累经验，且学员间的交流与互助会加深毕业生间的感情，容易形成统一战线。我国在加强青年干部的培养、选拔和使用中，也应进一步推进和完善青年精英培养和后续活动的支撑体系，既要有严格的选拔、系统的学习以及在实践和交流中的经验积累，还要有建立在舆情反馈系统下的指导和监督。集选拔、培训和后续支撑为一体，培养出更多符合好干部标准的青年骨干。

4. 与地区相结合，组织青年振兴乡村发展

青年团是日本青年团协议会的基层组织，最初为一种自然产生的与生产、警备、祭典等村落生活密切相关的地缘性青年组织。近年来青年团的发展和作用虽有所衰退，但面对日本农山渔村人口不断流失而导致的过疏化现象，作为基础广泛、遍布日本市镇村的青年组织，青年团担负着促进地域平衡发展、保护地区传统文化以及振兴乡村的重要作用。

随着我国非公有制经济的迅速发展，体制外就业及创业青年的占比越来越高，与原来大部分由学校和单位组织起来的青年相对，现今非组织青年的占比越来越高。因此以地区或社区为单位的地缘性组织将是组织和服务青年的一个重要发展方向。一方面可以依据地区特色，从青年的居住和生活出发，更好地满足青年的各方面需求，另一方面也可以将非组织青年有效、有序地组织起来。尤其是在农村等偏远地区，可以借鉴日本青年团以庆典活动、传统活动、环保活动、社会活动为主导的活动方式，以活动组织和带动青年，将青年的发展和力量与乡村特色发展以及振兴乡村相结合，引导青年为创建和谐社会、消除不平衡不充分发展矛盾贡献自己的力量。

第七章

日本促进青年国际交往政策演变

第一节 研究背景

随着经济全球化以及科技的发展，国际交往的重要性日益凸显。良好的国际交往是促进不同国家间相互了解、增进友谊，应对全球性挑战，推动全球范围经济社会发展与合作的基础。近年来，除了国家官方的外交活动，各国都日益重视民间外交，尤其是青年群体在国际交往中的作用。日本由于国内资源、市场较为局限以及迫切希望提升国际地位的愿望，多年来尤为重视青年的国际化发展与教育，创造青年参与国际交往的良好氛围，积极支持青年参与国际交往。

我国对日本促进国民国际交往政策有着较为丰富的研究，主要集中在政府开发援助（以下简称 ODA）、文化传播和教育的国际化方面。随着日本经济实力的增强，ODA 成为日本经济外交的重要组成部分①，且同时具备政治目标②。ODA 援助对象的选择反映出日本外交政策的取向③，新世纪以来日本调整 ODA 政策，呈现由"经济开发"向"战略支持"的转变趋势，更加注重其对日本外交的作用④。近年来 ODA 传播工作发生深刻变化，更加强化其国家战略服务功

① 林晓光. 战后日本的经济外交与 ODA [J]. 现代日本经济，2002（06）：5-10.
② 朱艳圣. 日本政府开发援助背后的战略分析 [J]. 当代世界与社会主义，2015（05）：127-133.
③ 王平. 日本对非政府开发援助述评：外交战略的视角 [J]. 外交评论（外交学院学报），2012，29（06）：113-126.
④ 王箫轲. "积极和平主义"背景下日本 ODA 政策的调整与影响 [J]. 东北亚论坛，2016，25（04）：36-48+127.

能①。政府鼓励 NGO② 参与 ODA 项目，充分发挥 NGO 的优势，提高援助效率，提升援助效果③。

日本将文化传播作为"软实力"外交战略④⑤，从最初作为经济外交的辅助手段，到与对外经济、对外政治政策一起成为外交的三大支柱之一，将文化传播逐渐上升至国家外交战略⑥，并发展成为由政府部门、民间人士、媒体外宣等多元实施主体相配合的系统体系⑦。其中，许多研究探讨了日本国际交流基金会对日语的推广和普及：梳理日语国际推广的历程、模式和经验⑧，从"文化""语言""对话"角度出发，阐述国际交流基金会的日语推广策略⑨，指出其在日语推广中由"资源供给者"到"规则制定者"的角色转型⑩，以及日本在日语推广等国际教育方面的法规和政策⑪。仅有少量研究从青年角度出发，详细介绍了内阁府主导下的青年国际交往项目⑫和外务省主导的青年海外协力队在国际交往中的积极作用⑬⑭，这些项目实现了日本文化外交和培养青年的双重目标。

————————————

① 金莹．日本 ODA 战略外宣策略分析［J］．东北亚学刊，2019（06）：60-65+147.

② 在日本，NGO 特指面向国际性或全球性问题的 NPO。因各国对社会组织的定义有所不同，本文仅在涉及日本时沿用 NGO 的称谓

③ 王猛．日本 NGO 参与政府开发援助的模式及其启示［J］．学会，2020（02）：20-28.

④ 林志峰．二战后日本对东南亚的文化外交研究［D］．导师：孙建党．福建师范大学，2019.

⑤ 吴咏梅．浅谈日本的文化外交［J］．日本学刊，2008（05）：90-103+159-160.

⑥ 刘雪林．战后日本对东南亚的文化外交：方针、路径及评估［J］．潍坊学院学报，2021，21（03）：78-81+94.

⑦ 张梅．日本对外文化输出战略探析——多元实施主体与国家建构路径［J］．日本问题研究，2020（02）：60-72.

⑧ 张婧霞．日语国际推广的历史与现状研究［D］．导师：陈恩伦．西南大学，2008.

⑨ 干伴颖，何明清．日本语言文化推广策略及其对国际中文教育发展的启示［J］．文化创新比较研究，2023，7（11）：176-180.

⑩ 矫雅楠．日本国际交流基金会教学标准研发与推广研究——以《JF 日语教育标准》为例［J］．国际汉语教育（中英文），2019，4（01）：96-107.

⑪ 杨一鑫，沈胡婷．日语推广法律体系评介及对国际中文教育的启示［J］．云南师范大学学报（对外汉语教学与研究版），2022，20（04）：26-38.

⑫ 师艳荣．日本文化外交战略中的青年国际交流——以内阁府青年国际交流事业为中心［J］．日本问题研究，2015，29（01）：63-71.

⑬ 乌兰图雅．日本青年国际志愿组织管理机制分析［J］．未来与发展，2010，33（09）：109-113.

⑭ 尚磊，王名．论我国志愿者保障机制的完善——以"日本青年海外协力队"为鉴［J］．未来与发展，2008，29（08）：85-89+84.

教育的国际化方面，研究指出日本从中小学的国际理解教育①到高等教育的国际化战略②，大力推动国际化建设。其中在基础教育方面，详细介绍了日本小学促进传统文化传承、培养文化认同和国际理解的"发信力教育"③，以及"日本教学与交流项目"（以下简称 JET）对普及国际理解的促进作用④等。高等教育方面，系统分析了日本高校的国际化研究人才培养策略⑤，相关高校以"全球顶级大学项目"为推动，逐步实现"全面国际化"的背景、目标、路径与效果⑥，日本大学对研究生教育国际化的探究与实践⑦，高校国际交流事务中心通过同时负责接收留学生及留学派出，将两大事务趋同发展，综合提升留学教育⑧等。

综上可以看出，虽然与日本促进国民国际交往相关的文献较为丰富，但专门从青年角度开展的研究不多，且缺少对日本 60 多年来，青年国际交往政策演变的系统梳理和总结。本章以日本历年《外交蓝皮书》及《儿童、青年白皮书》为基础，对日本促进青年国际交往政策的发展历程和现状进行系统梳理，并通过对其政策发展的阶段划分、项目的详细介绍，总结其政策及演变的主要机制和特点，对促进我国青年国际交往政策的制定和实施提供有益参考。

第二节　日本促进青年国际交往政策演变

1. 项目化推动阶段（20 世纪 60 年代—20 世纪末）

日本在 21 世纪前主要通过项目开展青年国际交往事业，具体有内阁府、外

---

① 李德显，徐亦宁．日本中小学国际理解教育的理念与路径选择 ［J］．沈阳师范大学学报（教育科学版），2022，1（02）：43-50.

② 陈佳静．近十年日本高等教育国际化战略研究 ［D］．导师：杜岩岩．辽宁师范大学，2022.

③ 李欣．日本小学"发信力教育"开展探究 ［D］．导师：杜禾．哈尔滨师范大学，2020.

④ 夏灵．日本国际理解教育研究 ［D］．导师：邓志伟．华东师范大学，2010.

⑤ 秦东兴．日本国际化研究人才培养策略——以东京农工大学推进"国际化研究人才培育项目"为例 ［J］．宁波大学学报（教育科学版），2021，43（05）：104-111.

⑥ 郑淳，闫月勤，王海超．日本顶尖高校的国际化战略 ［J］．高教发展与评估，2022，38（03）：76-90+120.

⑦ 孟慧玲．日本一流大学研究生教育国际化探究 ［D］．导师：王红雨．天津大学，2021.

⑧ 阎家玉．留学生多样化背景下日本大学留学生支援体系研究 ［D］．导师：胡建华．南京师范大学，2021.

务省、总务省、文化科学省开展的青年国际交往项目。

内阁府的青年国际交流项目始于 1959 年的"青年海外派遣",旨在通过在各国停留点的共同体验交流,开展充实的国际交往活动,培养国际化的优秀青年①。1979 年和 1987 年分别开启了日中、日韩青年交流项目,通过对商务环境、就业创业、文化、教育、社会福利设施的访问,以及寄宿交流,深入思考两国的未来发展,以及青年怎样为东亚地区的发展做出贡献。1974 年和 1988 年分别开启了"东南亚青年之船"和"世界青年之船"项目,各国青年乘船旅行共同生活,并在各国的停泊地开展活动。在与各国青年开展讨论和文化交流的同时,构建国际人脉资源,培育担负亚洲未来的优秀人才。这些项目的开启均源于当时的时代需求,20 世纪 60、70 年代,日本青年仅依靠自己的力量去海外还非常困难,政府作为实施主体派遣青年去海外学习、交流,为青年提供了增长海外见识的机会,给全体日本青年带来了巨大的梦想和希望。这些项目延续至今,为促进日本社会发展和国际合作做出了贡献,受到各国政府的高度评价。

由外务省主导的著名项目有 JICA 海外协力队和 JET 项目。海外协力队(志愿者事业)是在外务省协助下,由 JICA 派遣拥有技术、知识、经验的 20-69 岁日本国民,与发展中国家居民一起生活、工作,援助其经济社会发展的一项事业。自 1965 年项目设立以来,累计向近百个国家派遣了 55385 名队员(至 2023 年 3 月末),在规划/行政、商业/观光、公共/公益事业、人力资源、农林水产、保健/医疗、矿业工业、社会福利、能源 9 个领域,开展了约 190 个职业种类的合作。其中 20-39 岁的青年海外协力队员 46640 名,构成了日本海外志愿事业的主力,是国家主导和市民主体相结合促进青年国际参与的典范项目。这项由日本独立组织的大型国际交往项目,受到国内外的高度评价和期待。

JET 是由地方政府在一般财团法人"自治体国际化协会"、外务省、总务省、文部科学省协助下开展的一项交流项目。旨在吸引海外青年来日从事国际交往,与地区居民从社区层面共同营造国际化氛围。具有政府大力支持、运行机制完备等特点,成为日本开展大规模青年国际交往的有效方式。其主要内容有:向日本的中小学派遣外语指导助手,协助外语教学,增强学生的语言兴趣和跨文化理解能力;向地方政府派遣国际交流员,与当地政府合作推进国际交往活动,促进外国机构、组织与社区、居民的联系,营造多元文化氛围,使地方社区成为国际化交往的平台。自 1987 年以来,共有来自 78 个国家的近 8 万人

---

① 1994 年,对"青年海外派遣"和"外国青年邀请"项目进行重组,成为了"国际青年培养交流"项目。

参与项目（至 2023 年 7 月），现今有 5831 人活跃在约 1000 个地方公共团体。数万有 JET 经历的青年活跃于各国的各行各业，成为日本宝贵的外交资源。

2. 国民力量培育阶段（20 世纪末—21 世纪初期）

进入 21 世纪，日本经济虽稍有起色，但通货紧缩依然持续、失业率高、国际竞争力下降等结构性问题仍未解决。随着科技水平的迅速提高，经济全球化快速发展，日本国民和企业的海外活动也日益频繁，截至 2004 年海外留学生、研究人员和教师等人数约为 16 万人，海外企业约达 4 万家，其中 67.1% 位于亚洲，占比最高。在这样的背景下，日本也越来越重视国际化进程中的国民力量培育。在继续以项目促进国际交往之外，于《2004 年版外交蓝皮书》中开始设立"对海外日本人及企业援助"的专章。从《2005 年版外交蓝皮书》开始，系统推动国民国际交往政策①。其内容主要有以下几个方面：

（1）支持和保护海外日本人和日本企业

外务省自 1999 年底在所有大使馆和总领事馆都设立了"日本企业援助窗口"，积极支持当地日企的商业活动。并通过双边、多边磋商，加强知识产权保护，积极签订投资、税收、社会保障协定，搭建法律和制度基础，为日本企业开展海外活动创造良好环境，提升企业国际竞争力。此外，除了日企员工，在海外工作以及从事贸易的日本国民也日益增多，为助力国民在世界舞台发挥更大的作用，日本政府高度重视保障海外国民的安全以及领事服务的便捷性，致力为国民和企业创造良好的留学、工作、生活和经商环境。

（2）加强与 NGO 的合作

由于 NGO 等非政府组织能够更加贴近地区和居民，细致灵活地开展工作，在国际交往和援助中发挥着越来越大的作用。日本的 NGO 也在开发援助、紧急人道援助以及环境、人权、贸易、裁军等多个领域开展了广泛的国际合作与交流活动，成为日本青年以及国民积极参与国际交往的重要渠道。至 2004 年，青年海外协力队向 78 个国家累计派遣了 26510 名青年，合作活动涉及 7 个领域 142 个工作岗位。日本政府也更加注重 NGO 的优势及其重要作用，将加强与 NGO 合作作为重要的改革措施，于 2002 年设立了 NGO 担当大使，在加强与 NGO 联系的同时，也便于对其进行援助和指导。并与国际协力机构、国际开发

---

① 外务省. 外交蓝皮书［EB/OL］.（2023-07-11）［2023-09-19］. https：//www. mofa. go. jp/mofaj/gaiko/bluebook/index. html.

高等教育机构等联合，强化对 NGO 的组织构建及人才培养，促进 NGO 的能力提升以及专业化发展，有效拓展青年参与全球治理的渠道。

（3）培养选拔优秀人才到国际机构任职

随着经济全球化的深入发展，日本更加重视联合国等国际机构在应对全球问题上的重要作用，认为有必要加大对国际机构的人员输送和财力支持。通过选拔培养优秀人才在国际机构中任职和晋升，增加国际机构中日本代表的数量和影响力。例如充分利用 AE（Associate Expert）/JPO（Junior Professional Officer）项目派遣青年工作人员、通过联合国秘书处的招聘考察等，帮助更多的日本青年进入国际机构工作。通过以上多重举措，服务于国际机构的日本职员稳步增加，其中既有基层职员，也有通过选举产生的国际机构负责人，2004 年在国际机构工作的日本人数为 610 人，在各领域发挥着重要作用，但与日本对国际机构的财政贡献度相比，仍存在不相匹配现象。因此需进一步发掘潜在人才，培养并支持更多优秀青年进入国际机构工作以及提升其影响力。

3. 全面融入国际社会阶段（21 世纪初期—至今）

随着日本经济的长期停滞以及人口减少的危机感，日本更加意识到加强与世界联系的重要性。在继续开展更为细致的青年国际交往项目外，更加注重往来并重的方针，为国民/企业的国际交往提供全方位保障的同时，吸引外国人来日旅游、留学、工作、贸易。具体特点主要有：

（1）向海外国民/企业提供全方位的支持和保障

外务省致力于在保障海外日本人安全的基础上，向其提供优质的领事服务，推进护照、签证及证明申请等手续的数字化、便利化；与文部科学省联合对日本人学校和补习学校提供援助，确保国民子女在海外也能接受与国内相当的教育，消除国民出国旅居、学习、工作的后顾之忧；开办法务、税务咨询窗口，对海外日本人亲睦会、日本商工会议所、日裔团体等开展援助，提升海外商务环境；于 2022 年开始对海外日本人提供心理咨询，以帮助他们在海外更好地生活。同时，更加重视海外移居者和日裔在各国各领域做出的贡献以及与日本的桥梁作用，进一步加强与海外日系社会的联系。

（2）促进国际人员流动

外务省从促进人员交往和加强双边关系等观点出发，简化签证手续，针对不同国家推出灵活的签证政策。同时，为了建设"旅游观光先进国家"这一新目标，于 2016 年制定了"支持日本未来观光发展"计划，设定了 2030 年访日人数达 6000 万人的目标,并相应实施战略性签证放宽政策。同时,加强旅游基础设施建设,丰富旅游内容和产品,吸引更多外国游客来日观光。

(3) 逐步将外国青年的活力纳入日本发展

在日外国人的大部分为青年群体,之前随着在日外国人数的增长①,并由于文化、习惯和语言上的差异,日本更多地是从解决摩擦等问题角度来考虑对外国人的接纳。21 世纪 10 年代左右,日本开始讨论如何吸引外国高级人才,以促进经济创新和就业,反映出将高级人才视为经济发展重要资源的战略思维。2011 年,开始出现将外国人作为缓解劳动力短缺手段的探讨。《2014 年版外交蓝皮书》则明确提出,面对少子高龄化所带来的人口减少,大力吸引海内外人才是确保日本活力的关键。之后日本进一步放宽外国人才接纳政策,2018 年对入境管理及难民认定法进行了修订,2019 年设立了"特定技能"制度②,为接纳外国人才提供了法律支撑。

(4) 促进外国公民的社会融入

在吸引外国人才的同时,日本也更加关注其社会融入状况,于 2019 年制定了《外国人接纳和共生综合对策》,为其社会融入提供政策支持,并开展讨论及宣传,完善外国人权益保障,提高公众的文化包容性。例如每年举办的"外国人接纳和社会融合国际论坛"、专门针对青年开展的"与外国青年一起面对未来挑战"研讨会等,从中可以看出,日本从将外国人视为问题到将外国人才,尤其是青年作为提高日本经济竞争力重要资源的思路转变。

第三节　日本促进青年国际交往政策机制特点

纵观日本促进青年国际交往政策的演变,以及现今实施的主要政策机制,可以看出以下几个主要特点:

1. 由项目推动到日益重视国民力量,由点及面、往来并重提升国际化水平

纵观日本从 20 世纪 60 年代至今的青年国际交往政策,可以看到一个显著

---

① 2008 年末,长期居留在日本的外国人数量约达到 221 万人,约占总人口的 1.74%。

② 为应对以中小企业为首的日益严重的劳动力不足问题,尤其对于在提高生产率和确保国内人才的努力下也难以保障人力资源的产业,日本于 2019 年设立了"特定技能"这一新的接纳外国人才的制度。

的变化是其工作方式由项目、活动逐步转变为全力支持国民的海外发展以及外国人才的吸引和社会融入，其机制特点主要有：

（1）由项目推动到国民力量培育

21世纪之前，日本主要通过项目推动来促进青年的国际交往。这些项目包括文化交流活动以及志愿者项目等，这一阶段，尤其是前期的政策着重于为青年提供机会，让青年能够亲身体验不同的国家与文化，增进彼此之间的了解和友谊。但项目推动型的国际交往机制也存在一定的局限性，无法带动广大青年参与进来，也不能充分发挥青年国际交往的潜力。因此，随着经济全球化发展以及日本经济的长期低迷，日本日益重视对国民力量的支持和培育，全力支持国民到海外留学、工作和贸易。这既意味着要为以青年为主的国民走出去提供更多的渠道和平台，也意味着要为其提供更加便利的保障和服务环境，更意味着要在教育体系中加强国际化教育，提供更多的语言学习和跨文化交往机会，培养出更多具备全球视野和国际竞争力的青年人才。

（2）从开展活动到专项政策和法律建设

随着由点及面，对国民力量培育的日益重视，日本也逐步推动国际交往的制度化、法律化建设。1998年颁布的《NPO法》（特定非营利活动促进法）赋予NPO法人资格，提高了公众对NPO的信赖，为包括海外志愿在内的公益组织提供了更多的机会以及更加稳定的平台。并通过2018年对入境管理及难民认定法的修订和2019年制定的《外国人接纳和共生综合对策》等，为吸引、接纳外国人才提供法律和政策支持，为包括青年在内的国际交往提供了更加稳定、可持续的发展环境，拓展了全球合作的机遇。

（3）从"走出去"到"引进来"和"相融合"

由于面临高龄少子化带来的严峻的劳动力短缺，日本也更加意识到包容开放的重要性，将青年国际交往政策从单纯支持青年"走出去"转变为同时积极吸引国外青年的"引进来"和"相融合"策略，对外国青年从过去的问题视角转变为视作提高经济竞争力的重要力量，为其来日学习、工作和贸易提供政策、法律和社会支持。

从单纯的项目推动到综合性国民力量的培养，从举办活动到专项政策和法律的出台，从全力支持走出去到同时积极吸引国外人才和促进其社会融合，这一系列演变特点体现出日本对青年国际交往重要性和潜力的战略思考。青年国际交往不仅仅在于促进青年个体层面的体验和认知，更是对提升国家整体竞争力、促进社会多元化发展有着重要的作用和意义。

2. 以日本文化为契机，形成正面国际影响

以日本文化为契机，对日本感兴趣的外国人非常多。日本也一直重视通过文化影响，在国际上树立积极正面的形象。其机制特点主要有：

（1）政府主导推动文化宣传

日本从1970年代开始，就把文化外交作为与对外政治、对外经济政策并列的三大重心之一。1998年出台的《文化振兴基本计划——实现文化立国》中详细阐述了文化的国际贡献和宣传作用，将文化外交上升至国家战略层面①。近年来，外务省及国际交流基金会在海外积极介绍日本文化、促进体育、观光等各项事业，在海外形成良好的对日形象，提高了日本整体的品牌价值，并促进对日理解。例如通过"驻外公馆文化项目"和"日本之家"广泛宣传茶道、花道、武道等日本传统文化，动漫、漫画、时尚等日本现代"酷文化"，以及日本饮食文化等日本魅力，扩大对日本感兴趣的群体范围。其中，"日本之家"整合了政府、企业和地方资源，根据当地需求提供一站式的日本文化服务。至2022年底，在巴西、英国和美国设立的3个"日本之家"的累计来馆人数超过470万人，成为海外展现日本文化的主要设施。又例如由外务省设立的日本国际漫画奖，2022年（第16届）收到来自77个国家和地区的503件作品，作为日本政府支持和鼓励文化输出的举措之一，体现了日本政府通过文化软实力提升国际形象和影响力的政策思路，同时也反映出行业优势相较于个人和企业，可以通过规模效应、组织支持、品牌建设和增加合作机会等，实现更大范围、更深层次的文化传播和国际影响力，为青年的国际交往创造更加广阔的平台和机遇。

（2）文化无偿贷款合作

作为日本政府开发援助的一部分，外务省开展了文化无偿贷款合作，支持发展中国家的文化、体育、高等教育发展和文化遗产保护等。其中的草根文化无偿贷款重点开展了振兴体育和日语普及领域的合作，一般性文化无偿贷款开展了电视节目制作、以及自然、文化遗产保护等项目。通过这些合作，日本进一步树立了积极形象，加深了与发展中国家之间的相互理解和友好关系。

（3）在海外推动日语教育和学术交流

随着日本企业向海外的发展以及日本文化的兴起，对日语感兴趣的外国人

---

① 日本文化厅. 文化振兴マスタープラン——文化立国の実现に向けて［EB/OL］.（1998-03-31）［2023-10-17］. https：//www. bunka. go. jp/tokei_ hakusho_ shuppan/hakusho_ nenjihokokusho/archive/pdf/r1402577_ 04. pdf.

也不断增加。在海外进一步开展日语普及，对于增加日本文化的影响以及在海外营造理想的国际环境都有着重要作用。国际交流基金会大力开展各种形式的日语教育和学术交流，通过举办日语课程、派遣日语教师、提供日语学习资料等方式，促进日语教育的规范化标准化，提高传播效率，向全世界普及日语和宣传日本文化；此外，通过提供多种类别的奖学金，鼓励世界各地的学生和学者来日本学习、研究；通过向海外的日本研究机构提供资助，促进各国日本研究者和机构之间的联系和合作，为海外的日本研究提供坚实的基础；通过知识交流项目，如举办以共同国际议题为主题的研讨会、在美国大学开设日本课程等，进一步加深国际社会对日本的关注和了解；通过邀请各国对舆论形成/政策决定有影响力的名人来日，促进对日理解、构建人脉。

（4）借助东京奥运会展示日本实力

以东京奥运会为契机，充分展示日本的文化特色、科技实力以及环保理念；并大力推动海外友好城市的缔结，最终与185个国家和地区的533个地方政府建立了友好联系，促进了相互之间的理解及交往合作。并通过在奥运会前期和后期开展体育交流和援助项目，在体育领域提升日本的国际影响力。例如外务省开展了促进与各国体育交流的"Sport for Tomorrow（SFT）"项目，由海外协力队派遣体育指导，以及由文化无偿贷款提供体育器材、对设施进行修缮等，在增进国际理解的同时，也提高了日本体育人员在国际上的地位，充分发挥了体育对国际交往的促进作用。

3. 以政府援助为基础，充分利用联合国成熟框架，官民共进，推动国际交往与合作

政府开发援助（ODA）是针对发展中国家和地区，以经济开发和提高福利为目的，由日本政府提供的赠与或条件宽松的贷款。日本外务省通过ODA，以及与NGO的协作，充分利用双边援助以及联合国成熟框架，官民共进促进青年国际交往和发展合作，其机制特点主要有：

（1）以政府开发援助为重点项目

ODA始于20世纪50年代，是日本解决战后问题，赢得周边国家信任的一种"准赔偿"手段。随着日本经济的迅速发展，ODA逐渐成为日本扩大国际影响力、将经济实力转化为全球治理能力、将日本塑造为负责任大国的重要手段。20世纪70年代以来，日本向亚洲的ODA投放占比基本呈下降趋势，向中东、北非、撒哈拉以南、中南美的投放占比不断扩大，从侧面体现出日本放眼全球、积极参与全球治理的意愿。

（2）充分利用联合国成熟框架

日本外务省通过与 NGO 合作，充分利用联合国可持续发展目标（SDGs），积极参与发展中国家和地区的经济、社会发展。与正式的官方援助不同，NGO 作为草根组织，可与当地居民密切接触，快速融入活动地区，从而开展迅速灵活、细致深入的援助及救援活动，有效拓宽了日本参与国际交往的渠道，为日本参与全球治理注入了更多的活力。日本 NGO 中八成左右表示关注 SDGs，以实现 SDGs 为导向，将其融入团体活动和任务中，为日本青年通过 NGO 参与国际交往提供了有效的机遇、话语体系以及发展空间。2000 年，日本政府与 NGO、经济界合作，共同构建起"日本平台"（JPF），可以更加便利、迅速地开展紧急人道援助等活动。至 2021 年底，已有 43 家 NGO 加盟，充分发挥了官民共建的专业性和机动性优势。

（3）项目持续时间长、深耕细作、影响深远

日本志愿者项目以其长期在一个国家或地区开展细致的援助工作而闻名。国际协力机构（JICA）每年向发展中国家和地区选派大量的青年海外协力队员，时间一般为两年，以"同住、同工作、同发展"为宗旨。两年的期限可以让志愿者充分适应当地环境、了解当地需求，与当地人民建立持久的合作关系，从而有效地提升日本的国际形象。同时，JICA 以海外志愿为契机，建立起同窗会组织，不仅为回国志愿者提供了可以相互交流的平台；也有助于日本政府持续发现和培养国际化青年；回国的队员也可通过相关渠道将自己的海外经验分享给教育机构和地区，反哺社会。海外协力队这一国民活动受到了国内外广泛的高度评价和期待。

4. 培养、赋能青年，积极参与全球治理

近年来，日本政府高度重视培养和赋能青年，支持鼓励青年积极参与国际交往与全球治理。在从中小学到高等学校，系统加强国际理解与国际化建设，着力培养青年国际交往能力之外，主要有以下几个特点：

（1）以长远视角规划人才培养

由于国际机构在解决全球问题上的重要作用，在国际机构任职是积极参与全球治理以及提升日本国际地位的重要举措。近年来日本人在多个国际机构中作为组织负责人发挥着重要作用，例如当选为联合国专门机构——万国邮政联合（UPU）、世界海关机构（WCO）和亚洲开发银行（ADB）的负责人等。如

何加强与国际机构的合作，包括争取让更多的日本人担任国际机构的领导职务，是日本当前及未来国际交往的重点课题。担任国际机构的领导职位并非在短时间内可以实现的目标，为此日本提出要注重长远视角，细致规划，以培养出合适人才。首先，日本制定了明确的人才培养目标，提出至 2025 年实现国际机构日籍职员 1000 人。同时，还设立了系统的人才培养和赋能机制，例如积极开展针对 35 岁以下青年的青年专业人员（JPO）派遣、以及国际机构的青年专业项目（YPP）选拔等。其中 JPO 派遣制度是日本青年成为国际机构职员的最有效路径，至 2021 年末，在联合国相关机构工作的 956 人中约半数是 JPO 出身。JPO 派遣制度是国际机构以各国政府承担费用为条件接收青年人才的制度。外务省从 1974 年开始通过该制度派遣青年人才，近年来在该制度下每年可派遣 50-60 人，派遣结束后约有七成以上作为国际机构职员继续工作。

其次，通过助力联合国机构，拓展参与全球治理的渠道。联合国大学（UNU）是联合国在日本设立的唯一机构，日本政府从联合国大学成立伊始就全力支持其建设和发展。联合国大学既是联合国机构，又是高水平的研究教育机构，致力于全球性课题研究，其研究成果对日本政策制定具有重要的参考价值；日本企业通过与联合国大学合作推进 SDGs（联合国可持续发展目标），也取得了显著成效。同时，联合国大学可以迅速应对热点问题，及时将研究成果传递给各国决策者。通过与其合作，日本培养了大量了解全球问题的人才，提升了青年的国际视野，拓展了参与全球事务的渠道，使日本能更好地汲取全球智慧，服务于自身外交。

此外，外务省通过派遣职员到全国的国际交流团体、大学和高中开展"国际形势演讲会""外交讲座""高中讲座""ODA 上门讲座"，开展以大学生为对象的"国际问题演讲比赛"和"中小学生访问外务省"等各类项目，从小培养青少年对外交的兴趣以及对国际形势和外交政策的理解，广泛培育担负日本未来的青年外交人才。

（2）政府与社会力量联合构建人才国际交流平台，助力青年走向国际舞台

对于有志加入国际机构的日本青年，日本国际机构人事中心为其搭建了对接国际组织、积累工作经验的交流平台，成为联系青年与国际机构的桥梁①。该平台的主要内容有：①及时发布国际机构的空缺信息，使青年掌握第一手招聘

---

① 日本国際機関人事センター. 国際機関におけるインターンシップ、国連ボランティア 等［EB/OL］.［2023-09-02］. https：//www.mofa-irc.go.jp/shikaku/keiken.html.

动态；②联合发布丰富的实习和志愿项目信息，联合"公益财团日本 UNICEF 协会"开展海外实习派遣，支持青年到国际机构短期工作；③举办求职方法讲座，解析国际机构应聘技巧；④邀请国际机构的高级职员开展就业讲座，发布活跃于国际机构的日籍职员的体验谈等。这样日本集政府力量与社会资源于一体，既发挥政府优势，又充分调动公益财团、学校等力量，建立起发掘和培养人才的长效合作机制，为青年人才打开通往国际机构的大门。

（3）发挥有识之士的引领作用，助力外交，共创多边主义新格局

近年来国际社会局势变化显著，有识之士（包括学者、专家、各行各业的领军人物）通过智库或参加国际会议，在外交领域发挥着日益重要的作用。这些有识之士可以不拘泥于政府的正式宣言，就全球性议题自由讨论并提出建议，影响国际舆论和各国决策。例如达沃斯论坛等平台，汇聚着各领域、各行业最具影响力的决策者和潮流领导者，使得其举办的每一项活动都得到积极的参与和推动，有力地影响了全球的经济合作。在这样的背景下，日本高度重视培养对国际舆论有贡献的智库和专家学者。资助智库开展国际合作研究，主办重要的国际会议，设立补助制度以提高其收集信息以及分析/提供政策建议的能力，集结民间力量服务国家外交，打造更加开放、包容、多元的外交格局。

5. 地方政府平台与城市引擎相结合，推动地区振兴与国际化发展

近年来，日本日益重视发挥地方政府的推动以及城市的引擎作用，强化国际交往的综合力量。在营造国际化氛围的同时，促进地区振兴发展。其机制主要有以下几个特点：

（1）积极发挥地方政府的平台作用

日本中央政府与地方政府密切配合，针对各国的驻日外交使团、工商会议所、观光相关企业等，共同举办各类对外交往活动。如邀请外交使团到各地参观，向其介绍当地产业、投资环境等，增进双方联系；举办"地区魅力传播研讨会"等，介绍各地区的产业、观光、投资、招商特点，让参与者在东京就能直接体验到地方魅力，促进了地方与国外相关团体的人际网络建设。同时，外务省还向地方政府提供地区级别国际交往的政策说明以及意见交换场所，例如以在线形式举办"地方合作论坛"，结合地区振兴和国际交往，开展活跃的小组讨论，使地方政府能够及时了解外务省最新的政策方针，同时也有机会分享本地区的经验和优势。

（2）高度重视城市在国际交往中的引擎和推动作用

城市作为经济、文化、科技与创新的汇聚之所，也是开展国际交往与合作的重要场所。日本政府积极支持地方政府与海外城市建立姐妹城市关系，促进日本各地与世界的友好往来，为青年提供多种形式的国际交往机会。例如以2020年东京奥运会为契机，最终与185个国家和地区的超过500个地方政府建立起联系，有效传递了东道主城市的魅力，增进了双方民众的友谊。这样城市之间的国际交往，必将促进包括广大青年在内的广泛的文化、经济和人员往来，为城市的发展和国际合作带来丰富的机遇。

（3）活用ODA项目促进地区和行业振兴以及国际化发展

随着发展中国家快速的经济发展，对水处理、废弃物处理、城市交通、公害对策等问题的需求急剧增加，日本通过ODA项目，为发展中国家提供城市治理经验的同时，将发展中国家的需求与本国企业的产品、技术相匹配，不仅服务于发展中国家，也进一步推动了支撑地方发展的优秀中小企业的技术开发与合作，促进了当地企业的国际化发展和人才培养，进而也促进了地方经济和日本整体经济的活性化。

第四节　对我国促进青年国际交往政策的启示

纵观日本从20世纪60年代至今的青年及国民国际交往政策，可以对我国青年国际交往政策的制定和实施带来以下几个方面的启示：

1. 项目推动与国民力量培育相结合，顶层设计、往来并重促进青年国际交往

从20世纪60年代至今，日本青年国际交往政策中的一个显著变化是工作方式由项目推动，转变为日益重视国民的海外发展和吸引外国人才。其根本原因是项目推动型的国际交往机制无法满足和发挥广大青年国际交往的意愿及潜能，以及日本长期的经济低迷和高龄少子化带来的严峻的劳动力短缺，使其更加深刻地认识到在国际范围寻求发展以及开放包容的重要性。

我国当前促进青年国际交往的工作方式，也主要以活动、项目为主，近年来逐步加强了对青年外事外交领域的理论研究，但尚未形成系统的政策思路。当前我国正处于从高速发展向高质量发展的过渡期，既需要促进广大青年增长海外见识、开阔国际视野，也需要促进优秀青年积极参与全球治理，为推动世界和平与发展贡献中国智慧和力量。今后应进一步加强理论研究和顶层设计，从国家层面统筹规划，在继续推动高质量项目的同时，更加重视与国民力量培育相结合，鼓励和保障更多青年自主参与各类国际交往活动。首先，应系统研究青年国际交往的内涵、目标、运作机制，建立相关领域的指标体系，客观掌握青年国际交往的状况和特征。在此基础上，从国家层面统筹规划，出台促进青年国际交往的专项政策，创造良好的政策环境。二要更加注重全体青年的力量，不能单纯依靠项目，应细分层级和群体，有针对性地激发全体青年的主观能动性，积极参与国际交往。三要注重互利共赢，往来并重。不仅鼓励我国青年在世界舞台上展现自己的才能，为他们的海外发展做好细致的保障和支持工作，也要更好地吸引国外青年来华旅游、留学、工作和从事贸易等，扩大来华交流规模，增进相互了解，培养知华亲华人士，充分发挥其回国后对中国的正面宣传作用，增幅中国影响力，双向促进国与国之间的理解、友谊与合作。

2. 提升文化软实力，以文化传播为契机，形成正面国际影响

文化、价值观输出既是国家软实力的体现，也是国际交往的重要目的和手段。日本以独特的传统文化、动漫/时尚等现代文化等，吸引了众多来自海外的关注。日本也以此为契机，一直重视通过文化影响，在国际上树立积极且有亲和力的形象。并积极通过文化无偿贷款合作等，进一步树立其正面形象，加深与发展中国家之间的相互理解和友好关系。

当前，面对国际格局重组的巨大变革，参考日本经验，首先，要提升中华文化的软实力。通过保护和弘扬中华优秀传统文化，增强青少年的文化认同和自豪感，从而更加自信地面对文化差异，更好地实现国际交往和互鉴。第二，政府可以设立专项资金，支持青年艺术家、作家、音乐家等开展创作和交流，鼓励他们创作出被世界广为接受的优秀作品，让更多人了解中国的历史和文化，增强对中国的亲近感。并以体育人才、创新人才、科技人才、新兴艺术家等为突破口，提升他们以及中国的国际影响力和知名度。第三，通过设立国际奖项、搭建博览会/电影节等平台、培育具有强大国际竞争力的文化企业等，推动文化领域的产业化运作。聚集、发挥行业力量，形成文化输出的规模效益，进一步提升中国文化的全球影响力。第四，继续扩大对外汉语教学，为世界范围对中国文化感兴趣的人们创造良好的学习条件。在孔子学院、鲁班工坊之外，应进一步加大海外中国文化中心建设，形成持续性的文化传播"热点"。同时，充分利用新媒体，拓宽文化交往的广度和深度。支持青年开展新形式的文化创新，吸引广大国外青年。新媒体具有强大的传播力，例如至2023年，TikTok已在全球 160 多个国家和地区拥有 10.6 亿活跃用户①，尤其深受青少年用户喜爱，这为突破传统交流的局限性，传播青年文化和中国文化提供了广阔的全球化平台。

3. 加强官民合作，拓宽青年和社会组织参与国际交往渠道

社会组织相较于官方外交，可快速、灵活、深入地与当地居民接触并开展援助活动，有效扩展了国际交往渠道并加深了交往层次。日本外务省通过与NGO 合作，充分利用 SDGs 等联合国成熟框架，官民共进推动国际交往合作，为青年通过 NGO 参与国际交往提供了有效的机遇、话语体系以及发展空间。

相较于官方外交活动，社会组织和民间交往在青年中的影响力往往更为广泛。我国现有社会组织的国际化程度普遍不高，国际化过程中普遍面临经费有限、审批困难、政策支持不足、专业人员短缺等发展困境。参考日本经验，首先应进一步加强对社会组织国际化发展的支持力度。例如，制定专项政策和法律，为社会组织开展国际活动提供政策和法律支持；将符合资质、有优秀既往活动经验的社会组织列入"白名单"，简化审批手续等，为其开展国际交往活动提供便利；设立与社会组织相关的海外援助基金，为青年团体以及社会组织的国际活动提供资金支持等。第二，加强官民合作。政府机构应加强与社会组织以及高校的联系，加大对社会组织的组织构建及人才培养的支持力度，促进其能力的快速提升以及专业化发展。第三，将社会组织的目标、活动与 SDGs 等成熟的联合国框架相结合，迅速融入国际话语体系，进一步拓展青年参与国际交往的渠道；同时，社会组织在国际化过程中要注重差异化优势的形成，应充分融入当地，深入了解其国家和地区的需求，与当地居民建立长期、密切的合作关系，确保取得实质性成果。第四，加强评估与宣传。应分别建立对项目和社会组织的评估机制，定期评定项目效果和社会组织的级别，根据实际情况持续优化项目质量与水平，并将评级优秀的社会组织列入项目审批的"白名单"等，给予政策优惠；同时，应加大对典型案例的宣传，巩固成果，提升形象。

这样在国家法律、政策机制、资金的支持下，给予社会组织充分的运作自主权，官民结合，将使我国青年参与国际事务的途径更加多元和立体。

4. 城市引擎带动资源，推动地区振兴与国际化发展

城市中经济、教育、就业资源丰富，社交网络发达、文化多元多样，为青

---

① Pyvio 湃沃. 连续 12 个季度位居全球下载量榜首，TikTok 持续保持流量霸主地位［EB/OL］.（2023-08-18）［2023-12-15］. https://www.sohu.com/a/712971989_ 121479283.

年国际交往提供了充实的基础和机遇，是青年国际交往的重要场所和助推器。日本高度重视地方层面的国际交往与合作。向地方政府提供地区级别国际交往政策说明及意见交换场所；介绍各地区的产业、投资环境等，积极促进地方政府在国际交往中的平台作用。同时，大力推动友好城市的缔结，充分发挥城市的汇聚和引擎作用，促进城市间的人文、经济、科技交流。

　　借鉴日本经验，我国在今后的国际化交往中，首先应充分发挥地方资源优势，动员地方资源积极赋能青年国际交往，为青年提供丰富的国际交往机遇和实践平台；在提供政策支持的同时，动员、促进地方政府对外招商引资，为其提供信息和渠道；并鼓励地方挖掘本地区优秀企业和产业，使其成为地区振兴和国际交往的重要力量。第二，积极促进城市在青年国际交往中的引擎作用。借鉴日本东京奥运会的经验，以重大活动为契机，发挥城市的汇聚和带动作用，切实促进青年的国际交往；并通过国际交往，推动城市的高质量发展，展示中国形象，增强我国城市的国际影响力。第三，我国幅员辽阔，不同地区、不同规模的城市都有着不同的特点和优势，具体应结合各地、各城市的需求和资源配置，针对性开展促进青年国际交往的措施。例如青年发展型城市可以通过举办形式多样的国际文化活动、建立常态化的国际交往项目、营造国际化氛围来进一步吸引和聚集青年人才，并通过人才聚集反哺城市发展；沿海开放城市可发挥辐射带动作用，与内陆城市联动，打造国际产业链条、开展国际化培训，强化青年参与国际交往的实力和路径；边境城市可重点打造语言培训基地，培养充足的翻译人才储备，还可通过缔结友好城市等，开展跨境经贸合作、校际交流等，促进相互理解，增进友谊，丰富国际交往的人脉、渠道和平台。

03

資 料 篇

附录1

儿童、青年发展援助政策的综合推进与实施

第一节　《青少年育成施政纲要》的制定

21世纪前半期，日本的少子化、高龄化、信息化、国际化不断发展，以及消费社会的进一步深化，通过家庭、学校、职场、地区、信息、消费场所等，给青少年的周边环境带来巨大影响。因此，青少年健康发展政策也需要在全面综合的视角下开展和推进。2003年6月，内阁设立了青少年育成推进本部（青少年育成推进本部、本部长为内阁总理大臣），同年12月9日，政府明确提出了青少年发展的基本理念及中长期政策的方向，为保证青少年政策在保健、福利、教育、劳动、预防违法犯罪等广泛领域的综合及有效实施，青少年育成支援本部首次制定了《青少年育成施政纲要》（「青少年育成施策大綱」）。

在五年之后的2008年12月，在继承前纲要中青少年发展理念的基础上，为应对时代变化以及进一步促进青少年发展，由青少年育成推进本部发起，制定了新的《青少年育成施政纲要》。

第二节　《儿童、青年育成支援推进法》的制定及措施

1.《儿童、青年育成支援推进法》的制定和实施

在《青少年育成施政纲要》制定之后，尼特族（译者注：不就业、不就学群体）和蛰居族（译者注：不与社会接触、不上学、不上班，自我封闭在狭小空间的群体）等青少年的自立问题依然严重，儿童虐待、欺凌、青少年引发的

重大事件、有害信息的泛滥等，围绕青少年的发展形势也依旧严峻。青少年肩负未来社会的责任和使命，青少年的健康成长是我国社会发展的基础，因此有必要通过整合相关领域的资源来共同应对各种青少年问题。为此，2009 年的定期国会（第 171 届国会）向政府提交了《青少年综合对策推进法》（「青少年総合対策推進法案」）。

经众议院修订，同年 7 月，以以下几点为主要内容的《儿童、青年育成支援推进法》（「子ども・若者育成支援推進法」，平 21 法 71）经全会一致通过，正式颁布，并于 2010 年 4 月 1 日开始实施（参见图 1-1）。

- 在国家级别设立总部，制定促进儿童、青年发展援助政策实施纲要（以下简称为"纲要"），制定地区儿童、青年发展援助规划，进一步加强一站式咨询窗口等组织框架建设；
- 构建地区机构网络，对不能顺利进入社会，进行社会生活的儿童、青年提供援助；

2. 基于《儿童、青年育成支援推进法》的纲要制定

（1）《儿童、青年发展愿景》的制定

随着 2010 年 4 月 1 日《儿童、青年育成支援推进法》的实施，内阁府根据该法律第 26 条设立了儿童、青年育成支援推进本部（以下简称为"本部"）作为专门机构。本部主要负责制定纲要及督促其实施等，本部长为内阁总理大臣，副本部长为内阁官房长官和担任青少年发展的内阁府特别任命大臣，本部成员为国家公安委员会委员长、总务大臣、法务大臣、文部科学大臣、厚生劳动大臣、经济产业大臣、以及内阁总理大臣从其他国务大臣中的指定者，实际上所有的国务大臣都被指定为本部成员。同年 7 月 23 日，儿童、青年育成支援推进本部根据《儿童、青年育成支援推进法》第 8 条制定《儿童、青年发展愿景》作为促进儿童、青年发展援助政策实施纲要。

（2）依照纲要对施政进行检查和评估

为促进儿童、青年育成施政纲要的实施，以及对前纲要施政情况进行检查和评估，2011 年 7 月，由儿童、青年育成支援推进本部长决定，举办了由专家组成的儿童、青年发展援助检查、评估会议。会议举行了 18 次研讨，并于 2014 年 7 月，作为对纲要的完善，汇编了名为《儿童、青年育成支援推进纲要》（《儿童、青年发展愿景》，「子ども・若者ビジョン」）的监察报告，并于 2015 年 11 月，为制定新的纲要，汇编了《新纲要应涵盖项目的意见整理》。

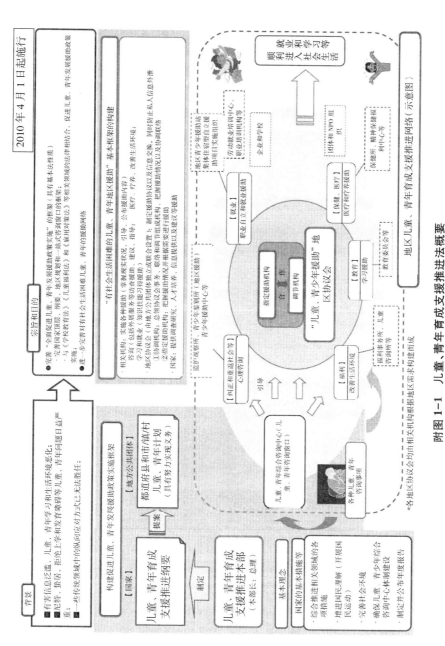

附图 1-1　儿童、青年育成支援推进法概要

注　内阁府网站 http://www8.cao.go.jp/youth/wakugumi.html

在该会议上专家指出,在社会生活中存在困难的儿童、青年,往往曾在其生长环境中遭遇各种复杂问题,例如贫困、儿童虐待、欺凌、拒绝上学、尼特等等,这些问题相互影响、纠缠,形成了非常复杂多样的情况。

(3)《儿童、青年育成支援推进纲要》的制定

自《儿童、青年发展愿景》制定以来已经过五年,政府决定根据"促进儿童、青年发展检查和评估会议"的建议,从综合性的观点进行探讨,制定新的纲要。在研讨中,向公众及从全国募集的中学生以上30岁未满的青年(青年特别汇报员)征求了意见,获取了包括青年在内的广泛的国民意见。基于这些意见,儿童、青年育成支援推进本部于2016年2月9日发布了新的《儿童、青年育成支援推进纲要》。

在新纲要中,将以下5个课题作为重点实施领域(参见附图1-2):①儿童、

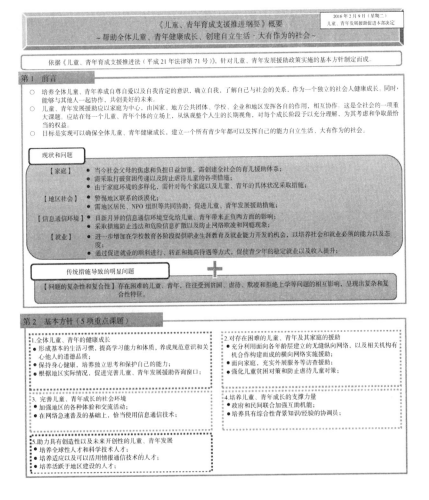

第 3 基本措施

1. 全体儿童、青年的健康成长

（1）帮助自我形成
①掌握日常生活能力
• 推动开展"适当利用互联网"的学习活动等
②提高学习能力 ③充实大学教育等
（2）确保儿童的健康和安心安全
①推进健康教育以增进健康
• 加强对心理健康、药物滥用的教育、以及发育阶段的性教育等
• 加强对妊娠、生育以及育儿的正确理解和信息提供
②加强儿童、青年咨询体制建设
• 广泛宣传解决困难的咨询信息和解决方式
• 加强儿童、青年综合咨询中心建设
• 有效发挥校园社工和校园心理咨询师的作用等
③防伤害教育
（3）青少年职业自立和就业援助
①培养就业意愿和职业能力
②加强就业援助
（4）助力青少年的社会参与

2. 对存在困难的儿童、青年及其家庭的援助

（1）根据儿童、青年问题的复杂性和复合性采取多层次援助
• 促进儿童、青年援助地区协议会的设置和活动开展
• 培养外展服务（访查援助）人才等
（2）针对不同困难状况采取相应措施
①对尼特、蛰居和拒绝上学的儿童、青年开展援助等
• 充实地区儿童、青年援助站的援助活动等
②残疾儿童、青年援助
③违法犯罪儿童、青年援助
④应对儿童贫困
• 开展和充实国民运动等
⑤对需要特别注意的儿童、青年的援助
（3）防止和保护儿童、青年受到伤害
①防止虐待儿童事件
• 预防虐待儿童事件发生以及发生时及时高效的应对等
②针对侵害儿童、青年权益犯罪的对策

3. 完善儿童、青年成长的社会环境

（1）重新构建家庭、学校和地区的相互关系
①对监护人的积极援助
②促进"团队式学校"和地区的协调、联合
③推进地区整体的儿童健康成长环境建设
• 推进课后儿童综合计划
• 推进培养社会责任感和丰富心灵的多样化体验和交流活动等
④加强儿童、青年不易被侵害地区建设
（2）加强育儿援助
（3）针对危害儿童、青年成长环境的对策
• 强化安全安心使用互联网的教育和宣传活动
• 以有蛰居倾向青少年为对象开展自然体验和集体住宿活动等
（4）促进工作与生活的平衡

4. 培养儿童、青年成长的支撑力量

（1）地区多样化的支撑力量的培养
• 培养具有育儿经验的人、经验丰富的老年人、企业和 NPO 组织等多样化的主体参与
（2）培养和确保专业性人才
• 培养具有综合视野的人才
• 确保教育、医疗、保健和福利的专业人才，提高其专业性

5. 助力具有创造性以及未来开创性的儿童、青年发展

（1）培养国际性人才
• 加强留学援助等
（2）培养科学技术人才等创新人才
• 助力理科前沿教育等
（3）培养适应以及可以活用情报通信技术的人才
• 培养以精湛的信息通信技术解决社会问题的人才
（4）助力于活跃在地区建设中的青少年
• 培养在地区产业中担负重任的专业化工匠人才
• 助力"地区振兴协助队"建设等
（5）培养国际青年竞技人才和新兴艺术家
• 发现、培养、强化国际赛事人才
• 培养世界认可的具有创造性的艺术家
（6）助力于对社会有贡献的活动
• 创设"内阁总理大臣奖"

第 4 政策实施促进体制等

（1）掌握儿童、青年实际情况、积累、共享知识和经验 （2）宣传活动等 （3）国际合作
（4）促进措施
☒ 共享地区先进活动信息，强化与行政部门、学校、企业以及 NPO 组织的合作，促进全体社会共同采取行动等

附图 1-2 《儿童、青年育成支援推进纲要》概要

注 内阁府网址（http：//www8.cao.go.jp/youth/wakugumi.html）

青年全体的健康成长；②向有困难的儿童、青年及其家人提供援助；③改善儿童、青年成长的社会环境；④对儿童、青年成长支撑力量的培养；⑤大力支持具有创造性及未来开创性的儿童、青年的发展。

以下各章将依据这些重点课题，对政府采取的儿童、青年发展措施的实施情况进行论述。

附录2

全体儿童、青年的健康成长[*]

第一节　自我形成的支持措施

1. 日常生活能力培养

（1）形成基本的生活习惯

青少年的身心健康和积极性是在正确的生活习惯下充实的生活中形成的，同时，生活习惯的养成也是形成自我管理能力的基础所在。

①学校教育计划（文部科学省）

学校教育是通过组织道德及特别活动等教育活动，对学生进行指导，使之形成基本的生活习惯。尤其要在小学低年级阶段，掌握日常寒暄等基本的生活习惯以及社会生活规范、判断善恶是非与不可为之事等，学校教育必须对这些方面的指导予以重视。

2015年，文部科学省对《学习指导纲要》进行了部分修订，并确定于2018年开始对小学、2019年开始对中学，全面实施"特别科目——道德"的教学。

②全社会致力于青少年生活习惯的培养（文部科学省）

为了使青少年养成早睡早起和吃早餐等基本生活习惯，调整生活节奏，文部科学省与"早睡早起吃早餐"全国协议会以及民间团体合作，从2006年起开展"早睡早起吃早餐"国民运动（参见附图2-1）。以PTA（Parent-Teacher Association）为首，商界、媒体、专家、市民活动组织、教育体育文化组织、读书和食育促进组织、行政部门等均参与其中，开展青少年基本生活习惯养成以及调整生活节奏运动，并通过网络提供信息。2016年，为纪念该运动开创10周年，组织部门特别刊发纪念杂志并举办纪念论坛和庆典活动。

---

[*] 本篇中数据由于小数点后数值四舍五入，合计得出的数值和图表中的数值有时会存在一定误差，为尊重原文数据，本篇中未做修订。

　　并从 2015 年开始，作为面向初高中生开展的通过家庭、学校和地区三方合作，改善青少年生活习惯的实证研究，实施了"初高中生生活习惯管理与援助项目"。该项目充分利用 2014 年度面向初高中生及其监护人的普及宣传资料和指导资料，积极支持地区采取的各项有效措施，在对其效果进行验证和分析的基础上实施普及，将有效且具有实践意义的生活习惯改善活动在全国范围进行推广。

附图 2-1　小学低年级学生及其监护人早睡早起吃早餐活动宣传册
　　注　引自早睡早起吃早餐社交网站（http：//hayanehayaoki. jp）

　　自 2017 年起，文部科学省与独立行政法人国立青少年教育振兴组织合作，为促进"早睡早起吃早餐"国民运动，进一步实施了"早睡早起吃早餐"进校园活动，开办了"早睡早起吃早餐"论坛，监测中学生基本生活习惯的维持、稳定和提高状况。

　　③青少年教育设施利用（文部科学省）

　　为了通过集体住宿等体验，养成有规律的生活习惯，青少年教育设施需向学校和青少年组织提供学习的场所和机会。

　　学校和青少年组织利用全国国立青少年教育设施开展活动时，独立行政法人国立青少年教育振兴组织应给予必要的帮助和指导。

④推广食育活动（内阁府、文部科学省、厚生劳动省、农林水产省）

食育对青少年身心的健康成长和人格形成具有极大的影响，是其一生培养健全心智、健康身体以及丰富人格魅力的基础所在。近年来，尤其是 20 多岁的青年人群不但偏食，而且不吃早餐的比率也不断增长，饮食习惯十分混乱。为了敦促他们从孩提时代起就能掌握正确的关于饮食的基本知识，养成良好的饮食习惯并提高规范意识，家庭、学校和地区应联合开展相关活动，推广健康的饮食习惯（参见附图 2-2）。

自 2016 年起，日本开始实施《第 3 次食育促进五年计划》（「第 3 次食育推进基本計画」，2016 年 3 月 18 日由食育促进会议通过）。在开展既往各类措施的基础上，针对问题较多的青年一代，从食育知识、意识、实践方面促进青年一代的饮食教育，设置新的目标，提升考虑营养均衡性、践行良好饮食习惯的青少年数量。

在学校教育中，《幼儿园教育纲要》以及《学习指导纲要》等文件对促进食育颇为重视，相关内容详实。文部科学省为了对饮食进行指导，进一步增加对营养教师的聘用，从 2017 年 5 月至今，共计在全国国立中小学等配备了 6092 名营养教师。

◆所处年龄段越低，营养均衡度越差。

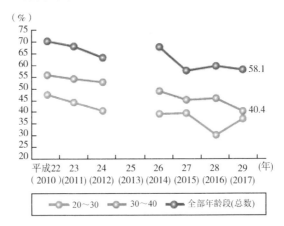

附图 2-2　每日两次以上食用由主食、主菜和副菜搭配餐食的人数占比
注 1　引自农林水产省的"关于食育的意识调查"。
注 2　2013 年度对该问题未进行调查。

为了确保从婴幼儿时期开始养成健康的饮食习惯，厚生劳动省以孕妇和育儿家庭为对象，帮助其从妊娠期开始掌握健康饮食，提供与饮食相关的学习机会和信息。

为了实现全面健康饮食，农林水产省除了要督促使用《食育指南》（「食育ガイド」）和《食育平衡指南》（「食事バランスガイド」）之外，还推荐以主食为中心搭配丰富的副食品，进而实现营养均衡的优质"日式饮食生活"。此外，为了加深国民对食物和农林水产业的理解，还努力推广教育农场①等活动的实施。

内阁府食品安全委员会在网站开设了儿童专栏（Kids Box），通过通俗易懂的插图方式向青少年宣传食品安全的相关信息。此外，还以小学五六年级学生及其监护人为对象，与食品安全委员会委员交换意见，推广寓教于乐的饮食安全学习，并在暑假期间开展"青少年食品安全委员会"活动。

（2）培养规范意识（警察厅、总务省、文部科学省）

近年来，校园欺凌现象已逐渐发展为社会性问题，重大事件不断发生。因此对青少年问题行为的纠正成为教育上的一项重要课题，必须使青少年从儿童时期养成辨别善恶是非的规范意识以及正确的伦理观，以期尽早解决校园欺凌问题。为此，学校、家庭和地区组织应充分合作，促进青少年丰富的人性化形成以及社会化发展。

在学校教育中，以国语、道德、特别活动为主，通过学校整体的教育活动，培养青少年体谅他人之心，以宽容的胸怀对待与自己不同的意见和立场。此外，要重视培养沟通能力，积极开展演讲和讨论等学习活动。

为了培养青少年的社会性和社会协调能力，青少年教育设施应向青少年提供各种开展自然体验和集体住宿体验活动的机会和场地。

警察通过向学校派遣职员和少年警察志愿者等，设立预防青少年违法犯罪教室，以具体的违法犯罪案例为题材，直接向青少年剖析利害关系，提高青少年自身的规范意识。并与教育委员会等相关机构合作，面向初中生和高中生开展以犯罪受害人演讲为中心的"领悟生命重要性讲堂"；为大学生开设帮助犯罪受害人的相关课程等，旨在通过以上活动激发青少年对犯罪受害人的关心以及帮扶意识。

为了提高青少年的媒体素养②，总务省开发了面对小学生和初高中生的教材，以租赁方式广泛发布。并在主页上传和提供以该教材和小学、初中教员为对象的授课实践软件。

---

① 教育农场是一种为了加深对来自大自然的恩惠以及与食物相关的人类活动的理解，由农业团体等将消费者召集到生产场所，向消费者提供一系列参与农活的机制。

② 青少年的媒体素养是包括以下三项构成要素的综合性能力，可以自主解读媒体的能力、访问并有效使用媒体的能力、通过媒体进行沟通的能力（尤其是与信息接收者的交互沟通能力）。

（3）促进体验活动（文部科学省）

为了培养青少年的"生存能力"，使之可以直接接触到文化、艺术和科学，开展自然体验等体验性活动至关重要。通过这些体验活动，锻炼社会生活所必需的沟通能力、自立意识、主体性、协调性、挑战精神、责任感、创造力、应变能力、沟通能力以及协同能力。

近年来，由校外团体组织的自然体验活动的参加率呈现出下降趋势（参见附图 2-3、附图 2-4），事实证明，那些较多地参加自然体验和地区活动的青少年，长大成人之后其积极性、兴趣爱好和职业意识也相对较高（参见附图 2-5）。因此，国家、地方公共团体、地区、学校、家庭、民间团体和民间企业应当根据自身立场，发挥应有的作用，相互协作，使全社会都能有意识、有计划地参与人类发展的"原点"——体验活动中。NPO、儿童会、青年团、青年会议所等诸多民间团体设计并实施了类别丰富的体验活动项目，今后对这些组织的能动性有着更高的期待①。

◆校外团体开展的自然体验活动的参加率呈现降低趋势。

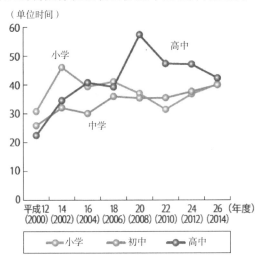

附图 2-3　学校开展体验活动的时间

注 1　引自文部科学省调查。
注 2　数值为小学五年级学生一年内开展体验活动的总单位时间的平均值（45 分钟为 1 个单位时间）以及初中和高中二年级学生一年内开展体验活动的总单位时间的平均值（以 50 分钟为 1 个单位时间）。

---

①　2013 年 1 月，中央教育审议会在总结体验活动的意义和效果的同时，针对当前存在的问题以及未来方案提交了《促进未来青少年体验活动意见书》。

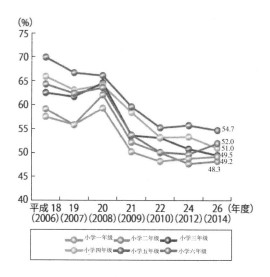

附图 2-4　校外团体开展自然体验活动的参加率

注1　引自独立行政法人国立青少年教育振兴组织"关于青少年体验活动的现状调查（2014 年度）"。

注2　2011 年和 2013 年未实施调查。

◆儿童时期如果经常参加自然体验和地区活动，在长大成人之后，其积极性、兴趣爱好和职业意识亦相对较高。

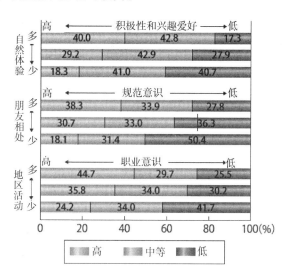

附图 2-5　儿童时期参与体验活动与成人后积极性和兴趣爱好的关系

注　引自独立行政法人国立青少年教育振兴组织的"关于青少年体验活动现状调查（2010 年 10 月）"

为了使家庭及企业更加理解体验活动的意义，文部科学省积极开展宣传活动同时，对体验活动评估以及表彰制度开展调查研究，并对积极开展体验活动的企业进行表彰。另外，对家庭、学校、青少年相关组织、NPO 等实行网络化管理，支持地区开展可持续性体验活动的机制建设。

独立行政法人国立青少年教育振兴组织为了在全社会范围促进体验活动的不断发展，与青少年组织合作开展了"振兴体验之风"运动。将每年 10 月定为"振兴体验之风促进月"，在全国各地开展与体验活动相关的各种活动以及全国性论坛，向家庭和社会广泛宣传体验活动对于青少年健康成长的重要作用。通过开设"青少年梦想基金"，助力民间团体组织开展各具特色的体验活动，扩大活动基础。

（4）读书促进活动（文部科学省）

对于儿童而言，读书是一项不可欠缺的技能。读书不但可以学习语言、训练感知、提高表现力、丰富创造力，还可以使人们更深层次地理解人生的意义。

根据《关于促进儿童读书活动法》（「子どもの読書活動の推進に関する法律」平13法154）与《关于促进儿童读书活动基础计划（第3次）》（「子どもの読書活動の推進に関する基本的な計画（第3次）」，2013 年 5 月内阁决议），文部科学省负责推动儿童读书活动。在 2017 年"关于促进儿童读书活动的专家会议"中，经讨论汇总了《论点总结报告》，在此基础上于 2018 年 4 月，第四次"关于促进儿童读书活动的基本计划"经内阁决议通过。确定今后将进一步推进以下措施的实施。

- 为了进一步促进读书社区的构建，学校、图书馆、读书志愿者团体在全国各地开展"儿童读书活动促进网络论坛"活动，并为促进儿童读书活动的各项措施提供相关信息支持。
- 为了加深国民对儿童读书活动的关心和理解，在"儿童读书日"（4 月 23 日）开展"儿童读书活动促进论坛"、名人纪念演讲等活动，对积极举办优秀读书活动的学校、图书馆、志愿者活动团体颁发文部科学大臣奖。同时，在主页上提供关于儿童读书活动的相关信息。
- 为了进一步提高学校图书馆的功能，制定了《第五次学校图书馆图书整备五年计划（2017 年—2022 年）》（「第5次学校図書館図書整備等5か年計画（平成29年度—平成33年度）」）。除了对学校图书馆图书和报纸进行整理配备之外，计划中也提到了设置学校图书管理员这一职务，所需经费均由地方财政负责。

- 根据《设置图书馆及运营标准》（「図書館の設置及び運営上の望ましい基準」），努力改善公立图书馆的读书环境。

2014 年 6 月，《学校图书馆法》（「学校図書館法」）经过修订，设立学校图书管理员成为法律规定。因此，文部科学省组织协助着召开了关于完善学校图书馆的调查研究会议，就学校图书馆运营的基本观点、学校图书管理员的资格及培训标准进行讨论，并于 2016 年 10 月汇总为报告。在该报告的基础上，文部科学省就学校图书馆运营的重要事项制定了《学校图书馆指南》（「学校図書館ガイドライン」）和《学校图书管理员示范课程》（「学校司書のモデルカリキュラム」），面向教育委员会和大学等开展宣传活动。2017 年 8 月，面向各都道府县以及指定城市教育委员会的学校图书馆主管开展了《第五次学校图书馆图书整备五年计划》以及《学校图书馆指南》、《学校图书管理员示范课程》的宣传活动。

图书馆是儿童体验读书乐趣的教育设施，也是有助于促进儿童读书活动的公共设施。公民馆可以为儿童提供各种地区活动，例如亲子参加的工艺教室等，开展一系列儿童教育活动。博物馆里陈列着丰富的学习资源并配备了博物馆研究员等专家，可以开展实验教室等以儿童为对象的多种多样的教育活动。

为了使以上公共设施更加贴近公民生活，成为更具便利性的设施，文部科学省进一步加强对其环境的改善工作。

（5）提高体质（文部科学省）

体质关系到健康发育和成长，也是更丰富、更充实生活的保障，具有非常重要的作用。儿童时期必须加强身体锻炼，提高体质，养成热爱运动的身体习惯和能力，强身健体。

从 1998 年开始实施的新体质测试总分，整体呈现出上升的趋势，儿童体质下降问题得到遏制（参见附图 2-6）。但与 1985 年的最高水平相比，仍然属于较低水平。且参加运动的儿童与不参加运动的儿童呈现出两极分化的态势，尤其是初中二年级的女生中，一周总运动时间（保健体育时间除外）不足 60 分钟的人数约占两成（参见附图 2-7）。儿童体质低下将会导致未来全体国民的体质低下，甚至会出现整个社会失去活力的危机状态。

在学校教育和保健体育课之外，小学五年级女生一周几乎不运动的占比为一成多、初中二年级女生中该项占比约为二成。

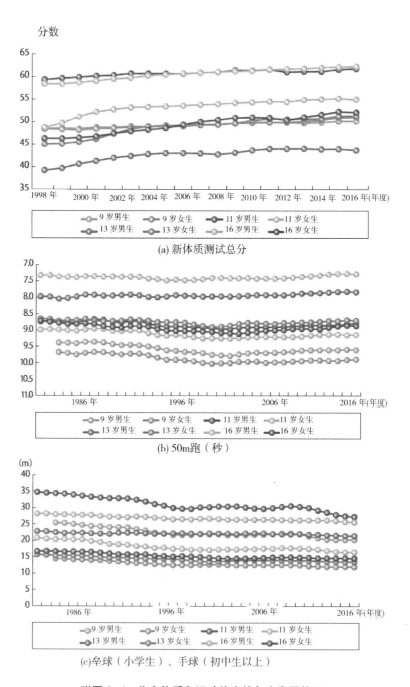

附图 2-6 儿童体质和运动能力的年度发展状况

注 1 引自体育厅"体质和运动能力调查"。

注 2 新体质测试自 1998 年开始实施。

注 3 9 岁学生是从 1983 年开始调查。

（1）一周的总运动时间（小学五年级、初中二年级学生）

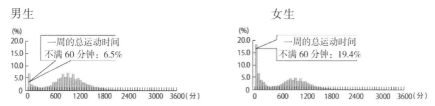

（2）除了体育和保健教育课之外一周总运动时间的变迁

小学五年级学生

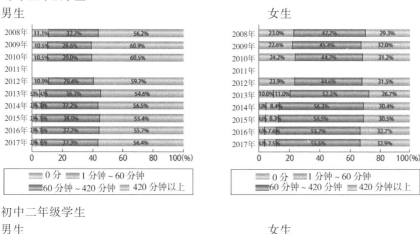

初中二年级学生

注1　引自体育厅"全国体质、运动能力和运动习惯调查"。

注2　2011年度没有实施调查该项调查。2012年之前分为不满60分钟、60—420分钟和420分钟以上三个时间段。

注3　数值是对于"除了学校的体育和保健体育课之外，每天的运动（包括活动身体的游戏）时间大约是多少分钟?"这一问题的一周七天的合计。2012年以前的数值是由工作日的运动时间、运动天数、每个月六、日的运动天数计算得出。

附图2-7　一周的总运动时间（小学五年级学生、初中二年级学生）

①提升地区居民体质的措施

调查显示，婴幼儿时期室外活动的频率与小学入学之后的运动习惯和体质状况息息相关（参见附图2-8）。体育厅从2017年开始推行增强儿童体质的综合性措施，通过幼儿园以及课后班的形式，使其可以一边玩耍一边进行多样的身体活动，养成日常运动的习惯。

婴幼儿时期室外活动的频率越高，小学入学之后的运动习惯和体质越好。

(a)入学前室外活动频率不同学生的当前运动实施状况（10岁）（2016年）
根据入前户外游戏实施情况，现在的运动、运动实施情况

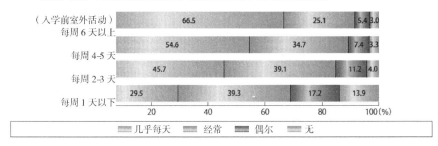

(b)入学前室外活动频率不同学生的新体质测试分数合计（10岁）（2016年）

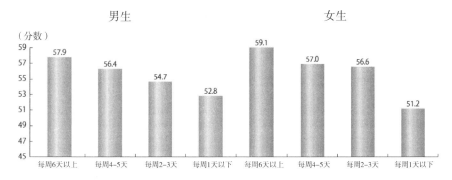

附图2-8 婴幼儿时期室外活动与小学生运动习惯及体质的关系

注 引自体育厅《体质和运动能力调查》

②促进学校体育部和运动部活动

学校的体育课和保健体育课应主要发挥体育和保健的作用，以身心一体为原则，发现问题并通过学习过程合理地解决问题。其目的是保持身心健康，培养可以享有丰富体育生活的能力，使学生终身受益。

为了更加充实体育课和保健体育课，体育厅自2017年以来开发并普及可以解决实践中发生的各种问题的程序。此外，对于初中必修的"武道"（日本武术），从2015年起，通过引入校外指导、提高主管体育教师的资质及其教学能

力，加强对包括武道在内的体育运动的指导。

此外，在"全国体能和运动能力、运动习惯调查"结果的基础上，开展了关于验证体质改善周期的实践研究。

为了实现合理化运营，于2017年制定了《运动部活动综合指南》(「運動部活動の在り方に関する総合的なガイドライン」)，其内容包括了对体育部活动的调查结果以及导入体育医生和科学观点等措施。2018年度将依据这些指导方针进行实践和调查研究，以确保在每一所学校都可以开展持续性体育活动，并致力于对其成果的传播和普及。

(6) 终身学习措施（文部科学省）

当今时代，社会经济正在发生翻天覆地的变化，我们必须顺应时代需求，打造一个学习型社会，使人们可以终其一生随时随地不断进行学习。由于女性需要面临分娩和育儿等诸多家庭琐事而无法稳定就业，有时甚至不得不离开工作岗位，因此对于女性，丰富的学习机会尤为重要。

①关于增加高等教育机构学习机会的举措

大学等高等教育机构应积极发挥其为整个社会提供终身学习机会的职能。近年来，随着技术创新和产业结构的不断变化，成人在高等教育机构接受教育（再教育）的必要性进一步增强。为此，开设公开讲座、设立夜校、设置昼夜课程、开设函授课程等一系列举措①不断出台。为了进一步提高就业能力，文部科学大臣根据社会和企业的需求，确定在大学等高等教育机构开展具有实践性和专业性的"职业实际能力培养项目"（BP）。

独立行政法人日本学生援助机构从2014年开始实行奖学金弹性化应用制度（即减少对相同学历再次贷款的限制。例如，在本科时已经接受了无息奖学金贷款，毕业后选择再次进修本科的其他学科时，同样可以享受无息奖学金贷款），以帮助青年实现继续学习的愿望。

②对学习成果进行适当评估

为了使全社会可以切实利用终身学习的成果，需要提高学习成果评估的社会通用性。2016年5月，中央教育审议会撰写了《为发挥个人能力和可能性，实现以全员参与来解决问题的社会中，教育多样性和质量保证的方法（陈述报告）》(「個人の能力と可能性を開花させ、全員参加による課題解決社会を実現するための教育の多様化と質保証の在り方について（答申）」)。该陈述

---

① 除此之外，还包括导入旁听生制度、选修证明制度、大学和研究生入学资格弹性化、实施高中毕业资格认定考试以及加强广播电视大学建设等措施。

报告对认证考试，提出通过确立评估机制和推动信息公开来促进学习质量的提升以及在社会中的通用性；对于利用学习成果创造新的学习机会以及开展多样性活动，提出要充分利用 ICT（信息通讯技术）等建立终身学习制度的基础构想。文部科学省接到该陈述报告后，根据 2017 年制定的《认证企业自我评估、信息公开和第三方评估指南》（「検定事業者による自己評価・情報公開・第三者評価ガイドライン」），推动认证考试的自我评估和第三方评估机制普及的同时，对第三方评估进行调查研究，试行第三方评估。

③女性的终身学习

从 2017 年开始，文部科学省开展了针对女性学习以及职业发展的援助项目，促进男女共同参与社会建设。同时与大学、地方公共团体以及男女共建中心等相关机构合作，在地区开展育儿离职女性学习活动、再就业活动、促进社会参与等一系列援助活动。此外，还通过开展研究协议会等促进宣传，通过推动女性学习活动促进女性的社会参与。

2. 提高学习能力

（1）培养"切实的学习能力"（文部科学省）

《学校教育法》（昭 22 法 26）规定初等中等教育主要聚焦于基础知识和技能习得，以及利用所学知识解决问题，通过培养解决问题所必要的思考能力、判断能力、表现能力以及其他能力，养成自主学习的习惯。

现行的学习指导纲要，为了切实培养"学习能力三要素"，以学习知识和技能以及均衡培养思考能力、判断能力和表现能力等为目标，进一步推动对教育内容的改革（参见附图 2-9）。

为了《学习指导纲要》的贯彻和顺利实施，文部科学省采取了一系列措施，如增加教职员工人数、改善理科教育设施、加强对数理教育、外语教育以及其他各学科和活动的支持等。2018 年将主要开展以下工作：

- 通过全国性学习能力和学习状况调查①，分析掌握儿童的学习能力和学习状况；
- 为了加强中小学理科观察和实验活动，增设观察实验助手，并根据《理科教育振兴法》（「理科教育振興法」，昭 28 法 186）改善理科教育设施；

① 2018 年度调查为针对国语、算数/数学、理科三门学科，以小学六年和初中三年的全体学生为对象进行的全体调查。

- 通过与地区人才和企业开展合作，充实面向全体青少年的星期六教育活动（详情请参考第 4 章第 1 节中"地区和学校的协调合作"；

---

1. 基本目标

（1）基于教育基本法修订案等法律法规所确立的教育理念，培养青少年的生存能力；

（2）重视学习知识和技能以及对思考能力、判断能力和表现能力的均衡培养；

（3）通过加强道德教育和体育锻炼，培养学生丰富的内心以及强健的体魄。

2. 增加上课时间及对教育内容的改善

（1）增加上课时间

小学低年级每周的上课时间增加 2 节，中高年级增加 1 节。尤其是国语、社会、算数、理科和体育的上课时间在小学 6 年间约增加一成。初中每周的上课时间增加 1 节。尤其是国语、社会、数学、理科、外语和保健体育的上课时间在初中 3 年间约增加一成。

（2）教育内容的主要修改

①加强语言活动

语言是思考等知识活动以及交流、感性、情绪的基础，为了培养这些基本能力，除了学习国语，也必须重视其他科目的课程教育，如利用所学知识和技能撰写报告或是在课堂上开展讨论等，在授课时需加强对语言作用的重视。

②加强数理教育

根据国际通用性和内容的系统性，丰富授课内容。此外，还需进一步加强反复指导以及观察/实验。

③加强传统及文化教育

为了培养国际化的日本人才，不但要教育青少年接受我国的传统及地方文化，还应当指导他们对文化进行继承和发展。

④加强道德教育

中小学的道德教育不但要保证一定的授课时间，还应当贯穿学校整体的教育活动。

⑤加强体验活动

通过开展集体住宿活动、自然体验活动、职场体验活动、志愿者活动等社会服务体验和就业体验。促进和丰富体验活动。

⑥加强外语教育

小学 5、6 年级每周须完成一次外语活动，初中外语课时增加三成，高中需根据学生的理解程度进行一定的英语授课。

附图 2-9　现行学习指导纲要概要

注　引自文部科学省资料

此外，根据 2016 年 12 月中央教育审议会的报告——《对幼儿园、小学、初中、高中以及特殊需求学校的学习指导纲要进行改进以及必要措施的报告》（「幼稚園、小学校、中学校、高等学校及び特別援助学校の学習指導要領等の改善及び必要な方策等について（答申）」），在继续保持现行学习指导纲要的结构框架和教育内容的同时，也对学习指导纲要进行了修订，以提高对知识的理解，培养当代社会所必需的能力和资质。2017 年 3 月发布了《幼儿园教育纲要》和《中小学学习指导纲要》，2018 年 3 月发布了新的《高中指导纲要》，以切实措施稳步推进指导纲要理念的实施。

（2）保障基础学习能力（文部科学省）

为了提高学校的教育水平，文部科学省根据学校数目和年级数目计算出教职员工的基础人数，以保障基础教学能力。在此基础上，对一些特殊情况另行增加了教职员工配置，例如需要根据学生的知识掌握程度进行个别指导、团体教学、小学的专科指导等对教学方法进行优化的学校，以及需要特殊考虑的学校等。2017 年共增加了 53956 名教师。2018 年，根据新学习指导纲要，需要增加小学外语教育的课时数，为了实现更高品质的小学英语教学水平，新增教师名额 1595 个（其中包括 1000 个具有一定英语能力的专科指导教师名额）。此外，为了应对补习和拓展性学习，还将继续推进将 7700 名包括退休教师在内的多样化人才作为援助力量引入学校的补习指导教师派遣项目。

（3）保证高中教育质量（文部科学省）

为了确保和提高高中教育质量，文部科学省采取了包括对学习指导纲要进行修订等多种措施。2018 年 3 月公示的新版高中学习指导纲要在维持现行学习指导纲要的基本框架和教育内容的基础上，进一步提高对知识的理解能力，培养切实有用的学习能力。具体而言是在提升高中能力和素质培养的基础上，改善科目构成，为了使学生能够成为不断进行探索的未来创造者，从主动性、互动性和深度学习的角度促进课程改革，努力提高语言技能，增强数理教育。

从 2015 年度开始，构筑对非全日制和通信制课程的援助/咨询体制，促进普及远程教育，对率先推进这些措施的高中予以财政补贴，并以这些实践事例为基础进行成果验证，在 2017 年度继续推行。

此外，应对高中通信教育中，一些明确不合理的教育运营状况，制定了《确保和提高高等学校通信教育质量指南》（「高等学校通信教育の質の確保・向上のためのガイドライン」，2016 年 9 月制定，2018 年 3 月进行部分修订）。根据该指南，文部科学省与所辖各厅充分合作，对广域通信制高等学校实施实地抽样调查。

（4）促进学校教育信息化（文部科学省、总务省）

在日新月异的时代背景下，日常生活中对信息通信技术（ICT）的应用已成为常态。因此对于青少年，不应只是让他们被动地接受信息通信技术，而应当将其作为一种手段积极加以利用。此外，还应利用信息通信技术的特点和优势，在学校教育中实现具有自主性、互动性的深入学习，以及增强个性化教学。

在 2017 年 3 月发布的针对中小学的新指导纲要中，信息使用能力与语言能力一样被视为"构成学习基础的素质和能力",每所学校都须通过对全课程进行管理,确保对信息使用能力进行培训。为了培养信息使用能力,各学校应对学习环境进行必要的改造,以方便对计算机和信息通信网络等信息手段的使用。纲要总则中明确规定应充分利用合适的信息通信技术来加强教育、学习活动。

文部科学省采取措施培养新学习指导纲要规定的信息使用能力。通过开展"下一代教育信息化促进项目",从 2017 年度开始将信息使用能力与各学科学习有效结合,从课程管理和主动学习的角度对改善授课方法的信息通信技术开展调查研究[①]。此外,为了促进小学编程教育这一门新的必修课,采取了创建教学案例、开发教师培训教材、举办研讨会等一系列措施。为了加强高中信息课的学习内容,从 2018 年度开始采取措施提高信息课教师的指导能力。对于小学编程教育,"未来学习联盟"与文部科学省、总务省、经济产业省、教育及 IT 相关企业、创业公司合作,共同促进对学校的援助机制。

最近,智能手机和网络社交服务(SNS,社交网络)等产品已在青少年中迅速普及,因对网络社交服务(社交网络)等不当使用而导致青少年犯罪或遇到麻烦的状况时有发生。因此,必须努力提高学校的信息道德教育,编写和分发与促进信息道德教育相关的教材和教师指导手册。并预计于 2018 年度对指导手册进行修订,同时,通过开展研讨会等形式提高教师的指导能力。

另一方面,减少教师的超时工作已成为当务之急,且需要减少教师的工作量。通过促进校务的信息化建设,可以大幅提高出勤和成绩管理等行政工作的工作效率,缩短工作时间,因此促进校务综合支持系统的普及至关重要。通过使用信息通信技术可以减轻教师的负担,并提高教育质量,从这一角度出发,2017 年度明确了校务综合支持系统所涵盖的范围,并在对联合管理与运营案例进行调查的基础上,制定了指导方针。自 2018 年开始,为有效促进学校事务的信息化,将以都道府县为单位对校务综合支持系统的联合管理与运营进行实践考察。

此外,从 2017 年开始,文部科学省与总务省合作,对教职员工使用的"校务系统"和学生使用的"教学和学习系统"之间进行了安全有效的协调,整合校务信息与学习记录数据,在提高教育质量方面开展实践调研。文部科学省主要针对指导和运营方面,对提升学习指导、学生指导、班级、学校运营质量的校务信息和学习记录数据的活用模式、每一个学生的学习活动数据化、使用这些个人信息时的注意事项等进行整理(即"下一代学校支援模型"构筑事业)。

---

① 该调查通过公共募集的方式选择了 26 个团体(IE-School 21 个、ICT-School 5 个)。

　　而总务省则主要从技术角度进行验证，协调以上两种系统，开展"智能学校平台"标准化活动。并为了推进"智能学校平台"的顺利开展，夯实下一代 ICT 环境建设，制定指导方针（即"智能学校平台"实践项目）。

　　文部科学省为了促进学校的 ICT 环境建设，在《第 2 期教育振兴基本计划》（2013 年 6 月内阁会议决定）中以学校 ICT 环境建设为目标（每 3.6 个学生拥有 1 台教育用计算机），并为达到实现目标所需要的财政支持，制定了《教育 IT 化环境建设 4 年计划（2014 年至 2017 年）》（「教育の IT 化に向けた環境整備 4 か年計画（平成 26—29 年度）」），截至 2017 年，每年地方财政需支出 1678 亿日元（4 年共计 6712 亿日元）。然而截至 2017 年 3 月，平均每 5.9 个学生拥有 1 台教育用计算机，远未达到目标水平，亟需政府部门进一步采取有效措施。

　　根据以上实际情况，2016 年召开了"关于改善学校通信技术环境"的专家会议，着眼于《第 3 期教育振兴基本计划》（2018 年起实施）以及《新学习指导纲要》（2020 年起实施），对地方公共团体在未来学校 ICT 环境建设中的作用展开探讨，并于 2017 年 8 月发表总结报告。文部科学省根据专家会议的总结报告于同年 12 月制定了《2018 年后学校 ICT 环境建设方针》（「平成 30 年度以降の学校における ICT 環境の整備方針」），2018 年后，为了加强适应《新学习指导要领》的 ICT 环境建设，所需经费将继续由地方财政筹措。

　　除了这些措施之外，为了向旨在加强以及正在进行 ICT 环境建设的自治体提供帮助，可根据自治体的需求派遣"ICT 教育顾问"。

　　如上所述，在学校中加强环境建设，从而可以充分发挥计算机和信息通信网络等信息手段的作用。今后在学校教育活动中需要积极运用信息通讯技术的场景会越来越多，但同时，学校的敏感信息受到未经授权的访问事件也时有发生。因此，为了保证教职员工和学生能够安心地使用学校的信息通信设备，必须采取充分的信息安全措施，防止外部人员的非法访问。文部科学省于 2016 年 9 月组成了教育信息安全措施促进小组，于 2017 年 10 月公布了《教育信息安全政策指南》（「教育情報セキュリティポリシーに関するガイドライン」）。该指南作为地方公共团体制定和修改学校信息安全政策的参考，对教育信息安全政策的思路和内容进行了详细解说。

　　此外，总务省从 2016 年开始实施"普及青少年编程教育"活动。在教育课程之外，在全国 35 个都道府县（85 所学校）验证了利用云服务实施有效且低成本的编程教育模式，以及在地区内培养民间指导者等方法。2017 年，在全国 10 个都县（20 所学校）以教育课程为中心，实施了对残疾儿童开展编程教育的实践。并于 2018 年制定管理和运营指南，以实现自 2020 年开始在小学正式引入编程教育，引导学生对物联网（IoT）的兴趣，并提供课后在学校外也可以持续、发展性学习的场所。

专栏
NO.1   利用学校图书馆设施，从主动学习的角度改善教学模式

根据2017年3月公布的《新学习指导纲要》，我们应培养儿童在瞬息万变的社会里作为一个自立的人，与各种各样的人合作，并富有创造性地生活的素质和能力。因此，必须从具有主体性、互动性的深度学习（主动学习）的角度，对授课进行改善。

《新学习指导纲要》规定，需有计划地利用学校图书馆的功能，从具有主体性、互动性的深度学习的角度改善课程。下面以京都市立宇多野小学将综合学习课移至学校图书馆为例，介绍如何活用小学图书馆的各项措施。

在课堂上，学生根据自己拟立的课题查阅书籍和资料，由课题相似的学生组成小组，并将调查结果写在信息卡上，每人各执一份。从收集到的信息中可以得出什么结论？以怎样的结构进行展示？同学们通过集体讨论对这些问题进行总结和演说。

为了丰富课程内容，小学每月召开一次"图书馆灵活使用委员会"，由各年级班主任、图书管理员以及学校图书管理员联合参加。通过整理课程所需书籍、安装平板电脑设备以方便互联网使用等工作，创造一种让孩子自己寻找他们所需信息的学习环境。同时，利用白板和大型电视设备，确保学生能够从视觉上产生兴趣，以提高他们的学习积极性。

此外，学校还致力于对学生的信息调查和学习方法进行指导。例如使用信息卡等，在授课也编入了符合各个年级发展阶段的书籍寻找方法、图鉴和年鉴的使用方法、信息的概括方法等，通过长期的持续性的努力，提高青少年的语言能力、信息使用能力、发现问题以及解决问题的能力等。

为了加强学校图书馆建设，文部科学省制定了《学校图书馆指南》（「学校図書館ガイドライン」，2016年11月），对学校图书馆运营上的重要事项进行了详细说明，以期为教育委员会和学校提供参考。其中，"今后的学校图书馆，作为有效推进具有主体性、对话性的深入学习（主动学习的视点）的基础而发挥的作用备受期待。例如，应努力完善和改善学校图书馆设施，提供必要的资料和信息调查手段，从而使青少年可以在分组调查学习中更好地发现、解决问题。

3. 加强大学教育（文部科学省）

（1）加强大学教育

①加强教育功能

大学教育应建立超越单个课程的对大学整体的课程管理（包括毕业证书和学位授予方针、教育课程编制和实施方针、以及接受入学者方针三项政策）。同时，促进学生向主动学习的方式转变，使学生具备主观能动性并学习与不同的人合作。在大学内积极、系统开展与学生就业以及融入社会相关的教育活动，例如与实业界合作开展实践教育和实习教育，改进教育内容和方法，公布教育信息等。

为了促进大学进行教育改革，文部科学省支持符合新教育改革方向的先进举措，如主动学习、学生成绩可视化、高中大学衔接改革、长期校外学习项目以及保证毕业质量等措施。积极推动"大学教育振兴加速计划"项目，并进行广泛宣传。

②保持和提高教育研究质量

文部科学省从确保大学教育的国际通用性以及保护学生的观点出发，制定大学标准以作为建立大学的最低标准。除此之外，在建立大学或对大学进行重组时，必须经由大学设置及学校法人审议会的审查，判断设置计划是否符合大学设置标准等法律法规。在取得许可之后，通过对计划履行情况的评估来保障完成质量。所有的国立、公立、私立大学均由文部科学大臣认证的评判机构进行定期评估，履行认证评判制度，以保持和提高大学的教育研究水平。

③加强研究生院教育

为了培养具备前瞻性和独创性且致力于"产学官"协作的全球化领导人，文部科学省实施了"博士课程教育领先项目"。该项目需要产学官（产业—民间企业、学校—教育及研究机关、官公厅—国家及地方自治团体）的联合参与，突破专业框架，贯穿于博士课程的前期和后期设置学位课程，支持对研究生教育的彻底革新。

④实习/见习服务

各大学开展多样化的实习援助活动，例如助教制度，由优秀的硕士研究生对本科学生进行指导以及开展实验和实习教育辅助工作的教学助理制度；或是建立记录学生实习/见习过程和成果的台账等。文部科学省通过公布对大学相关项目的调查结果来促进相关项目的实施。

（2）加强职业学校教育

职业学校①以培养职业和生活所必需的能力以及提高教养为目的，作为顺应社会变化的实践性职业教育机构，发挥着不可或缺的作用。在职业学校中，除了学习专业的职业知识和技术，在培养职业观、勤劳观以及自我学习能力上也取得了巨大的成就，同时还可以提高青少年的职业自立性。

文部科学省为了振兴职业学校教育，组织开展了以下活动：

- 通过与企业密切合作，文部科学大臣将职业学校的专业课程认证为"职业实践专业课程"，这些专业课程可以系统保障更具实践性的职业教育质量（截至2018年2月27日，认证学校数目：954所学校；认证学科数目：2885个学科）；
- 通过开展"地区产业中坚人才培养项目"，促进构建培养中长期人才的产官学协议机制。同时，根据地区和产业界的人才需求，开发简单易学的教育项目并进行实践研究；
- 对教育设备、信息处理设备的改善予以补贴，开展教员培训项目等活动。

第二节　确保儿童、青年的健康和安全

1. 促进健康教育以及确保、提高健康水平

儿童、青年的健康成长，保持身心健康至关重要。最近10年来，虽然有肥胖倾向的儿童不断减少，但有消瘦倾向的儿童却持续增加（参见图2-10）。同时也存在未成年人饮酒、吸烟、性病（参见图2-11、图2-12）、十几岁的青少年人工流产（参见图2-13）等青春期特有的问题。因此，为使儿童、青年关心自身的身心健康，同时为了使其通过正确学习知识保持并提高自身的健康水平，各领域组织应当通力合作，采取有效措施巩固儿童、青年的健康水平、保障下一代的健康成长。

①　根据入学资格差异设置了三种课程：专业课程、高等课程和一般课程。截至2017年5月，18岁人口的22.4%升入以高中毕业程度为入学资格的高职（日本称为专修学校专门课程，又称为专门学校）。

◆近 10 年来，有肥胖倾向的儿童不断减少，而有消瘦倾向的儿童却不断增加。

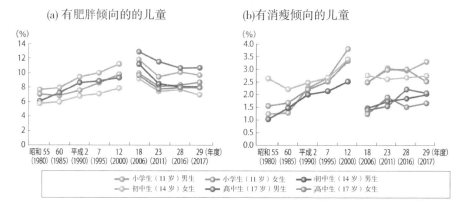

附图 2-10　肥胖倾向儿童和消瘦倾向儿童的出现率

注 1　引自文部科学省《学校保健统计调查》。

注 2　自 2006 年起计算方法发生改变。

注 3　根据性别、年龄和身高，按照标准体重计算肥胖度。肥胖度超过 20%者称为有肥胖倾向的儿童、肥胖度低于—20%则称为有消瘦倾向的儿童。

注 4　高中生自 2006 年开始调查。

◆15 岁—29 岁的性病报告人数以及 30 岁以下的 HIV 感染者、艾滋病患者的新增人数占比，虽然长期处于降低趋势，但是人数依然不少。

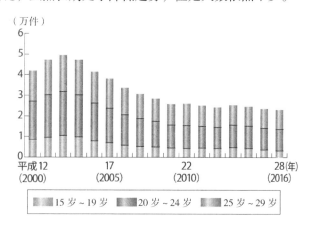

附图 2-11　性病报告人数（15 岁—29 岁）

注 1　引自厚生劳动省《传染病发生动向调查》。

注 2　根据《关于传染病预防以及传染病患者医疗的法律》，由指定的申请机构（2016 年全国 985 个医疗机构）报告。此处指性器官衣原体感染、性器官疱疹、尖锐湿疣和淋病等四种疾病的报告总数。

注 3　2016 年的报告数为概数（截至 2017 年 3 月）。

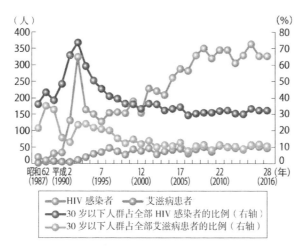

附图 2-12　HIV 感染者和艾滋病患者的最新报告人数（30 岁以下）
注 1　引自厚生劳动省艾滋病动向委员会资料。
注 2　根据日本监管定义，新增艾滋病患者是指初次报告时被诊断为艾滋病的
患者，不包括已经报告的 HIV 病毒感染者艾滋病发病的情况。

◆20 岁至 24 岁女性人工流产发生率最高。

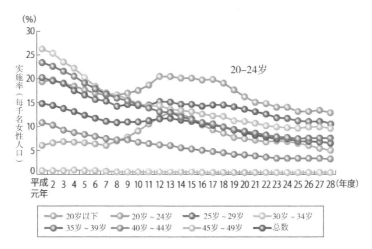

附图 2-13　各年龄段人工流产发生率（每千个女性人口）的年度变迁
注 1　引自厚生劳动省《卫生行政报告例》。
注 2　2001 年及以前依据《母体保护统计报告》的历年数据，2002 年及以后
依据《卫生行政报告例》的年度数据。
注 3　由于东日本大地震的影响，2010 年数据中未包括福岛县相双保健福利事
务所辖市/镇/村。
注 4　"总数"是用不包括 50 岁及以上人口的人工流产数除以 15—49 岁的女
性人口数所得的数据。
注 5　"20 岁以下"是用包括 15 岁以下人口的人工流产数除以 15—19 岁的女
性人口数所得的数据。

（1）推动健康教育（文部科学省）

根据《学校保健安全法》（「学校保健安全法」）（昭 33 法 56），学校应组织保健教师和相关教职员工合作开展保健指导，并与以地区医疗机构为首的相关机构合作巩固急救措施、健康咨询和保健指导。关于性教育，为了能够采取适当行动确保青少年切实掌握身心发育、健康和性病预防的相关知识，应以体育课、保健体育课和特别活动为中心，在全校范围内开展教育指导。要参照青少年的发育程度，推动学校全体人员及监护人对性教育的理解，用集体指导和个别指导相结合的方式有效地开展性教育（关于乱用药物的内容，请参考第 3 章第 2 节 3（3）"防止乱用药物"）。

（2）青春期特有问题的对策（文部科学省、厚生劳动省）

学校采取多种教育方式，培养未成年人不吸烟、不喝酒以及不乱用药物的习惯。为促使青少年保护自己的身心健康，文部科学省针对吸烟、喝酒、乱用药物和传染病等问题制定综合性解说教材，并配发给小学、初中和高中等学校。

为了构建"让全体儿童健康成长的社会"，厚生劳动省在第 2 届"健康亲子21"妇幼保健国民运动中设定了三个基础课题与两个重点课题，其中一项课题是制定"从学童期、青春期走向成人期的保健措施"。为了达成其规定指标，应巩固强化国民主体行为，并推动相关机构、团体和企业等组织开展活动。具体来说，则是以杜绝未成年人吸烟、喝酒为目标，利用互联网宣传吸烟和饮酒对身体健康的影响。此外，为了降低 10 几岁的低龄青少年的人工流产率、性病感染率以及儿童和学生中消瘦倾向的人数占比，应推动开展普及、宣传相关知识的各种组织活动。

（3）妊娠、生产和育儿教育（文部科学省、厚生劳动省）

根据《学习指导纲要》，学校在开展性教育时，应确保学生切实掌握和理解妊娠、生产的相关知识，使之行为有度。基于这一目的，可以以保健体育课为中心、通过全校教育活动实施教育指导。

学生作为其原生家庭中的一员，应培养他们重视家庭生活的心态，使其理解家庭的养育子女、抚慰心灵的功能。同时，也要让学生拥有展望未来生活、认识问题和自主创造美好生活的能力和态度。因此，在小学、初中和高中阶段，应根据学生的发育程度，以相关度较强的学科为中心，重视开展实践性和体验性的学习活动，加深学生对家庭和家族作用的理解。

独立行政法人国立青少年教育振兴机构实施亲子以及更广泛年龄段的青少年参加的体验活动。厚生劳动省组织专业医生和保健师通过开展健康教室和演讲会等活动，普及妊娠、生产和育儿知识。

（4）对十几岁的低龄妈妈进行帮扶（厚生劳动省）

为了让低龄准妈妈能够接受孕检以便得到医生和助产士的专业建议，从2013年开始，厚生劳动省针对妊娠、生产和育儿问题开展行动，推动地方财政采取措施以保证其接受必要的孕检次数、解决项目的全部相关费用。此外，针对有困难的青少年，则有效利用妇幼保健事业对其进行援助，并加强女性健康援助中心访谈体制的建设。

（5）确保安全妊娠和生产、加强儿童医疗（厚生劳动省）

①确保安全妊娠和生产

厚生劳动省负责减轻国民妊娠和生产相关的经济负担、完善围产期医疗体制、巩固急救运输接收体制、对不孕不育治疗予以援助。同时，为了保证女性能够安心、健康地从妊娠期过渡到育儿期，要向其提供妊娠和生产的相关信息、完善咨询援助体制，同时努力普及妊娠标识、为孕产妇创造良好的环境。

②加强地区妇幼保健

为了保持、提高孕产妇以及婴幼儿的身心健康，厚生劳动省督促市/镇/村为孕产妇和婴幼儿实行体检和保健指导等妇幼保健措施。2016年，为了确保从妊娠期到育儿期实施无缝连接的咨询援助，对《妇幼保健法》进行修订，在法律层面将设置育儿家庭总括援助中心规定为市/镇/村的义务（2017年4月1日起施行）。该中心开展"日本一亿总活跃计划"，预计2020年底在全国范围内展开。此外，根据地区的实际情况实施产后护理等工作，对出院后的母子进行身心看护。

③加强儿童医疗和预防接种

为了确保儿童可以随时享受安心的医疗服务，厚生劳动省推动构建儿科医疗（包括儿科急救医疗）相关医用设施的医疗合作机制。为了支持儿童初期急救中心、儿童急救医疗定点医院、儿童急救中心的整备工作以及消除监护人对儿童在节假日及夜间患病的不安，通过对面向监护人的儿科医生咨询专线电话"#8000事业"等进行支援，巩固充实儿科医疗①。与其他发达国家相比，我国由官方负责接种的疫苗数较少，存在"疫苗缺口"的问题。因此，基于"减少通过预防接种和疫苗能够进行预防的疾病"这一理念，我们力求解决疫苗缺口

---

① 对儿童急诊医疗中心医院、儿童急救电话咨询项目的援助是2013年之前的一项补贴政策，从2014年起拨款给社区医疗保障基金。

问题，审查并完善预防接种制度。根据《预防接种法》（「予防接種法」）（昭和 23 法 68），从 2013 年 4 月、2014 年 10 月和 2016 年 10 月起，分别对儿童肺炎球菌感染、水痘和 B 型肝炎等进行定期接种。

2. 加强儿童、青年咨询体制

为了让儿童和青少年能够保护自己的身心健康和权利，主动进行咨询、寻求帮助十分重要。因此，应努力宣传儿童、青年遇到困难时的咨询电话等信息，使其在日常生活中能够接触到这些信息。

（1）咨询窗口的宣传（内阁府）

内阁府在网站上公布了咨询专用窗口和咨询机构的相关信息，以便存在虐待儿童、欺凌、蛰居和不去上学等问题的儿童、青年可以向有关机构寻求咨询和帮助。

（2）加强儿童、青年综合咨询中心建设（内阁府）

儿童、青年综合咨询中心①是地方公共团体根据儿童、青年成长援助咨询而设置的提供相关机构介绍以及其他必要信息和建议的组织。该中心致力于首先接受儿童、青年面对的各领域问题，并力图发挥与其他机构进行联系的桥梁作用。

内阁府为以儿童、青年中心为代表的、能够发挥儿童、青年综合咨询中心功能的公共咨询机构的工作人员提供培训。

（3）加强学校咨询体制（文部科学省）

为了能够及早发现和解决青少年问题，应重视同他们进行沟通和交流，消除他们的烦恼与不安，还要重视与相关机构和团体积极合作，提供必要的支持。

如上文所述，在学校内，保健教师和相关教职员工可以通过相互合作，进行健康咨询和保健指导。

为了加强校内教育咨询体制，文部科学省推动在校园内配备具备丰富的青少年心理专业知识和经验的校园心理咨询师以及具备福利方面的专业知识和技术的校园社工。社工能够在多种环境下工作，并通过儿童咨询所等相关机构、团体的网络体系，向青少年提供帮助（参见附图 2-14）。

---

① 《儿童、青年育成支援法》第 13 条规定：由地方公共团体根据儿童、青年成长援助咨询而设置儿童、青年综合咨询中心，提供相关机构介绍以及其他必要信息和建议，单独或者联合确保该体制发挥相应的功能。

此外，文部科学省从 2015 年 12 月开始，举行"关于教育咨询的调查研究合作者会议"（「教育相談等に関する調査研究協力者会議」）。2017 年 1 月，会议就未来教育咨询的形式、校园心理咨询师和校园社工的职务内容、学校和教育委员会的体制情况等内容发表报告，提出了应加强学生教育咨询的相关建议。

根据 2015 年 12 月制定的中央教育审议会《学校集体的情况以及未来改善方案说明报告》（「チームとしての学校の在り方と今後の改善方策について（答申）」）等文件，对《学校教育法施行规则》（「学校教育法施行規則」）进行了部分修订。该修订法案规定了校园心理咨询师和校园社工的职务内容：校园心理咨询师主要从事学生心理援助工作；校园社工主要从事学生福利援助工作（2017 年 4 月 1 日起施行）。

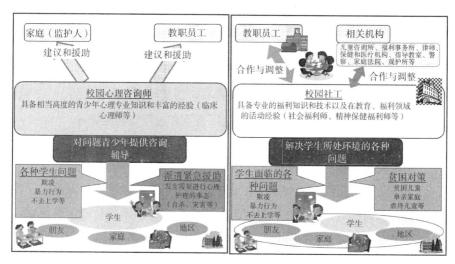

附图 2-14　校园心理咨询师和校园社工

注　引自文部科学省资料。

2018 年的相关举措：

○扩充校园心理咨询师队伍

• 增加设置校园心理咨询师的学校（26000 所学校→26700 所学校）。

【公立小学】

• 除了普通型（9500 所学校），还通过增加小学初中合作型（6400 所学校→7200 所学校），促进公立小学和初中的咨询体制间的合作。

【公立初中】

• 除了普通型（6200 所学校），还将通过增加小学初中合作型（3200 所学校→3600 所学校），促进公立小学和初中的咨询体制间的合作。

- 在学生指导方面，在工作量较大的公立初中等学校实施校园心理咨询师每周五天咨询体制（200 所学校）。
- 重点加强应对贫困与虐待问题（1000 所学校）。
- 通过强化教育援助中心（指导教室）的作用等措施，对不去上学问题进行援助（250 所学校）。

○扩大校园社工队伍

- 增设校园社工，使作为福利专家的校园社工在所有必要的学校中充分发挥作用（5047 人→7547 人）。
- 小学和初中的设置名额（5000 人→7500 人）。
- 高中的设置名额（47 人）。
- 重点加强应对贫困与虐待问题（1000 人）。
- 设置监督员（47 人）。

此外，还面向教职员工举办培训会。

（4）加强地区咨询体制（厚生劳动省、消费者厅）

厚生劳动省采取以下措施，以加强地区咨询和医疗机构建设。

- 推动建立"地区育儿援助中心"，使附近正处于育儿期的父母和子女能够轻松地聚集一堂，进行咨询和交流。为了让附近的青少年及其监护人、孕妇可以利用类似场所合理选择并使用教育、保育和保健以及其他育儿援助项目，收集和提供情报，并根据实际需求进行咨询和建议，同时推行调整与相关机构的联系（用户援助项目）。
- 为了应对学童期和青春期多发的心理问题（如不去上学、蛰居、进食障碍、越轨性行为和滥用药物等），通过精神保健福利中心和保健所、儿童咨询所的医生、保健师和精神保健专员进行咨询。
- 为了培养青少年形成健全的性意识，普及、推动在价值观相同的同龄人之间开展的交流和教育活动（Pair Counseling 和 Pair Education）。
- 针对残疾青少年，2012 年 4 月创立了残障儿童咨询援助机构。从 2015 年 4 月开始，原则上对使用残障儿童福利中心的所有监护人提供帮助。
- 在 2018 年的薪酬调整中，增加咨询援助事业所的体制整顿预算以便为需要医疗看护的儿童提供更加专业的咨询援助；医院与教育等机构联合制定残疾儿童援助计划时，也会根据评估增加预算。
- 为了应对各种各样的儿童心理问题、被虐待儿童的心理看护以及发育障碍等问题，推行"儿童心理诊疗网事业"，构筑以都道府县和指定城市的定点医院为核心、各医疗机构和保健福利机构合作援助体制。

消费者厅从 2015 年 7 月 1 日投入使用 188 热线作为消费者热线电话，为全国任何地区的消费者提供指引服务，以便民众到附近的消费生活咨询窗口进行咨询。消费者厅通过网站、制作和发放宣传单以及以各种宣传会议的方式推广该热线。

<table>
<tr><td>COLUMN
NO. 2</td><td>利用社交网络进行问题咨询</td></tr>
</table>

儿童、青年之间的交流方式正在与时共进。根据《2016 年信息通信媒体使用时间和信息行为相关调查（总务省信息通信政策研究所）》（「平成 28 年情报通信メディアの利用時間と情報行動に関する調査（総務省情報通信政策研究所）」）数据，十几岁的儿童、青年使用社交媒体的平均时间（工作日）如下：手机 2.7 分钟、固定通话 0.3 分钟、网络通话 5.7 分钟、社交媒体 58.9 分钟、邮件 20.2 分钟。其中，以社交网络（社交网络服务 Social Networking Services）为中心的社交媒体成为了主要交流手段。

（分钟）

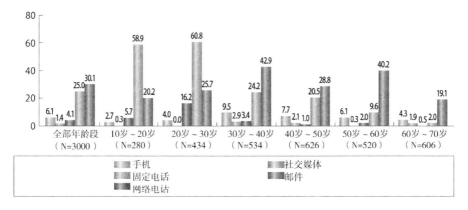

附图 2-15

注　引自总务省信息通信政策研究所《2016 年信息通信媒体使用时间和信息行为相关调查》

下面举例介绍长野县使用社交网络咨询解决现实问题的相关措施。

2017 年 9 月 10 日至 23 日期间，长野县以县内初高中生为对象，利用 LINE 试行欺凌与自杀的咨询服务。两周内共连接 1579 次，其中进行了 547 次咨询。

2016 年度学校生活咨询中心共接到 259 次来自青少年的电话咨询。相比较就能看出，通过社交网络进行咨询的数量远高于电话咨询。

在咨询内容方面，社交网络咨询比电话咨询所涉及的范围更广，其中涉及欺凌和不去上学问题的咨询较少，而学业和恋爱方面的咨询较多。

社交网络咨询成效显著。通过这种青少年比较熟悉的沟通方式，能够发掘出独自苦恼的青少年身上潜在的"想要咨询的意愿"，另外，还可以在早期阶段引导青少年解决问题，避免其陷入更严重的事态。

鉴于咨询效果显著，长野县目前正在进一步研究正式引入社交网络咨询服务。

扩充面向存在欺凌和不去上学等多种问题的青少年的咨询体制，不但为有困难的青少年提供了多种资讯手段，同时灵活运用他们比较熟悉的交流方式，并通过尽早与相关机构合作，防止问题严重化。在青少年的交流手段中社交网络占有相当大的比重。所以除了使用电话和邮件进行沟通，构筑利用社交网络进行咨询的体制也十分必要。

（5）反欺凌措施

欺凌行为严重侵犯了受欺凌青少年的受教育权，不仅对其身心的健康成长和人格的形成产生重大影响，甚至可能对生命和身体构成严重威胁。文部科学省国立教育政策研究所每半年对小学四年级—初中三年级的学生进行一次关于是否遭受欺凌的调查，根据该调查，约有一半的小学生（不分性别）在半年内有被"孤立、无视、背地里说坏话"的遭遇。此外，从小学四年级到初中三年级这六年间，完全没有实施过或遭受"孤立、忽视、背地里说坏话"（0 次）的学生都只有 9.6%。因此，可以确定大多数学生都曾有过被害或者加害他人的经历（参见附图 2-16）。

为了消除校内外的欺凌事件，让所有青少年不去欺凌他人，同时为了让人们正确认识欺凌行为而不是置之不理，就必须以加深学生对欺凌问题的理解为宗旨制定相关对策。此外，应认识到保护受欺凌青少年的生命和身心健康的重要性，国家、地方公共团体、学校、当地居民和家庭等有关方面也应进行协作。

2013 年 6 月的第 183 次国会定期常会通过了《欺凌防止对策促进法案》（「いじめ防止对策推进法」）（平 25 法 71）。为响应该法案的颁布，文部科学省在同年 10 月制定了《关于防止欺凌的基本方针》（「いじめの防止等に関する基本的な方针」）。为推广宣传该法律和该方针，举办了"防止欺凌普及认知协议会"以及教职工为对象的"关于欺凌问题指导者培养研修"等活动。2016 年正值《欺凌防止对策促进法案》实施 3 周年之际，文部科学省主办的"欺凌防

止对策协议会"对该法律的实施情况进行验收。在该协议会提交的《关于欺凌

◆ 小学生的欺凌被害率大致在 40%—60% 之间波动。

(a)小学中欺凌被害率的变动

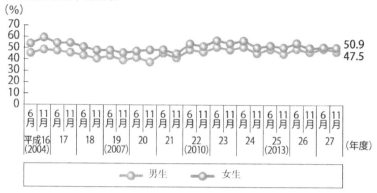

(b)从小学四年级到初中三年级这六年期间经历"孤立、忽视、背地里说坏话"的
次数（共调查12次，2010年公布）

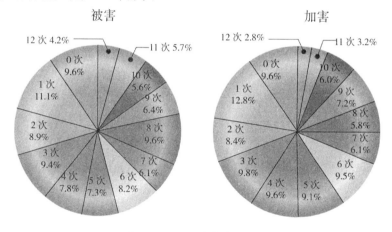

附图 2-16　欺凌伤害实态

注1　引自文部科学省国立教育政策研究所（2016 年）《欺凌行为追踪调查
2013-2015》

注2　调查概况如下所示：

目的：保持匿名性，以个人特定的形式从小学到初中进行跟踪。

方法：采用自己填写式问卷进行调查，由学生自己回答。

对象：以初中学区为单位抽样，以抽样地区的小学四年级至初中三年级的所
有学生为对象（每学年约 800 名学生）。

期间：每年 6 月底和 11 月底进行调查，共两次。

注3　从新学期开始的不到三个月期间内，对"被孤立、被忽视、被背地里说
坏话"经历进行问答并制成图表。取"每周 1 次以上"、"每月 2—3 次"、
"至今为止 1—2 次"回答占比的合计值。

防止对策促进法案实施状况的讨论总结》（2016 年 11 月 2 日）（「いじめ防止対策推進法の施行状況に関する議論のとりまとめ」（平成 28 年 11 月 2 日））的基础上，文部科学省又于 2017 年修订了《关于防止欺凌的基本方针》（「いじめの防止等に関する基本的な方針」），重新制定了应对重大事态的方针。

　　2016 年，全国国立中小学和特别援助学校约发生了 32 万 3000 起欺凌案件，增加的数目依然惊人（参见附图 2-17）。另一方面，因欺凌案件而被警方逮捕或训导的人数最近呈下降趋势（参见附图 2-18）。

　　◆ 2016 年，校园约发生 32 万 3000 起欺凌案件。按年级划分，小学 2 年级和 3 年级的数量最多。

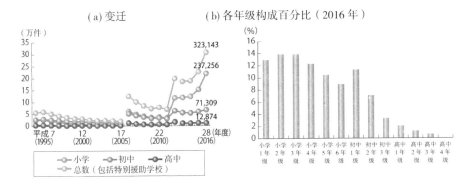

附图 2-17　欺凌事件认定（发生）件数

注 1　引自文部科学省《关于学生的问题行为以及不去上学等学生指导方面诸问题的调查》（「児童生徒の問題行動・不去上学等生徒指導上の諸課題に関する調査」）

注 2　欺凌的定义：欺凌是指学生在其就读的学校中受到在籍生等与该学生具有一定人际关系的其他学生所造成的心理或身体影响的行为（包括互联网行为），使该学生感觉到身心痛苦。

注 3　2005 年之前为欺凌事件的发生数量，2006 年修改了调查方法，变为欺凌事件的认定数量。

注 4　从 2013 年开始，高中包含函授课程。

注 5　小学包括义务教育学校前期课程、中学包括义务教育学校后期课程及中等教育学校前期课程、高中包括中等教育学校后期课程。

注 6　右图依据各学年欺凌事件的认定数量制作（特别援助学校除外），全部学年的总和为 100%。

注 7　略去了特别援助学校的图表。

注 8　“高中 4 年级”是指夜校高中 4 年级及以上，或者学分制高中 4 年级及以上学生（将学分制高中的入学年度为第 1 年）。

　　◆三年来关于因欺凌案件而被警方逮捕或训导的人数，小学、初中和高中均呈现下降趋势。

◆关于欺凌案件的起因和动机，"力气小和不反抗"这一原因占比较高，约占 4 成。

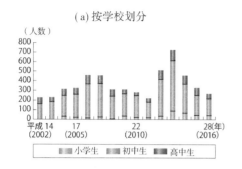

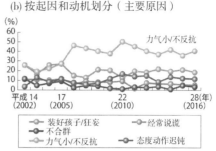

附图 2-18　因欺凌导致的案件中被逮捕和训导的情况

注1　引自警察厅《青少年教导及保护概况》

注2　这里所谓的"因欺凌导致的案件"是指在都道府县警察对小学生、初中生和高中生犯罪（包括未满 14 岁的违法行为的行为）进行逮捕和训导的案件中，将因"一个人或者几个人单方面对一个人或几个特定人员进行身体攻击或者言语威胁、骚扰、无视等心理压迫，造成对方痛苦"所导致的案件（暴走族等非法集团间发生的对抗性案件除外。2012 年以前，仅限于反复进行身体攻击或者心理欺压的行为。）称为"欺凌案件"。此外，对此进行报复的案件称为"欺凌报复案件"，两者均属于"因欺凌导致的案件"。

注3　按起因和动机划分时，答案较多。2008 年起，将欺凌报复案件的原因和动机分别计入到各原因、动机之中。

① 综合性推进反欺凌措施（警察厅、文部科学省）

文部科学省在各类通告中要求都道府县和指定城市教育委员会以及学校建立欺凌现象的早发现早应对机制，建立欺凌零容忍学校，并由教育委员会支持在所有学校实施关于欺凌的"问卷调查"。一旦发现欺凌现象，不可隐瞒事实，应由学校、教育委员会和家庭、社区协力处理。对于存在问题的行为，也应当采取果断措施，包括实行纪律处分和停课等处理。实际上，经文部科学省调查显示，欺凌现象大多因问卷调查等学校组织的活动才得以发现（参见附图 2-19）。

2018 年，我们将继续解决以欺凌为主的学生问题，全面促进采取以下举措：

* 引进各个领域的校外专家，推动实施调整和援助，以解决欺凌等问题。
  - 从第三者立场出发进行调整和解决（2018 年覆盖 67 个地区）
  - 引进校外专家，对学校进行援助（2018 年覆盖 67 个地区）
  - 支援学校的网站巡查（2018 年覆盖 10 个地区（持续））

◆ 在学校认定的欺凌行为数量中，半数以上是因问卷调查等学校组织的活动才得以发现。

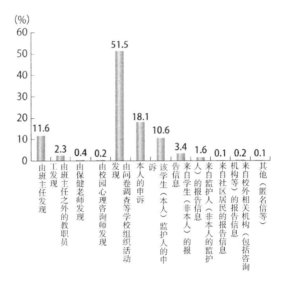

附图 2-19　发现欺凌行为的契机（2016 年）

注 1　引自文部科学省《关于学生的问题行为以及不去上学等学生指导方面诸问题的调查》

注 2　百分比表示在总认定数目中的构成比。

- 防患于未然
  - 对道德教育的地区援助事业：促进实施培养青少年的社会性、规范意识、同情心等丰富人性的道德教育；
  - 通过对话、创作和表达等活动培养青少年的思考能力和人际交往能力；
  - 以推动青少年健康成长为目标的体验活动：支持小学生、初中生和高中生在农山渔村等地展开体验活动（2018 年覆盖 322 所学校（持续））。
- 早发现早应对
  - （参考第 2 章第 2 节 2（3）"加强学校咨询体制"）
- 扩大教职工定员、加强教师培训
  - 为了应对欺凌和不去上学等需特别对待的学生，2018 年增加教职工定员 7813 名；
  - 通过教师培训中心培训欺凌问题的指导人员。
- 实施关于欺凌问题应对实践措施的调查研究，包括预先防止、早发现早应对、事后援助等。

此外，为了能使用网络和电话方式处理欺凌问题（如网络欺凌），应向教育委员会等机构配发面向青少年及监护人的普及宣传单。

同时，为了掌握、检验根据《欺凌防止对策促进法案》（「いじめ防止対策推進法」）所实施的诸项举措，同时为了针对包括欺凌问题在内的学生指导问题采取更有效的措施，从 2014 年起举办"防欺凌对策协议会"（「いじめ防止対策協議会」）。此外，为了培养学生成为主动解决欺凌问题的领导者，同时为了在全国各地进一步推动实施多种多样的应对手段，2018 年 1 月召开了"全国欺凌问题青少年峰会"（「全国いじめ問題子供サミット」）。

通过访问开展青少年咨询活动以及开展学校援助的学校，警察在尽早地掌握欺凌问题的同时，也应根据问题的重要性、紧急性、受害青少年及其监护人的意向以及学校的应对情况，同学校等方面紧密合作，促进问题的合理解决。随着《欺凌防止对策促进法案》（「いじめ防止対策推進法」）的施行，警察厅分别于 2013 年 9 月和 2017 年 3 月向都道府县警察发出了《关于实施反欺凌措施促进法的通告》（「いじめ防止対策推進法の施行について」（通達））以及《关于修订反欺凌基本方针的通告》（「いじめ防止基本方針の改定について」（通達）），进一步采取措施解决学校发生的欺凌问题。

① 关于欺凌问题的咨询（警察厅、法务省、文部科学省）

为了保障每天 24 小时（包括夜晚和节假日）都可以接收青少年的求救信息，文部科学省设置了全国统一报警电话："24 小时青少年 SOS 电话"0120-0-78310（为了表明不仅限于欺凌问题，而是全社会对所有儿童求救信息的接受态度，2015 年 4 月修改了之前的名称"24 小时欺凌咨询电话"）。在拨打该电话之后，原则上由当地教育委员会的咨询机构接听，咨询机构应根据都道府县以及指定城市教育委员会的实际情况，与儿童咨询所、警察、生命电话协会和临床心理学家协会等各种咨询机构合作解决问题。同时为了使青少年可以更加无负担地进行咨询，从 2016 年丌始免收通话费。

近年来，许多青少年使用社交网络（社交网络服务）作为主要的通信手段，应对社交网络欺凌行为也成为了一项重要的课题。根据这一情况，为了讨论在包括欺凌在内的各种青少年问题的学生咨询中使用社交网络的优点及问题，文部科学省于 2017 年 7 月召开了专家会议，并于 2018 年 3 月发表了《关于构筑社交网络使用咨询体制的当前考虑（最终报告）》（「SNS 等を活用した相談体制の構築に関する当面の考え方（最終報告）」）。此外，还从 2018 年开始协助地方公共团体建立引导通过社交网络进行学生咨询的体制。

警察利用开展预防违法犯罪教室等机会，在青少年咨询活动中接受欺凌案例的咨询。在向青少年及监护人进行宣传的同时，还通过在警局外设立少年援助中心、完善少年咨询室的条件、少年咨询专用电话免费化以及开设电子邮件咨询窗口①等手段打造完善的受欺凌儿童咨询环境。

当收到咨询请求时，警察应联系学校合作应对，努力让求助人放心。警察要与监护人以及相关机构、团体合作，根据被害人的性格、环境、受害原因、伤害程度、监护人的监护能力等情况，以少年援助中心为主，由少年训导员对欺凌受害人进行持续劝导等援助。同时，充分发挥受害少年咨询顾问和受害儿童援助者的作用，为其提供更加细致的帮助。

法务省人权拥护机构主要行使以下职能，对欺凌等青少年人权问题开展咨询服务。

- 在主页上开设"互联网人权咨询窗口（青少年人权 SOS-email）"；
- 开设免费专业咨询电话"青少年人权 110"（0120-007-110）；
- 向全国中小学生分发"青少年人权 SOS 迷你信"（信纸和信封）；

为了确保受欺凌青少年能够更容易接受咨询服务，从 2017 年开始加强青少年的人权问题对策，包括采取进一步宣传人权咨询窗口等措施。通过以上途径认定发生欺凌事件时，将之作为人权侵犯案件进行调查，并与学校和有关机构合作，终止欺凌行为并防止其再次发生，努力挽救被害者（参见图 2-20）。如果认定学校对欺凌行为的反应不充分，则应采取督促学校采取改进等手段。为杜绝发生欺凌行为，学校以人权拥护委员、法务局和地方法务局的工作人员为中心开展各种宣传活动，例如开展"人权之花"运动和开办人权教室课程以及在互联网上做广告宣传等。

案例（对初中欺凌行为反应不力）

该案件中的一名初中男生经常被同年级的学生欺凌，如要求他做出露出内衣等行为。但由于学校没有采取恰当的处理措施，其父母只好求助于法务局。

根据法务局的调查，由于校长没有进行充分的调查以及采取必要的措施，导致欺凌事件不断持续发展，决定采取训导措施以期今后不再发生欺凌行为（措施：训导）。

附图 2-20 采取补救措施处理欺凌等侵犯人权案件的具体案例

注 1 引自法务省《关于 2017 年"人权侵犯事件"情况的概要》

注 2 在"人权侵犯事件"中，有许多都是对学校方应采取的安全保护义务进行追责的案例。

---

① 参照第 3 章第 2 节之 3（2）"预防非正当行为咨询活动"。

法务省的调查表明，2017 年共接收 10559 起关于学校欺凌问题的人权咨询，其中人权侵犯案件 3169 起。虽然数量均低于上一年，但仍处于令人担忧的较高程度（参见图 2-21）。

◆根据 2017 年调查，学校欺凌相关的人权咨询和人权侵犯案件比上一年有所下降。

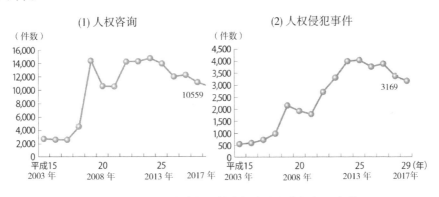

附图 2-21　校园欺凌相关的人权咨询和人权侵犯案件

注 1　引自法务省《人权侵犯案件统计》
注 2　此处的"人权侵犯案件"，对象是应对欺凌负有安全考虑义务的校长等学校方，而不是欺凌他人的青少年。

（6）暴力对策（警察厅、文部科学省）

初中发生校内暴力行为的件数从 2006 年开始急速增加，并一直处于较高程度。其中，初中生占比最多，但随着初中和高中的发生件数呈降低趋势，小学发生的暴力行为的增多则十分引人注目（参见附图 2-22）。近几年，虽然被警方逮捕或训导的人数在不断减少，但暴力行为仍然属于青少年问题行为中的一个重要问题（参见附图 2-23）。

文部科学省要求都道府县、指定城市教育委员会和学校采取以下措施，并继续通过举办会议和研讨会等方式进行深度宣传。

- 一旦发现问题行为，应立即进行耐心的指导教育。如果仍然得不到改善，则必须采取果断行动，采取停课或纪律处分等处理。
- 当问题行为中出现了校园伤害事件等可能的犯罪行为时，学校不能独立应对，应立即通知警方，并在警察的协助下进行处理。

在应对校园暴力时，警察应采取与欺凌事件相同的处理办法，根据暴力行为的具体内容采取合理措施，即通过校园援助者以及学校警察联络协议会等进行信息交流，争取尽早掌握情况，涉及恶性事件则严肃处理，努力防止暴力行为再次发生。

◆ 初中发生暴力行为数占比最多，但小学的暴力行为数则不断增加。

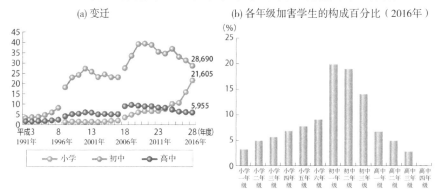

(a) 变迁   (b) 各年级加害学生的构成百分比（2016年）

小学   初中   高中

附图 2-22　学校内发生暴力行为的件数

注1　引自文部科学省《关于学生的问题行为以及不去上学等学生指导方面诸问题的调查》
注2　1997年开始改变了调查方法。
注3　1996年之前，调查对象为公立初中和高中，从1997年开始，调查对象包括公立小学，2006年开始包括国立和私立学校，从2013年开始包括高中的函授制课程。
注4　小学包括义务教育学校前期课程、初中包括义务教育学校后期课程和中等教育学校前期课程、高中包括中等教育学校后期课程。
注5　图表（b）根据各年级加害学生的暴力行为数制作而成。全部年级的总和为100%。
注6　"高中4年级"是指夜校高中4年级及以上，或者学分制高中4年级及以上学生（将学分制高中的入学年度为第1年）。

◆ 近年来，因校内暴力事件而被警方逮捕或训导的人数逐渐减少。

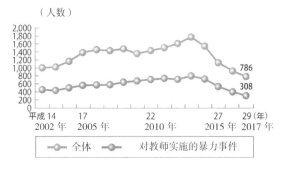

（人数）

全体   对教师实施的暴力事件

附图 2-23　校内暴力事件被警方逮捕或训导人员

注1　引自警察厅《少年违法犯罪、虐待儿童和青少年性伤害的状况》
注2　此处校内暴力事件是指在都道府县警察对小学生、初中生或者高中生犯罪（包括未满14岁的违法行为）进行逮捕或训导的案件中，"学校内发生的对教师实施暴力的事件、学生之间的暴力事件以及损坏学校设施和物品的事件"。其中也包括犯罪原因和动机与学校教育密切相关的在校外发生的事件。

3. 预防被害教育

在儿童、青年健康成长中，掌握保护自己和身边的人免遭犯罪伤害、自然灾害和交通事故等危险的能力十分重要。为了促进儿童、青年对有可能发生的危险的理解，并且让其既不成为犯罪人也不成为受害人，应重视开展教育和宣传活动，使其习得正确的相关知识。

（1）安全教育

①校园安全教育（文部科学省）

为了使青少年保护自己免遭危险，应根据其发育阶段培养"主动行动的态度"，掌握自行预测和规避危险的能力。同时，学校应当与家庭和地区合作，通过校园教育活动促进安全教育。

为了提高儿童的应变能力，文部科学省支持都道府县教育委员会举办面向学校安全教室（防犯罪教室、防灾教室和交通安全教室）讲师的讲座。鉴于2017自然灾害和上下学期间涉及青少年的案件和事故多发，故应以防灾教育为中心实施示范性举措，以期寻找安全教育的新方式。

②警察组织预防犯罪和交通安全教育（警察厅）

2017年认定的受害者为20岁以下青少年的刑事犯罪共116563件。该数据已经连续十几年呈降低趋势，然而受害者为青少年的恶性犯罪事件仍在继续发生，其成长环境的改善依然任重道远（参见附图2-24）。

为了提高青少年对卷入犯罪的危险的预见性，警察与学校及教育委员会合作，在幼儿园、托儿所及小学等地举办了预防犯罪教室。预防犯罪教室根据学生的年级和理解程度，通过连环画剧、戏剧和角色扮演等方式，让学生参与和体验。

此外，警察还应当与相关机构和团体合作，在托儿所和学校开展交通安全教育，旨在让青少年根据其发育阶段和年龄学习以下技能：

- 教导幼儿学习安全通行的必要知识和技能，如交通规则和交通礼仪等；
- 教导小学生学习行走和骑自行车的必要知识和技能；
- 教导初中生学习自行车安全行驶的必要知识和技能；
- 教导高中生摩托车和自行车安全行驶的必要知识和技能；

另外，还为家长举办交通安全讲座，并通过交通志愿者在上下学路上为学生提供安全通行引导等。

◆数据已经连续十几年呈降低趋势。

◆受害者按年龄分类的犯罪类别占比表明，6 岁以上多为盗窃，5 岁以下多为遭受暴力和伤害事件，也有部分是非法监禁和拐骗。

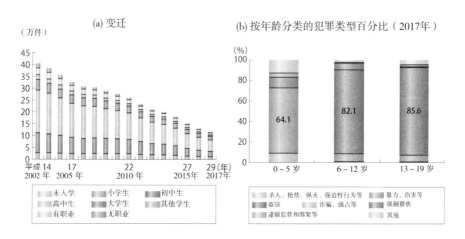

附图 2-24　20 岁以下青少年成为主要受害者的刑事犯罪数量

注 1　引自警察厅《少年违法犯罪、虐待儿童和青少年性伤害的状况》。

注 2　在图（b）中，杀人、抢劫、纵火、强迫性行为属于凶恶犯；暴力、伤害属粗暴犯；诈骗、挪用公款属智能犯；强制卖淫属性风俗犯。

注 3　2017 年 7 月 13 日刑法进行了部分修改，修改了强奸罪的罪名、构成要素等内容，因此在图（b）中，将"强奸"改为了"强迫性行为"。

③防灾相关的各种措施（内阁府、消防厅、气象厅）

为了提高防灾意识、普及防灾知识，内阁府举办了对象为从幼儿到成人的全国防灾促进大会、防灾宣传画竞赛，并以建立能够帮助全国各地区和学校扩大防灾教育规模、提高防灾教育质量的共同防灾资产为目的，实行防灾教育挑战计划。同时还在"TEAM 防灾日本"主页上刊载最新的防灾信息、自助和互助的方法以及教育展示等内容。

消防厅则在网站上刊载"我的防灾生存手册"，宣传防灾准备工作。同时在学习防灾和危机管理的网上"e-学院"中开设"青少年防灾 e-乐园"专栏，以易于理解的方式面向幼儿到初中生阶段的青少年解说地震、台风、洪水等灾害的预防和具体应对措施。此外，还为指导者提供教材和参考材料，并公布于"挑战！防灾 48"网站上。

鉴于自东日本大地震以来，人们重新认识到了防灾教育的重要性，为确保儿童能够在地震、海啸、火山爆发和暴雨等自然灾害中保护自身生命安全，日本气象厅与教育机构密切合作，通过发布教材和资料、协助举行避难演习、为教职员提供培训讲座等方式，支持学校开展防灾教育活动。全国气象台与相关教育机构合作开展各种活动，具体措施有：举行模拟暴雨灾害时安全学习"气象厅研讨会：如果遇到从未经历过的大雨时应该怎么办？"；编辑并发布该研讨会的教材以及运营手册；制作并配发与地震、海啸和龙卷风等相关的视频教程和传单；利用紧急地震速报帮助开展避难演习等。

（2）提高运用传媒的能力

随着信息化社会的发展，青少年在掌握信息运用能力、对信息进行合理的取舍的同时，让他们正确地使用互联网发布信息也是一个重要课题。《整备环境使青少年能够安全利用互联网的相关法律》（「青少年が安全に安心してインターネットを利用できる環境の整備等に関する法律」）（平 20 法 79）（以下简称为《青少年网络环境整备法》）中规定，应采取必要措施推动在学校教育、社会教育和家庭教育中合理使用互联网的教育工作，还根据该法制定了《青少年互联网环境整备基本计划（第三次）》加以施行。

①推动信息道德教育（文部科学省）

（请参考第 2 章第 1 节 2（4）"促进学校教育信息化"的内容）

②提高媒体素养（总务省）

总务省采取以下措施，以提高和改善青少年学习使用互联网和移动电话等各种 ICT 服务的机会和质量。

- 普及综合培养青少年的 ICT 媒体素养的计划；
- 为了了解并有效提高青少年的网络素养，在全国 95 所高中等学校的协助下，进行了青少年网络素养的可视化测试并对其信息通信设备（智能手机等）的使用情况进行了问卷调查。其分析结果通过"青少年安全使用互联网的素养指标（ILAS：Internet Literacy Assessment Indicator for Students）"发布。
- 通过"互联网纠纷案例集"进行宣传。

（3）劳动者权利、义务的相关教育（厚生劳动省）

（请参考第 2 章第 4 节 1"教育青少年养成融入社会的态度"的内容）

（4）消费者教育（消费者厅、文部科学省）

（请参考第 2 章第 4 节 1"教育青少年养成融入社会的态度"的内容）

（5）防止针对女性的暴力行为（内阁府、警察厅）

从防止青少年成为针对女性的暴力行为的伤害者或受害者的初衷出发，为了对青少年进行有效的预防教育，内阁府以青少年教育机构的教职员、在地方公共团体中负责预防宣传工作的行政职员、开展预防宣传工作的民间团体等为对象，开展培训活动。

此外，关于胁迫出演成人视频的问题以及"JK产业"问题等针对年轻女性的性暴力行为，内务府在2017年3月召开的"关于胁迫出演成人视频及'JK产业'等问题的部门对策会议"上制定了紧急对策，并根据该对策将同年4月定为"胁迫出演AV和'JK产业'被害预防月"，紧急且集中地采取了必要的措施。根据此次的执行情况，又于同年5月召开的对策会议上制定了《关于胁迫出演成人视频问题以及"JK产业"问题的今后对策》（「いわゆるアダルトビデオ出演強要問題・『JKビジネス』問題等に関する今後の対策」），采取措施力图根除以上问题。

为了增强人们对防止或减少跟踪骚扰造成伤害的理解，警察方面在防犯罪教室等活动中对跟踪骚扰的具体案例和应对方法进行说明，推动宣传教育以防止青少年成为受害者或加害者。

第三节　青少年的职业独立和就业援助

1. 职业能力和积极性的习得

为了保证青少年在将来能够独立和积极地生活，参与就业和建立经济基础十分重要。在学校生活的各个阶段，要开展职业教育，养成其在社会、职业上的独立能力，同时也要努力增加其在校外培养职业能力的机会。

（1）促进职业教育

①促进职业教育（文部科学省、厚生劳动省、经济产业省）

需要着手解决非正规就业率高、就业岗位不匹配以及待业青年等"从学校到社会、职场过渡"不顺利的问题。同时还有由于职业意识和职业观不成熟、前途意识和目标意识不明确而选择继续深造的人数增加等问题，也是青少年"社会和职业方面独立"中需要解决的课题。这些问题的原因和背景是整个社会存在产业结构和就业结构的变化等结构性问题，需要社会各界携手解决。其中，在学校教育中加强职业教育和职业技能教育显得尤为重要①。

---

① 2011年1月中央教育审议会《关于今后学校职业教育的方式》的答复中指出。该答复根据以下三个基本方向提出了具体的方案：①促进从幼儿教育到高等教育的系统性职业教育；②重视实用性职业技能教育并重新评估职业技能教育的意义；③从终身学习的角度支持职业发展（加强终身学习的机会，辍学学生援助等）。

为了促使学校、地区和产业界共同努力，在整个社会范围内开展职业教育，文部科学省、厚生劳动省和经济产业省共同举办"促进职业教育合作研讨会"。2017年，以"联结学习与社会的人生百年的职业教育"为题开展了主旨演讲、案例发布和公开座谈会活动。

文部科学省和经济产业省颁发"职业教育促进合作奖"，对学校、地区和产业界等相关人士的联合工作进行表彰。2017年，从众多应征者中选出了1名最优秀奖、1名优秀奖和5名鼓励奖（参见附图2-25）。

最优秀奖

团体名称	和气闲谷高中魅力化项目
措施内容（概要）	和气镇唯一一所高中和气闲谷高中与行政、产业界联合，开展职业教育。和气镇地方创生科派遣地区协力队负责职业教育企划的协调工作，此外，还通过负责中小学放学后的学习援助和上门授课工作的教育委员会接纳高中生参与，商工会协助开展实习和学生企划等措施，全体援助培养学生的职业意识。

优秀奖

团体名称	今金镇山村活性化地域协议会
措施内容（概要）	当地行政、商工会、农协、企业和福利设施等与北海道今金高等养护学校、PTA联合，开展职业教育。推动开展学生就职、自立等支援活动。此外，还举行了打造使地区居民理解残疾人、残疾人作为地区社会的一员积极参与事务的"Socialtown 今金镇"活动。

奖励奖

团体名称	秋田县大馆市下川沿地区共同委员会
措施内容（概要）	以下川沿中学全教学课程中的家乡职业教育为中心，将包括下川沿地区、学校在内的开发计划与执行（DS计划）作为"地区贡献活动"推行。继承传统文化并与附近的企业农场合作，进行"全地区访问""防灾do项目"等与地区的双向联合行动。
团体名称	敦贺市中学社会体验活动促进委员会
措施内容（概要）	与当地公共机构和事业所联合，连续16年对市内所有公立初中2年级学生的社会体验活动进行援助。学生、教师、监护人和企业树立相同目标，共用活动口号，开展活动，实践性、综合性地培养学生的基础能力。
团体名称	和歌山经济同友会
措施内容（概要）	16年内，从200个会员企业中选取经营者为讲师，派遣至初中和高中教学、教员培训以及PTA组织，广泛接收初中生进行职场体验，促进学生培养职业意识，培养地区建设性人才。
团体名称	神山镇未来项目
措施内容（概要）	面向高中生发展神山镇地方振兴事业，通过与地区政府和企业等合作促进环境改造和循环型经济、向商品开发和信息发布投入最新技术、提出可行性观点等活动，培养面向未来的地区建设性领导人才。
团体名称	"舞鹤愿景"培养21世纪型资格和能力
措施内容（概要）	在舞鹤小学和初中的9年一贯制课程中，纳入"舞鹤Job study"体验型教育活动和"防灾教育"。职业教育负责教师与职业教育顾问合作，在行政、地区和NPO法人的协助下，培养学生的"完成力"和"生活力"。

附图2-25　第7届职业教育促进合作奖
注　引自文部科学省、经济产业省资料。

另外，文部科学省还采取以下措施：

- 试导入"职业护照（暂定名称）"这一文件夹式教材，使学生可以记录、回顾自己的学习活动等学习进程。对其使用方法等开展研究。（"职业护照（暂定名称）"宣传和确定项目）；

- 从小学阶段开始培养青少年在未来生活中的必要能力，如与其他人合作创造新价值的能力等等（促进小学和初中的创业体验项目）；

- 与当地企业合作，推动体验职场、实习以及加深对家乡情感的职业教育（促进地区人才培养的职业规划项目）；

- 为了宣传职业教育的宗旨、丰富教学的内容，制作宣传册在小学、初中和高中内发放，作为发挥学校特色制定职业教育年度教学计划的参考，并在文部科学省网站上发布；

- 在文部科学省网站上发布视频和材料，用于学校和教育委员会开展职业教育的相关培训工作；

学校使用专属网站"架起儿童与社会之间的桥梁门户网，该网站可以将地区、社会和产业界等能够提供的支援与学校的需要进行匹配。此外，为了让青少年掌握适应社会变化和行业趋势的先进知识和技能，培养他们成为活跃在社会第一线的专业人士，文部科学省将那些采取先进而卓越的职高/高职指定为"优秀职高/高职"，并在全国范围内的 10 所学校开展调研。到 2015 年，指定高中已增加至 20 所，增大了活动的力度。

厚生劳动省派遣企业劳动者至初中和高中做讲师，开展"职业探索计划"，让学生们了解和思考职业与产业的实际情况、工作的意义和职业生活。2016 年，共有 3363 所学校的约 30.8 万名学生参加了该活动。

经济产业省颁发"职业教育奖"，以表彰从事先进教育援助活动的企业和团体。2017 年，从 43 个参赛作品中选出了 3 个最优秀奖（其中 1 个大奖）、5 个优秀奖和 5 个鼓励奖（参见附图 2-26）。

根据经济产业省实施的项目，2011 年 3 月成立了一般社团法人职业教育协调网络协议会，主要培训和认证职业教育协调员。截至 2017 年 8 月，约有 310 名职业教育协调员在全国各地开展相关活动（参见附图 2-27）。

同时，将在职场与地区社会中与多种多样的人开展合作所需要的基本能力，整合为"社会人基础力"，力图在大学教育中普及培养和评价这种能力（参见附图 2-28）。2017 年颁发了"社会人基础力培养优秀奖"，由学生自己介绍"社会人基础力"的培养案例（2017 年第 11 届大赛中，全国共有 47 所大学的 58 支队伍参赛）。

经济产业大臣奖（大奖）

部门	大企业部
团体名称	阪急阪神 HDgroup
项目名称	小学生职业教育项目 1 "阪急阪神 梦想和城市挑战队" 2 "梦想和城市 热情工作项目"
措施内容 （概要）	利用企业集团掌握广泛业务领域的优势，面向小学生开展暑期体验型学习项目"阪急阪神 梦想和城市挑战队"；开展派遣公司职员到小学进行授课的"梦想和城市 热情工作项目"。提供在各种工作现场进行职业体验活动以及思考将各种城市建设工作与学生本身的兴趣和爱好联系在一起的机会。

经济产业大臣奖（最优秀奖）

部门	中小企业部
团体名称	一般社团法人中国地区新商务协议会
项目名称	魅力信息项目
措施内容 （概要）	以大学生作为企业的一员，组织中小企业的青年员工开展项目，利用半年时间制作手册。通过"魅力信息项目"发布成果并进行评比，过程中通过研讨会等方式学习 PDCA循环法，培养学生自身的职业观和审视企业的眼光，掌握身为社会成员的基础能力。

部门	协调者部
团体名称	富山县中学生生产教育振兴会
项目名称	中学生生产教育项目
措施内容 （概要）	主要针对初中 1 年级学生，促进其对生产的理解并唤起兴趣意识，以培养富山县未来的生产人才为目标开展"讲师派遣事业"以及"企业参观事业"，由生产现场最前线的人员进行授课。此外，还开展援助初中理科、技术方面教材费用的"教材援助事业"。

附图 2-26　第 8 届职业教育表彰大会

注　引自经济产业省资料。

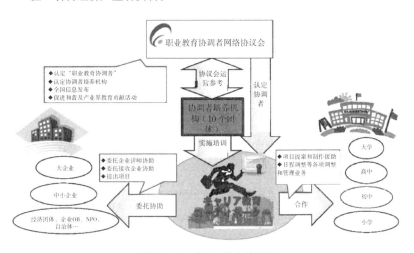

附图 2-27　职业教育协调员

注　引自经济产业省资料。

<3 种能力/12 项能力要素>

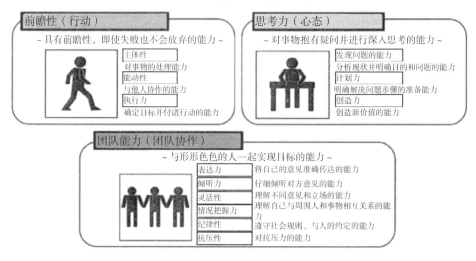

附图 2-28　社会人基础力

注　引自经济产业省网页（http：//www. meti. go. jp/policy/kisoryoku/index. htm）。

②促进实习活动（就业体验）（文部科学省、厚生劳动省、经济产业省）

职场体验和实习（就业体验）为青少年提供了与教师和监护人以外的成年人接触的宝贵机会，被认为具有极高的教育效果：通过体验可以提高青少年与不同辈人之间的沟通能力；可以推动青少年养成独立选择职业的能力与较高的职业意识，以此为他们思考自己的职业适应度和未来规划创造机会；可以促进青少年对学校学习与职业之间关系的理解，激发他们的学习欲望；可以让他们接触到工作现场的实际知识、技术和技能。

初中职场体验的实施率大致维持在高水平，有些学校设置了 5 天以上的实习时间（参见附图 2-29）。高中实习的实施率方面，从 2015 年开始，国立、公立和私立高中的实习率连续两年超过上一年，但普通专业的体验人数仅占约 20% 左右（参见附图 2-30）。大学和研究生院的实施率则略有增加（参见图 2-31）。

◆初中职场体验的实施率大致维持在高水平，7 成以上的学校实施时间为2—3 天，有些学校超过了 5 天。

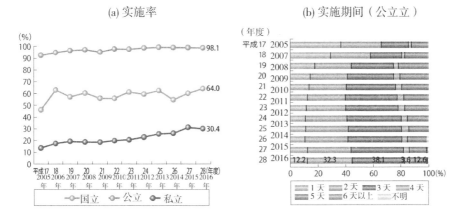

附图 2-29　初中职场体验的实施情况

注　引自文部科学省国立教育政策研究所《职场体验和实习实施情况调查》。

◆从 2015 年起，国立、公立和私立高中的实习实施率连续两年高于上一年。关于体验者人数占比，职业相关学科占了将近 7 成，普通学科仅占约 2 成。

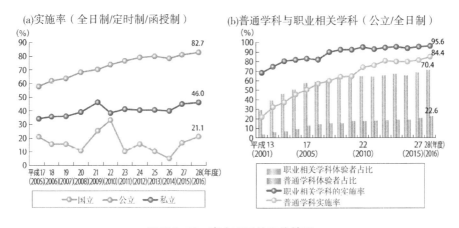

附图 2-30　高中实习的实施情况

注 1　引自文部科学省国立教育政策研究所《职场体验和实习实施情况调查》、文部科学省资料

注 2　"体验者占比"是指三年间体验过一次以上的三年级学生占学生总数的百分比。

文部科学省、厚生劳动省和经济产业省于 2015 年 12 月对《关于促进实习的基本考虑》（「インターンシップの推進に当たっての基本的考え方」（平成 9

年文部省、通商産業省、労働省〕）进行了部分修订，并向各大学和产业界广
而告之，努力普及和促进实习活动。

　　此外，文部科学省通过上文提到的"架起儿童与社会之间的桥梁门户网"
等途径，努力普及和推动学校开展职场体验和实习活动，以此作为职业教育的
核心措施之一。

　　为了推行高效、长期的实习活动以培养地区创业和中小企业核心人才，经
济产业省推动完善实习接收环境和方法，以促进企业接收实习生，并制定了产
学连接的专业人才使用指南并在网站公布。此外，在地区内调查产学官协作创
建合作组织的实际情况，通过开办研讨会等方式进行普及推广。

　　◆　大学和研究生院的实习实施率略有增长。

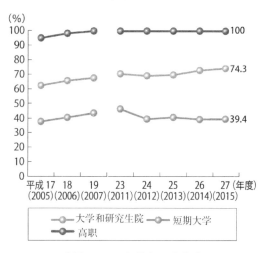

附图 2-31　大学实习实施率

注1　2005 年—2007 年、2011 年引自文部科学省《大学实习实施状况调
查》，2012 年—2015 年引自独立行政法人日本学生援助机构《关于大学
实习状况的调查》
注2　作为学分认定的授课科目而实施。
注3　不包括以取得特殊资格为目的的科目（例如教育实习/医疗实习/看
护实习等）。

　　③针对青年女性的宣传（内阁府、厚生劳动省、文部科学省、经济产业省）
　　内阁府向青年女性提供女性发展相对比较滞后的理工科等专业的相关信息。
除了通过"理工挑战"网站发布活动信息和行动规范，还在暑假期间，由文部
科学省、一般社团法人日本经济团体联合会共同举办了主要以女子初中生和高
中生为对象的"夏季理工挑战 2017—来体验理工科工作吧！—"活动。该活动

包括理工类职场参观、工作体验、设施参观等多种活动。2017 年还举办了关于理工科女性人才职业发展等问题的专题讨论会。

厚生劳动省制定了关于女子学生前途指导和职业教育的参考资料《致进行职业指导的教职员工 关于女子学生的前途指导和职业教育》(「進路指導等を行う教職員のみなさまへ 女子学生の進路指導やキャリア教育にあたって」),并下发至高中和大学内。另外,为了能让学生在选择职业时能够考虑到各个企业的女性活动情况、对女性活动的支持及在兼顾工作、育儿、看护方面所做的措施,还运营了"女性活跃/兼顾支援综合网站"(参见附图 2-32)。

为了能够让求职的学生更加方便地进行企业研究以及收集相关信息,2017年 12 月底,还特别对"女性活跃/兼顾支援综合网站"中的"女性活跃支持企业数据库"进行了面向智能手机的改版,并向全国高中、大学和自治体进行推广。

附图 2-32　女性活跃、兼顾支援综合网站
注　引自女性就业与家庭兼顾援助综合网站（http://positive-ryouritsu. mhlw. go. jp/）。

为了确保地区内中小型企业和小规模经营者所需的人才,经济产业省与地区相关机构合作,宣传地区企业,并开展支援活动以促进和稳定企业与地区内外的女性、青年、高龄者等各种人才之间的匹配联系。另外,还于 2017 年 3 月制定了《中小型企业和小规模经营者人手不足对应指导方针》(「中小企業・小規模事業者人手不足対応ガイドライン」),为苦于人手不足的经营者提供指南,还将相关的模范事例在全国 47 个都道府县举办的研讨会进行宣讲。

独立行政法人国立女性教育会馆与大学合作,就包括女性就业在内的职业发展问题，通过培训和援助性网站向女子学生提供相关信息。

（2）加强能力开发措施

①职业培训（公共职业培训）（厚生劳动省）

为了使求职者学习必要的职业知识和技能，帮助青年就业，厚生劳动省与都道府县在公共职业能力开发设施之外，还利用包括大学在内的多种民间教育培训机构实施公共职业培训。同时根据求职者援助制度，针对不能领取失业保险的青年开展职业培训，并支付补助金以使他们更易接受培训，在劳动就业培训中心提供细致的就业帮扶（参见附图2-33）。

关于职业培训（公共职业培训/求职者援助培训）

公共职业培训（面向离职者）

（1）对象：劳动就业培训中心（HelloWork）的求职者 主要针对领取失业保险的人员
（2）培训期间：约3个月~2年
（3）实施机构
　○国家（行政中心）
　　主要实施生产领域的深度培训（金属加工科、居住环境计划科等）
　○都道府县（职业能力开发学校）
　　根据地区实际情况开展多样化培训（木工科、汽车修理科等）
　○民间教育培训机构等（由都道府县委托）
　　通过事务系统、看护系统和信息系统等模拟课程开展简易培训

求职者援助培训

（1）对象：劳动就业培训中心（HelloWork）求职者 主要针对不能领取失业保险的人员
（2）培训期间：2~6个月
（3）实施机构
　○民间教育培训结构等（厚生劳动大臣对每个培训课程进行认证）
　　主要培训课程：
　　· 看护系统（看护福利服务科等）
　　· 信息系统（网站制作培训科等）
　　· 医疗事务系统（医疗/调剂事务科等）等

附图2-33　职业培训（公共职业培训）概要

注　引自厚生劳动省资料。

②职业卡制度、培养青年技术人才（文部科学省、厚生劳动省）

厚生劳动省从2015年10月起将职业能力证明卡（以下简称职业卡）（Job Card）作为"终身职业规划"和"职业能力证明"的工具，促进个人职业升级和多种人才的顺利就业。截至2017年8月底，获得职业卡的人数已经达到182万人（参见附图2-34、附图2-35）。

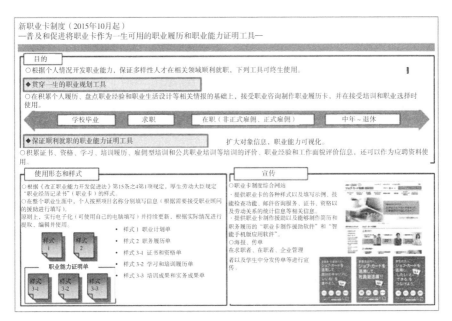

附图 2-34　职业卡制度

注　引自厚生劳动省资料。

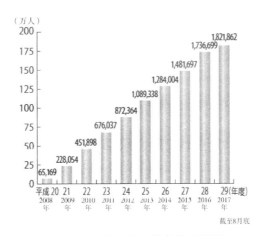

附图 2-35　取得职业卡的人数（累计）

注　引自厚生劳动省资料。

● 终身职业规划工具

积累个人履历和职业经验、职业生活设计等信息，可在职业选择等场合终身使用。

● 职业能力证明工具

积累证书、资格、学习经历、培训经历、职业经验、培训成果评价、职场工作面貌评价等相关职业能力证明信息，根据需要进行提取和编辑，还可以作为求职时的应聘文件和职业咨询时的资料加以使用。

此外，以职业高中和职业培训学校的学生和培训生为主要对象，进行旨在培养青年技术人才的三级技能考核。并通过让需求较高的职业每年举行两次考核等手段进一步增加参加考核的机会，防止青年脱离技术工作，并实现青年的职场稳定。从2017年开始，对于参加"制造领域"二级或三级技能考核的35岁以下人士，考试手续费用最多可减免9000日元。此外，为了向脱离制造业和技术工作的青少年普及技术的吸引力和重要性、推动青少年技术人才的培养，还实施了"青少年技术人才培养援助事业"，通过体验制造业等途径向青少年传递制造业技术的吸引力的同时，还通过"制造业专家"提供实技指导，积极引导青少年投身制造技术领域。

通过采取以上措施，在提高青少年学习技术的意愿的同时，通过将教育培训的成果明确为社会一般评价等手段，巩固以能力为轴心的青年劳动力市场的基础。

"人才开发援助补助"为在企业内部进行人才培养的企业经营者提供培训经费和部分工作补贴。根据《关于促进青少年雇佣的法律》（「青少年の雇用の促進等に関する法律」）（昭45法98）（以下简称为《青少年雇佣促进法》）的相关规定，当认定企业实施"特定培训课程"的针对性培训时，提高对企业的补贴率。2018年也同样提高了补贴率，以鼓励企业内部的青年技术传承和核心人才培养。

文部科学省鼓励大学和高职/职高等教育机构与产业界合作，针对地区和产业界的人才需求，着手开发并实施面向社会人员的教育计划。

2. 加强就业援助

过去几年，高中毕业生的求人倍率一直呈上升趋势（参见附图2-36）。从学校毕业生的就业率来看，初中、高中以及职高/高职生的就业率基本保持横向波动，而大专和大学毕业生的就业率则有所上升（参见附图2-37）。为了保证青少年能够开启充实的职业人生，不光要在"社会入口"的毕业阶段为其提供就业支持，对于那些在毕业阶段以非正规身份就业和既不继续深造也不就业的应届毕业生，也要与大学和经济界合作进行援助，使其尽快在社会上得以稳定，或通过转正、提高待遇等方式稳定青少年的就业状况、提高其收入（高中和大学毕业生的情况请参见附图 2-38 附图 2-39)。

◆过去几年,高中毕业生的求人倍率一直呈上升趋势。

高中毕业生

附图 2-36　高中毕业生的职业介绍情况

注 1　引自厚生劳动省《应届毕业生(高中和初中)职业介绍情况》。

注 2　指在每年 3 月份的应届毕业生中,在劳动就业培训中心与学校进行的求职和求职人数。

◆大专和大学毕业生的就业率有所上升。

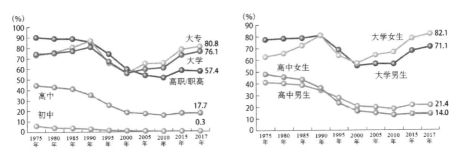

附图 2-37　就业率

注 1　引自文部科学省《学校基本统计》。

注 2　每年 3 月份的毕业生中就业者占比。

注 3　上述初中和高中毕业生中包括中等教育学校后期课程结业的人员。

◆有不到 8 成的高中毕业生选择升学,就业的不到 2 成。

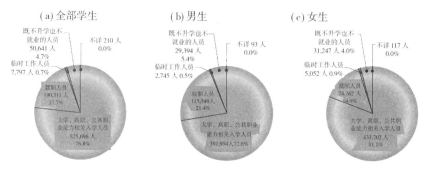

附图 2-38　高中毕业生（2017 年 3 月）情况

注 1　引自文部科学省《学校基本统计》

注 2　包括中等教育学校后期课程结业人员。

注 3　升学且就业的人员被计入"就业"，没有计入"大学、高职、公共职业能力相关入学人员"中。

◆7 成以上的大学毕业生选择就业，而既不升学也不就业的人员不到 1 成。

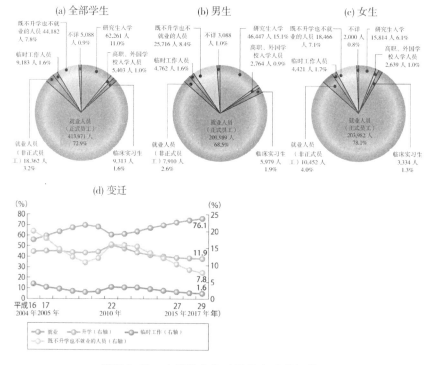

附图 2-39　大学毕业生（2017 年 3 月）情况

注 1　引自文部科学省《学校基本统计》。

注 2　升学且就业的人员被计入"就业（正式员工）"和"就业（非正规员工）"，没有计入"研究生入学"。

（1）针对应届毕业生的就业援助

①对学生的就业援助（文部科学省、厚生劳动省、经济产业省）

文部科学省与相关政府部门合作，通过促进大学的就业顾问与劳动就业培训中心（HelloWork）的就业援助者进行合作等方式，强化大学的就业援助体制。此外，全面支持各大学为培养学生的就业能力在教育课程内外采取相关措施。

厚生劳动省措施：

- 在全国设立为研究生院、大学、大专、职高和高职的学生以及毕业后未就业的学生提供专业援助的"应届毕业生援助劳动就业培训中心（HelloWork）"（截至 2017 年 4 月 1 日，共有 57 所），提供广泛的招聘信息，进行职业介绍、与中小企业的匹配、开拓招聘岗位以及组织就业援助研讨会和面试会。由从求职到职场稳定一贯制的工作援助者①提供个别帮助（包括提供求职信息、就业活动的参与方式、修改报名表、面试指导、职场稳定援助等），临床心理学家则负责心理援助。加强学校和其他机构的合作，为大学和其他机构设立工作援助者咨询窗口以及上门咨询等服务。在劳动就业培训中心（HelloWork）对应届毕业生的帮助下，2016 年共有约 51.3 万人使用了该服务，帮助约 9.8 万人找到了工作。
- 向企业经营者宣传毕业三年以内的学生按应届毕业生就业处理，同时为扩大享受应届待遇的已毕业学生等的应聘机会、促进其就业和稳定，从 2016 年 2 月起，以毕业生和辍学者为对象建立补助金制度，让毕业生使用该助学金扩大应聘机会。

为了支持确保当地中小型企业和小规模经营者所需的人才，经济产业省与地方有关机构合作，宣传当地企业的吸引力，举行促进和巩固地区内外的青少年、女性和高龄者等各类人才的职业匹配援助活动。同时在 2017 年 3 月，为苦于人手不足的经营者制定了《中小企业和小型企业劳动力短缺对策指南》（「中小企业·小规模事业者人手不足对应ガイドライン」），将相关的模范事例在全国 47 个都道府县举办的研讨会进行宣讲。

②保障有序就业和开展招聘活动（文部科学省）

关于大学生就业和招聘活动的开始时间，根据大学和其他相关团体以及各经济组织的建议，为保障学生的学习时间和留学等积累多种经验的机会，2013

---

① 2016 年在全国范围内设置了 1712 名工作援助者，共帮助约 19.2 万名高中毕业生和大学毕业生就业。

年 4 月，政府要求经济组织从 2015 年的毕业、结业学生开始，将宣传活动的开始时间改到毕业和结业前一年的 3 月份（以前是 12 月开始），将招聘选拔活动的开始时间改到毕业和结业年度的 8 月份（以前是 4 月开始）。

对于 2015 年的就业和招聘活动，通过推迟宣传活动的开始时间，让学生在毕业和结业的前一年得以专注学业。另一方面，由于许多公司在 8 月之前就已经进行了招聘筛选活动，拉长了学生找工作的时间。因此，企业、大学和相关部门展开讨论，充分考虑 2016 年毕业和结业的学生的学业情况，决定将招聘活动的开始时间修改为毕业和结业年度的 6 月份之后。

在 2016 年的就业和招聘活动中，以上问题基本得到了纠正，没有出现大的混乱。因此，经过经济组织、大学、相关政府部门讨论，对 2017 年毕业和结业的学生维持与 2016 年一样的时间安排（宣传活动开始时间：3 月，招聘活动开始时间：6 月）。此外，由于 2017 年的就业和招聘活动没有出现重大问题，2018 年也采取相同的时间安排。

2017 年 4 月 10 日，一般社团法人日本经济团体联合会修订了《关于招聘选拔的方针》（「採用選考に関する指針」）。同年 5 月 11 日，就业问题座谈会（由国立、公立和私立大学等相关组织代表组成）制定了《关于 2018 年大学、大专和职高预计毕业生、结业生的就业问题（协定）》（「平成 30 年度大学、大专及び高等専門学校卒業・修了予定者に係る就職について（申合せ）」）。

同年 5 月 16 日，内阁官房、文部科学省、厚生劳动省和经济产业省通过约 440 个经济团体和行业协会向各企业提出要求，要求各企业根据变更就业、招聘活动开始时间的方针开展宣传活动和招聘选拔活动。

文部科学省继续与相关府省、大学和经济界合作，采取必要措施，确保就业和招聘活动顺利进行。

（2）职业独立援助

①青年劳动就业培训中心（HelloWork）援助（厚生劳动省）

为了促进自由职业者转为正式职员就业，厚生劳动省在全国范围的劳动就业培训中心（HelloWork）提供细致的职业咨询和职业介绍，并提供职业培训信息和咨询服务。此外，设置"青年劳动就业培训中心（HelloWork）"（截至 2017 年 4 月 1 日，全国已经设置了 28 所）"青年援助角""青年援助窗口"作为援助据点，面向青年提供就业援助。相关援助据点的工作内容如下所示：

- 以求职者的希望和技能为基础，根据个人情况制定计划；
- 通过负责人制度进行个人职业咨询；

- 举办各种面向求职者的研讨会；

- 实施职场稳定化援助；

②"工作咖啡厅"援助（厚生劳动省）

厚生劳动省以都道府县为主体设置"工作咖啡厅"（"青年一站式服务中心"。截至 2017 年 4 月，已在 46 个都道府县设立），委托民间团体组织企业宣讲会和各种研讨会。2016 年的用户数量约为 160 万人，就业人数约为 12 万人。

③促进青年从事农业、林业和渔业工作（农林水产省）

为了确保青年能够安心从事农业、林业和渔业工作，农林水产省在提供资金（年度最高 150 万日元）、无息贷款、提供信息、开展就业咨询的同时，还开展使其了解工作实况及条件的试聘用、为实施工作培训的经营者提供补助并推动教育机构开展培训。

（3）促进非正规员工对策（厚生劳动省）

为了改善那些希望转正的非正规员工以及选择非正规岗位的人员的待遇，厚生劳动省根据 2016 年 1 月制定的《转正和待遇改善实现计划》（「正社員転換・待遇改善実現プラン」），与各都道府县合作，根据非正规员工的愿望、意愿和能力，大力促进转正和待遇改善。

（4）通过《青少年雇佣促进法》实施就业援助（厚生劳动省）

根据 2015 年通过的《青少年雇佣促进法》（若者雇用促進法）采取以下措施并进行宣传推广：①由招聘应届毕业生的企业提供职场信息；②劳动就业培训中心拒绝违反劳动法的企业求人；③推行青年职员管理良好的中小企业认证制度（青年援助认证制度）。

（5）强化涉嫌对青年"用过即辞退"企业的应对措施（厚生劳动省）

为创造青年能够安心工作的职场环境，厚生劳动省加强了对涉及过重劳动、不支付加班费等针对青年的"用过即辞退"企业的应对措施。2017 年 11 月，对7635 个企业进行了重点监督指导。确认其中约 66% 的 5029 个企业场所存在违反劳动基准相关法令的现象，并对其进行纠正和整改。

为了确保学生兼职的劳动条件，继 2015 年夏季开展"大学生兼职工作意识调查"之后，又于 2015 年 12 月到 2016 年 2 月，开展了"高中生兼职工作意识调查"。根据调查结果，2016 年 7 月，厚生劳动省和文部科学省联合，向各行业协会提出在涉及高中生兼职工作时遵守劳动基准相关法令、考虑设置轮班制等要求，并于 2017 年 3 月再次提出同样要求。

此外，以全国大学生为对象，特别是在很多新生开始兼职工作的 4 月到 7

月，开展旨在检查劳动条件的"检查兼职工作的劳动条件！"宣传活动。

另外，根据以厚生劳动大臣为总部长的"长时间劳动削减推进本部"的决议，采取以下措施：

①2015年4月，在东京劳动局和大阪劳动局成立了负责处理与过劳有关案件的特别小组（通称为"过劳组"）；2016年4月，在所有劳动局任命"过劳特别监督管理官"，又在2017年4月，对厚生劳动省中设置的"过劳扑灭特别对策班"进行重新编制，并新设了"过劳特别对策室"，以加强调查和指导体制。

②从2016年4月开始，责令监督指导企业将加班时间由每月不超过100小时控制在每月不超过80小时，并扩大至全体企业场所。

此外，本部制定《"零过劳死"紧急对策》（『過労死等ゼロ』緊急対策」）（2016年12月），其中，为强化对违法长时间劳动的取缔工作，决定自2017年1月起采取以下措施：

①制定并宣传面向企业的新指导方针，以督促企业贯彻执行合理的工作时间。

②针对长时间劳动等案例，完善对企业整体的指导措施。

③在纠正指导阶段，强化企业名称公布制度（2015年5月起实施）。

从2018年4月开始，在全体劳动基准监督署中成立负责宣传劳动时间的相关法律制度以及实施集中指导的"劳动时间改善指导和援助"特别小组。为了减少长时间工作与防止过重劳动导致的健康损害，该小组任命"劳动时间改善特别对策监督官"做为劳动标准监督官，负责进行监督和指导。

3. 实现工作方式改革

无论青少年还是高龄者、女性还是男性、残疾重病人士还是曾经失败过的人，政府号召实现每个人都能积极参与的"一亿总活跃社会"。2016年6月，内阁决议通过了《日本一亿总活跃计划》（「ニッポン一億総活躍プラン」），并制定了相关市政路线图。

根据《日本一亿总活跃计划》，工作方式改革被认为是实现"一亿总活跃社会"的最大挑战。工作方式改革是站在劳动者的角度实施劳动制度的根本性改革，也是为了改善企业文化和作风的政策。改革目标是使每个劳动者都具有良好的发展前景。为了促进制定工作方式改革实施计划的相关审议工作，2016年9月，召开了由内阁总理大臣主持的"实现工作方式改革工作会议"。会上讨论了通过限制工作时间外的劳动上限等方式纠正长时间劳动的问题、通过实现同工同酬等方式提高非正规员工的待遇问题以及改善女性和青少年的工作环境等问题，并于 2017 年 3 月制定了《工作方式改革实行计划》（「働き方改革実行計画」）。

该计划中，涉及儿童、青年问题，决定通过设立补贴式奖学金等方式，改善教育环境，为所有人提供机会。除此之外，还有面向青少年的援助和环境改善、帮助高中辍学生的就业和自立、促进多样化选拔机会、强化涉嫌对青少年"用过即辞退"的企业的应对措施等内容。其后，会在未来十年间，沿着这一基本路线继续推进各项举措。

第四节　帮助青少年融入社会

1. 教育青少年养成融入社会的态度

儿童和青少年是未来的接班人，应提供教育和机会，引导他们正确认识社会的运作机制和作为社会人的权利、义务，使其具备作为社会构成者所需要具备的基本素质、能力和态度，以帮助他们成为一个独立的社会人。

（1）学校教育的措施（文部科学省）

在学校教育中，小学和初中设有社会科目，高中设有公民科目，相关教材会介绍和讲解我国民主政治、议会构成、公民参政的重要性、选举的意义、法律和经济的运营机制、劳动和雇佣关系等政治、法律、经济等相关知识。另外，为了让学生身为消费者能够进行独立判断并有责任地行动，社会科和家庭科等相关课程中还会进行相关教育，例如小学会讲社会生活中所涉及的重要法律法规，初中会讲契约的重要性、消费者自我权益保护等消费者相关政策，高中也会讲消费者的相关问题。另外，2017 年 3 月修订的新编小、初学习指导纲要还介绍了一些新的内容，比如小学讲授税收对于市町村公共设施建设的作用、买卖合同基础等，初中讲授民主政治的推进和公正社会舆论的形成及选举等国民政治参与问题、还有消费者受害事件的背景和处理方法等内容。在 2018 年 3 月修订的新编高中学习指导纲要中，新开设了一门叫作《公共》的必修课，目标是让学生学习解决现代社会的各项课题、根据自身与社会的关系学会身为社会参与主体的自立，以及与其他人携手共同创造更加美好的社会。如此一来，通过加强小学、初中、高中的主权者教育和消费者教育的方式，推进教育，培养学生参与社会的态度。

为了在小学、初中、高中使学生学习社会自立、参与建设可持续社会的具体内容（比如政治参与、消费生活、税收等），并开发解决地区问题的体验性、实践性课程，文部科学省委托教育委员会等部门进行实践研究并致力于推广普及这些教学成果。

（2）主权者教育（总务省、文部科学省）

随着 2015 年 6 月《公职选举法》（昭 25 法 100）的修订，进一步推动培养青少年具备作为国家和社会构成者所需的基本素质和能力的教育（主权者教育）受到重视。

总务省与文部科学省合作，从 2015 年开始，推行制作和派发有关政治和选举的辅助教材和教师用教辅材料、组织实施学校教育和外部教师授课等多种举措。2017 年，两省针对日本全体高中一年级学生派发了辅助教材。

此外，2017 年总务省还召开了"有关推进主权者教育的专家会议"，与各种机构合作，根据"应顺应青少年的发育阶段选取题材和手法制定实施计划"等提议，采取了以下举措：

- 协助落实地方公共团体制定的主权者教育长期规划。
- 建立主权者教育顾问制度，帮助选举管理委员会以及学校等教育机构实施主权者教育。
- 与各地选举管理委员会合作，举办以地区宣传团体和青少年为对象的培训会。
- 开展面向青少年的宣传活动，以帮助其加深对政治和选举的了解。

文部科学省基于设立于 2015 年的研讨小组的汇总意见，为了在全社会推进国家及社会构成者所必须的教育，不仅要让学生在学校、家庭和地区内学习政治结构等相关必要知识，还要让其掌握在社会中实现独立并以主人翁姿态与他人一起解决地区问题的能力。具体而言采取了以下行动：

- 在全国高中调研、公布主权者教育实施情况，评选出优秀事例并予以推广。
- 宣传大学采取的先进措施：加强大学与各地方自治体的选举管理委员会合作，在校园内开展事前投票以及在选举管理委员会实习等启蒙活动。

2017 年 10 月 22 日，选举权年龄降低到 18 岁后举行的首次众议院全体选举（总第 48 次）中，18、19 岁的选举人投票率为 40.49%（其中 18 岁投票率47.87%，19 岁投票率 33.25%），继 2016 年参议院议员常规选举后，再一次超过了 20~29 岁选举人的投票率。

此外，为了充分了解常因升学而搬迁的 18、19 岁青年学生的住民票（居民登记）的变动情况，从 2015 年开始派发搬迁时应迁移住民票以及"不在者投票制度"的传单，2017 年又将该传单向全国各地的选举管理委员会派发。另外，关于"不在者投票"问题，通过实行在线申请投票用纸等措施，为有选举权的人提供便利。

（3）普法教育（法务省）

法务省为了普及和发展让非法律专家的普通民众了解法律司法制度以及作为其基础的价值体系、掌握法治思维和公正判断的能力并拥有参与社会意识的法律教育，采取如下措施：

- 为了研讨基于《学习指导纲要》的学校教育之中普法教育的实践方式以及教育界与司法界如何互动和协作等多项课题，设置了普法教育协议会。该协议会从 2012 年至 2015 年对学校内的普法教育实施情况进行调研，根据调研结果，2013 年度制作完成了面向小学生的普法教材，2014 年度制作完成了面向初中生的普法教材，并派发到了全国的小学、初中和教育委员会。另外，2016 年 3 月，该协议会还组织在校教师和法律相关人员成立了教材制作部门，并于 2017 年度制作完成了面向小学生的普法教育视听教材。目前，正在研究制作面向初中生的普法教育视听教材和面向高中生的法律教科书。
- 通过向学校提供普法教育最新内容等方式支持普法教育的积极实现，并制作了普法教育宣传单并派发到全国各地的教育委员会。
- 根据校方申请，法务省派遣所属职员作为讲师，向在校师生进行法治思维等普法教育。

（4）税收教育（国税厅）

为了让从小学阶段到步入社会之前的青少年能够正确理解税收的意义和作用、培养健全的纳税人意识，国税厅以租税教育推进相关省厅协议会（由国税厅、总务省、文部科学省等组成）为中心，与各民间团体合作，以充实税收教育为方向努力进行教育环境的完善和援助工作。具体采取了以下措施：

- 以各都道府县设置的租税教育推进协议会（由国家、地方公共团体、教育界人士等组成）为中心，与民间团体合作，根据学校的申请派遣讲师到税收课堂，针对学校教职员进行研修培训，制作和发布税法教育辅助教材，开展税法知识征文活动等。

- 国税厅官网开设有"税法知识学习角"，通过问答竞赛和游戏等模式，寓教于乐地让青少年学习税法知识。
- 提供学校教职员等税收教育的指导者使用的《税法教育专用教材》的电子版。

（5）金融经济教育（金融厅）

金融经济教育的目的和意义在于，通过提高国民的金融能力，帮助每一个人实现经济独立，过上更好的生活。故此金融厅采取以下措施以提高国民的金融能力：

- 金融厅和相关团体组成金融经济教育促进会议，于2014年6月将《起码要掌握的金融能力》的内容按项目和对象年龄层次，更为具体和体系化地汇编成《金融知识地图》，并于2015年6月进行了修订。
- 2017年，金融厅与相关团体合作，在10所大学针对大学生开展了基于《金融知识地图》的培训课程。
- 金融厅官网上发布《从基础开始学习的金融指南》以及《起码要掌握的金融能力》，对全国高中、职高/高职、短大、大学无偿派发。此外，金融厅、财务局、财务事务所还向高中和大学派遣讲师。

（6）有关劳动者权利和义务的教育（厚生劳动省）

为了尽早把劳动法教育带进课堂，厚生劳动省从2016年开始向全国高中，2017年开始向全国大学制作和派发劳动法教材和教师用资料，让劳动法相关知识在高中、大学中的传播更加深入和广泛。

（7）消费者教育（消费者厅、文部科学省）

鉴于我国正在研究降低民法（明治29年第89号法律）中规定的成年年龄界限，对于肩负未来的青少年而言，应更加重视落实消费者教育、培养他们身为消费者能够进行独立判断并有责任地行动的能力，以及加深自己为消费者市民社会一员的理解。

政府基于《推进消费者教育的有关基本方针》（2013年6月内阁决议通过，2018年3月内阁决议修订），推动消费者教育。

消费者厅通过在消费者教育促进会议上对上述基本方针进行评估，并研究如何适应社会形势的最新变化增加青少年接受消费者教育的机会。此外，消费者厅还开设了汇集消费者教育相关信息的消费者教育门户网，用于收集、刊载最新教材等内容。

另外，2016年，消费者厅根据消费者教育促进会议上的意见，与文部科学省合作，共同制作了面向高中生的消费者教育教材《通向社会之门》。2017年，通过"消费者行政新未来创造办公室"与德岛县合作，在全县的高中使用该教材进行授课，并收集了授课成果。同时，在德岛县以外，消费者厅也在地方公共团体的协助下使用该教材进行试验授课。2018年，在各地教学实践的基础上，预计要在全国学校内推广《通向社会之门》教材的使用。

文部科学省在小学、初中、高中进行实践调研，开发体验性、实践性课程，以期使学生掌握消费生活的具体内容，从而实现社会自立、可持续发展社会的参与建设、以及解决地区问题的。在社会教育方面，各地还召开了消费者教育事例报告会并举办了与多方合作的"消费者教育文化节"作为推动消费者教育的平台。此外，为建立各地区的消费者教育推进体制，还派遣消费者教育顾问并进行了实践调研。

（8）有关社会保障制度的教育和启蒙（厚生劳动省）

医疗、护理、年金、就业等社会保障是必须要建立的保障国民生活的制度。帮助青少年培养当事人意识，使其了解这些社保体系的给付和负担模式是十分重要的。

厚生劳动省通过专家会议"社会保障教育推进研讨会"，研究学校的社会保障教育情况，汇总整理今后的课题，并将相关报告于2014年7月发布。该研讨会还制作了面向全国高中生的教材并无偿派发，组织教职人员参加研修培训，推动各地的社保教育和宣传活动。

（9）有关外交和国防的教育和宣传（外务省、防卫省）

外务省通过以下各项措施，加深儿童和青年对外交问题的认识：

- 外务省官网开设有"小朋友的外务省"等栏目，在努力制作图文和视频等易于理解的内容的同时，还开设了刊登外务省职员的随笔和访谈的"一线声音"栏目，让人能够更近距离地感受外交活动。
- 外务省职员到全国各地的高中开展"高中讲座"（2017年共120所学校），到全国各地的大学开展"外交讲座"（2017年共58场）。
- 小学、初中、高中学校可申请进到外务省参观，了解外务省日常工作，增进对外交的兴趣。（2017年度共计有204所学校参观）
- 开展"对话学生"座谈会，让学生通过与外务省青年职员直接交流加深对外交政策的理解。
- 举办以学生为对象的"国际问题演讲比赛"。

防卫省通过以下措施帮助青少年加深对防卫省、自卫队和国防政策的了解：

- 组织小学、初中、高中在校生到部队参观、体验部队生活；接待大学生和研究生到自卫队体验生活。
- 自卫队音乐节和富士综合火力演习活动，优先设置以小学生到大学生为对象的特别节目。
- 为了让以青年为代表的广泛人群产生亲切感，制作了《漫画解读防卫白皮书》（以"一起来了解防卫省、自卫队在国内外的活动吧！"为题对2017年版进行介绍）。
- 充分利用社会媒体进行宣传。将防卫省官网的一部分内容做成最适宜智能手机浏览的版式供人阅读。

2. 鼓励青少年参加志愿活动等社会参与活动（文部科学省）

为了培养青少年的社会意识和丰满的人性，在学校教育中的综合学习时间、特别活动、地区学习合办活动中举行以志愿者活动为代表的社会参与活动。

在青少年教育机构中举行与志愿者活动相关的多种活动，为青少年提供培养社会意识的机会。为了深化支持学生志愿活动的大学同地方有关机构负责人的协作，同时为学生提供相互交流和学习的机会，独立行政法人国立青少年教育振兴机构举办了"全国学生志愿者和支持者研究交流集会"。

附录3

困难儿童、青年与家庭援助

第一节 针对儿童、青年问题的
多层次援助

每个儿童、青年所处的环境不同，因此他们面临的困难情况也不尽相同，其中包括经济困难、欺凌、不去上学、蛰居、残疾、虐待等。同时，一部分案例呈现出复合性特征，使得困难情况变得更加复杂。针对这些困难儿童、青年，我们有必要依照个体情况给予细致的帮助，加强与相关机构的合作以确保他们不因出生和成长环境而影响未来的发展。

1. 通过儿童、青年援助地区协议会构筑全方位援助网络

对于在社会生活方面存在困难的儿童、青年，应充分发挥"纵向网络"的功能，对各年龄层的儿童、青年提供持续性帮扶。同时，教育、福利、保健、医疗、矫正、回归监护和就业等相关机构和组织应合理分享信息，建立一个可以进行有机合作的"横向网络"。

根据《儿童、青年育成支援推进法》（「子ども・若者育成支援推进法」），为了推进"儿童、青年援助地区协议会"①（参见附图3-1、附图3-2）的设置和有效利用，内阁府于2017年以都道府县和市/镇/村为对象开展了"儿童、青年援助地区网络强化促进事业"。此外，对有困难的儿童、青年的援助活动进行了调查研究，并于2017年对自治团体的儿童、青年援助网络进行了相关调查。

---

① 根据《青少年发展援助推进法》第19条，地方公共团体有设置协议会的义务。

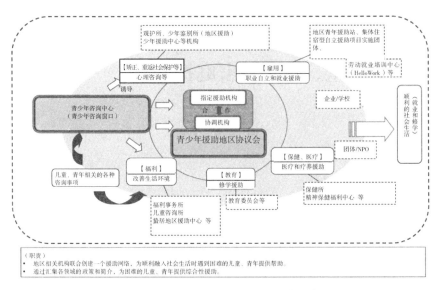

附图 3-1　儿童、青年援助地区协议会
注　引自内阁府资料。

◆截至 2017 年共在 116 个自治体中设置。

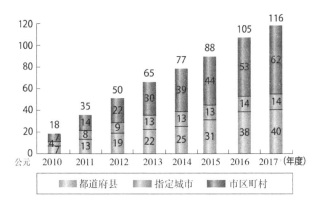

附图 3-2　儿童、青年援助地区协议会设置数目的变迁
注　引自内阁府资料。

COLUMN NO. 3	关于京都市儿童、青年综合援助事业 —与蛰居援助组织合作—

1　"儿童、青年综合援助事业"概要

根据《儿童、青年育成支援推进法》（「子ども・若者育成支援推進法」）（以下简称为"该法律"），京都市于 2010 年 10 月设置了"京都市儿童、青年

援助地区协议会"，同时开设"儿童、青年综合咨询窗口"，开始对存在蛰居等问题的儿童、青年开展综合性援助。

一年里，"儿童、青年综合咨询窗口"接收了超过 500 件（实际数量）咨询案例，并根据电话咨询以及上门咨询时的情况进行判断，或提出建议或与援助组织联系解决。

另一方面，对于蛰居原因不明，即具有社交障碍的儿童、青年，则试图联合多个援助组织，充分考虑到本人及其家庭的实际感受，共同开展关怀型援助。

因此，该协议会中主要负责援助的指定部门（公财）京都市青少年服务协会，在京都市独立设置了进行亲密型、关怀型援助的"援助协调员"，全年进行了 100 件单独援助。

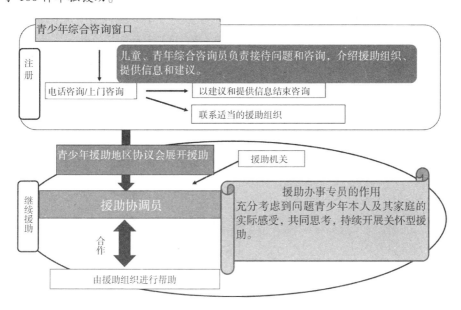

附图 3-3　"儿童、青年综合援助事业"对尼特族和蛰居族进行援助的流程

2　与相关机构合作

2017 年 4 月，为了融合教育、福利、医疗等与儿童、青年相关的行政措施，进一步推进体制建设，设立了"儿童、青年守护局"。同年 5 月，对"儿童、青年守护办公室"和"障碍保健福利课"等按领域划分的窗口进行重新编制，在市内所有区政府和支部（11 个区 3 个支部）开设"健康福利中心"，以消除健康和福利之间的屏障。该中心为了开展对蛰居等复杂问题青少年的综合性援助，新设"总保健师"（课长级保健师），负责联接各领域。此外，针对处于蛰居状态等由于制度限制或拒绝帮助等原因，虽需要帮助却无法进行必要援助的青少年，通过与地区和相关机构合作，在全体行政区域内配置了负责提供合理援助的"地域安心援助人员"。

蛰居问题的原因因人而异，对他们进行帮助时，较为有效的方式是同时推进由"保健福利中心"进行的跨领域综合援助和由"援助协调员"进行亲密型和关怀型援助。

因此，京都市为了能让"保健福利中心"各部门、"总保健师"、"地域安心援助者"和"援助协调员"联合展开援助，指派"总保健师"参加在专家的建议和指导下开展的"综合建议会"，讨论个别具体案例对应方针，共享援助计划、召开意见交换会，通过以上手段，积极努力地建立面对面帮扶模式。对于那些没有与家庭成员之外的人接触过、对面谈极度紧张的青少年，则将保健福利中心各科的调查员与援助协调员联系起来，把持续性面谈改为参加集体活动，缓和其对人际交往的紧张。最后，在调查员的介绍下对其开展就业协助。

此外，为了提高蛰居帮扶的效果，还在地区内将行政援助与 NPO 等民间团体以及相关组织的地区网络援助结合起来，开展综合性援助活动。

为了让 NPO 等民间团体具有组织特色、创造性和灵活性的个性化援助作为地区社会资源而积极发挥作用，政府对 NPO 等组织的场馆业务给予帮助，改善NPO 等组织的环境，提高其援助水准。

此外，对于在地区内开展咨询援助活动的民生委员和儿童委员以及社会福利协议会等相关机构，与其合作对儿童、青年综合援助事业进行宣传，以发现潜在蛰居人员的需求。

每年编制《儿童、青年咨询指南》（「子ども・若者相談のしおり」），对"儿童、青年综合咨询窗口"和"援助协调员"的职能进行介绍，并向市立中学 3 年级学生和市立高中 1 年级学生全员发放。同时还作为教师用书向京都府内的府立高中和私立高中发放，与各学校一起构建合作机制。

3　总结

京都市通过采取以上措施，将行政援助和地区网络援助有机结合在一起，本市和地区以及相关机构联手协作，形成了一个"蛰居问题援助环"。

通过这些方式，为尽早"察觉"具有蛰居问题的青少年需求，让其家庭与必要的支援措施相"联系"，与地区和相关机构一起"支持"展开无缝帮扶体制。

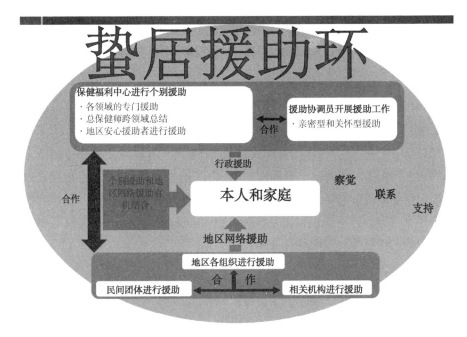

附图 3-4
（蛰居援助环（概要））

2. 加强外展服务

《儿童、青年育成支援推进法》第 15 条规定，作为帮助有困难的儿童、青年的措施之一，应"在儿童、青年住所以及其他适当的场所进行必要的谈心、建议和指导"。

在有困难的儿童、青年中，有些人难以亲自前往咨询机构，援助者应根据实际情况进行家访，进而实施必要的谈心、建议和指导。这就是"外展服务"（访问援助）。

为了培养可以胜任外展服务的人才，内阁府实施了"外展服务（访问援助）研修"活动。在研修中，除了演讲和演习活动之外，还开展了实地研修（研修生前往具有外展服务经验的咨询机构和团体，在援助现场接受学习指导），学习实践技能。

此外，内阁府还对从事有困难的儿童、青年的咨询业务的公共咨询机构员工以及 NPO 法人等员工进行培训，以使其掌握开展合理援助的必要知识，努力为儿童、青年发展援助培养大量的人才。

第二节　针对性解决困难问题的举措

1. 对待业青年、蛰居、不去上学儿童、青年进行帮助

2017 年，15—39 岁的待业青年人数为 71 万人，占该年龄段人口的 2.1%，两者均较上一年有所下降（参见附图 3-5）。总务省 2012 年 10 月开展调查时发现，期望就业的待业青年之所以不参加求职活动，原因除了生病、受伤和学习之外，还有"对自己的知识和能力没有信心""去找工作但没有找到"和"没有理想中的工作"等（参见附图 3-6）。

◆2017 年，15—39 岁的待业青年人数为 71 万人，占该年龄段人口的 2.1%。

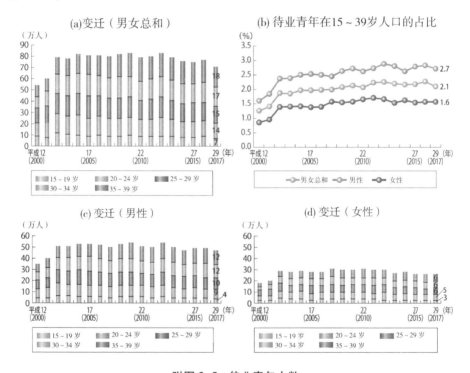

附图 3-5　待业青年人数

注 1　引自总务省《劳动力调查》。

注 2　2011 年的数据不包括岩手县、宫城县和福岛县。

注 3　男性和女性的数据分别采取四舍五入法，因此与男女总和可能存在差异。

◆除了"生病和受伤"以及"学习"之外，还有很多原因诸如"对自己的知识和能力没有信心""去找工作但没有找到"和"没有理想中的工作"。

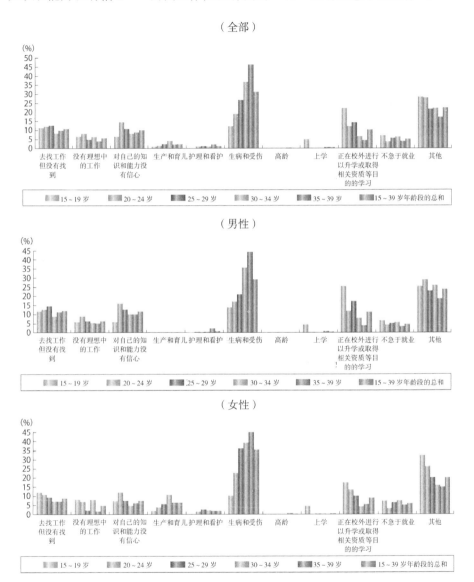

附图 3-6　期望就业的待业青年不参加求职活动的原因（2012 年）
注　引自总务省《就业结构基本调查》。

据 2015 年的调查，推断 15—39 岁的广义蛰居者（指"平时在家，有时会出门到附近的便利店""可以走出自己的房间，但不会离开家""几乎不出自己的房间""平时在家，有时会因自己感兴趣的事情外出"的人）人数有 54.1

万人。

从 2013 年到 2016 年，中小学学生不去上学者人数连续 4 年增加（参见附图 3-7）。中小学学生不去上学的原因大多为家庭原因、除欺凌之外的朋友关系问题以及成绩不好等（参见附图 3-8）。

2016 年，高中中途辍学人数约为 4 万 7000 人，呈持续下降趋势，中退率为 1.4%（参见附图 3-9）。理由大多为感觉前途迷茫以及对学校生活和学业不适应等（参见附表图 3-10）。

因此，目前陷入困境的儿童、青年的人数仍然很多，且具体情况各有不同。为了防止困难情况的长时间持续，相关机构应尽力协作予以帮助。

◆从 2013 年到 2016 年，中小学学生不去上学者人数连续 4 年增加。

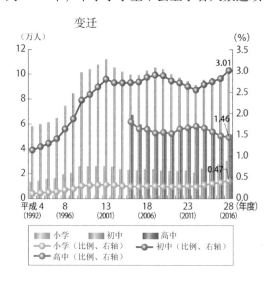

附图 3-7　不去上学情况

注 1　引自文部科学省《关于学生的问题行为和不去上学等学生指导问题的调查》。

注 2　这里所说的不去上学学生是指一年中连续或者断续缺席 30 天及以上的学生中，以不去上学为理由的学生。不去上学是指由于某些心理上、情绪上、身体上或者社会原因，学生不去上学或者想去而不能去上学的情况（由于生病和经济原因导致无法去学校的情况除外）。

注 3　调查对象包括国立、公立和私立小学、初中和高中（包括小学义务教育学校前期课程、中学义务教育学校后期课程以及中等教育学校前期课程、高中中等教育学校后期课程。）。自 2004 年起对高中实施调查。

(1) 国立、公立和私立小学、初中不去上学原因（2016年）

学校和家庭原因（分类）／本人原因（分类）	各分类学生人数	学校状况								家庭状况	左侧原因全不是
		欺凌	欺凌之外的朋友关系等问题	与教职员的关系问题	成绩不好	前途迷茫	不适应俱乐部活动和社团活动等	学校校规等问题	不适应入学、学和升级、转		
存在"学校内的人际关系"问题	22,556	543	15,920	1,720	2,571	563	1,043	423	1,220	3,435	1,092
	—	2.4%	70.6%	7.6%	11.4%	2.5%	4.6%	1.9%	5.4%	15.2%	4.8%
	16.9%	78.6%	47.1%	47.1%	9.8%	10.2%	33.9%	8.6%	14.9%	7.5%	4.2%
具有"沉迷游乐和违法犯罪行为"的倾向	6,414	2	564	188	1,759	247	100	2,091	167	2,665	784
	—	0.0%	8.8%	2.9%	27.4%	3.9%	1.6%	32.6%	2.6%	41.5%	12.2%
	4.8%	0.3%	1.7%	5.1%	6.7%	4.5%	3.3%	42.6%	2.0%	5.8%	3.0%
具有"缺乏朝气"的倾向	40,532	34	4,295	503	11,435	1,656	682	1,269	2,084	17,099	8,153
	—	0.1%	10.6%	1.2%	28.2%	4.1%	1.7%	3.1%	5.1%	42.2%	20.1%
	30.3%	4.9%	12.7%	13.8%	43.4%	30.0%	22.2%	25.8%	25.5%	37.2%	31.2%
具有"不安"的倾向	41,756	89	11,412	950	8,523	2,650	1,054	769	3,647	12,468	8,337
	—	0.2%	27.3%	2.3%	20.4%	6.3%	2.5%	1.8%	8.7%	29.9%	20.0%
	31.2%	12.9%	33.8%	26.0%	32.3%	48.0%	34.3%	15.7%	44.6%	27.1%	31.9%
"其他"	22,425	23	1,612	293	2,078	401	196	361	1,051	10,357	7,800
	—	0.1%	7.2%	1.3%	9.3%	1.8%	0.9%	1.6%	4.7%	46.2%	34.8%
	16.8%	3.3%	4.8%	8.0%	7.3%	6.4%	6.4%	7.3%	12.9%	22.5%	34.8%
总和	133,683	691	33,803	3,654	26,366	5,517	3,075	4,913	8,169	46,024	26,166
	100.0%	0.5%	25.3%	2.7%	19.7%	4.1%	2.3%	3.7%	6.1%	34.4%	19.6%

注1　引自文部科学省《关于学生的问题行为和不去上学等学生指导问题的调查》。

注2　"本人原因（分类）"，是"长期缺课者"中回答"不去学校"的学生选择的最主要原因。

注3　关于"学校和家庭的原因（分类）"，可以多选。回答"本人原因（分类）"时，理由可以从全部"学校情况"、"家庭情况"中选择。

注4　"家庭情况"是指家庭生活环境急剧变化、亲子关系问题和家庭不和谐等。

注5　中段百分比是对各分类学生人数的占比；下段百分比为对"学校或家庭原因"总计的占比。

(2) 国立、公立和私立高中不去上学的原因（2016年）

学校和家庭原因（分类）／本人原因（分类）	各分类学生人数	※	欺凌	※	欺凌之外的朋友关系等问题	※	与教职员的关系问题	※	成绩不好	※	前途不明	※	不适应俱乐部活动和社团活动等	※	学校校规等问题	※	不适应转学和入学、升级	※	家庭状况	※	左侧原因全不是	※
存在"学校内的人际关系"问题	6,814	1,884	75	10	4,534	1,287	274	46	513	140	268	72	324	61	162	32	672	153	475	146	460	200
			1.1%	0.5%	66.5%	68.3%	3.3%	2.4%	7.5%	7.4%	3.9%	8.1%					9.9%	8.1%				
	14.0%	10.8%	79.8%	90.9%	61.1%	56.5%	43.2%	36.2%	5.8%	4.4%	6.5%	6.9%	37.9%	29.2%	8.6%	5.4%	10.8%	7.3%	6.5%	5.4%	3.1%	3.0%
	5,192	2,533	1	0	377	227	15	0	1,208	625	173	101	54	39	924	341	647	313	875	397	1,489	1,580
			0.0%	0.0%	7.3%	9.0%	0.3%	0.0%	24.8%	26.5%	3.3%	4.0%	1.0%	1.5%	17.8%	13.5%	12.5%	13.5%	16.9%	15.7%	28.5%	29.7%
	10.7%	14.5%	1.1%	0.0%	5.1%	10.0%	2.4%	0.0%	13.8%	19.6%	4.2%	9.7%	6.3%	18.7%	12.3%	6.0%	10.4%	15.0%	16.9%	14.7%	10.0%	23.9%
具有"缺乏朝气"的倾向	16,910	6,424	4	1	748	293	92	21	4,343	1,969	1,083	371	199	66	556	149	2,611	900	2,462	949	3,690	2,493
			0.0%	0.0%	4.4%	4.6%	0.5%	0.3%	25.7%	30.6%	6.4%	5.8%	1.2%	1.0%	3.3%	2.3%	15.4%	14.0%	14.6%	14.8%	21.8%	38.2%
	34.8%	36.7%	4.3%	0.0%	10.1%	12.9%	17.7%	16.5%	49.4%	51.7%	26.3%	22.7%	26.9%	20.7%	7.5%	1.1%	41.8%	42.1%	33.9%	35.3%	37.8%	37.3%
具有"不安"的倾向	10,780	2,793	1	0	748	105	105	12	1,890	459	206	75	404	22	104	22	1,517	422	1,785	502	2,243	976
			0.0%	0.0%	14.1%	13.6%	1.0%	0.4%	18.9%	16.4%	2.0%	2.7%	1.6%	0.8%	1.4%	0.8%	15.1%	15.1%	16.6%	18.0%	22.6%	29.7%
	22.2%	16.0%	10.6%	9.1%	10.1%	4.6%	20.2%	9.4%	21.6%	11.2%	5.0%	4.6%	54.6%	6.9%	1.4%	0.8%	24.3%	20.2%	24.6%	18.7%	23.0%	14.6%
"其他"	8,869	3,874	4	0	245	111	33	12	608	205	366	110	120	45	798	265	1,666	694	4,989	2,437		
			0.1%	0.0%	4.7%	6.4%	9.4%	6.9%	6.4%	8.9%	10.8%	6.0%	5.1%	6.8%	7.6%	12.8%	12.7%	22.8%	25.8%	33.1%	36.6%	
	18.3%	22.1%	1.3%	0.0%	4.7%	6.4%	9.4%	6.9%	6.4%	8.9%	10.8%	6.0%	5.1%	6.8%	7.6%	12.8%	12.7%	22.8%	25.8%	33.1%	36.6%	
总和	48,565	17,508	94	11	7,419	2,221	519	127	8,757	4,112	1,000	865	316	45	301	45	6,215	2,087	7,313	7,689	6,605	
	100.0%	100.0%	0.2%	0.0%	15.3%	13.0%	1.1%	0.7%	18.1%	18.3%	2.3%	5.3%	4.7%	3.1%	1.6%	3.1%	12.9%	11.9%	15.4%	31.0%	38.1%	

附图 3-8　不去上学原因

注1　引自文部科学省《关于学生的问题行为和不去上学等学生指导问题的调查》。

注2　"本人原因（分类）"，是"长期缺课者"中回答"不去学校"的学生选择的最主要原因。

注3　关于"学校和家庭的原因（分类）"，可以多选。回答"本人原因（分类）"时，理由可以从全部"学校情况"、"家庭情况"中选择。

注4　"家庭情况"是指家庭生活环境急剧变化、亲子关系问题和家庭不和谐等。

注5　中段百分比是对各分类学生人数的占比；下段百分比为对"学校或家庭原因"总计的占比。

注6　＊栏表示计入学分制高中数据后的数值。

◆高中中途辍学人数呈降低趋势。

(1) 中途辍学人数和中退率

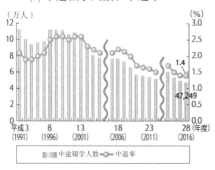

(2) 各年级中途辍学人数

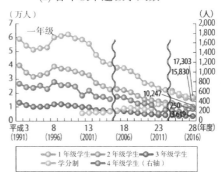

附图 3-9　高中中途辍学

注 1　引自文部科学省《关于学生的问题行为和不去上学等学生指导问题的调查》。
注 2　2004 年之前，仅对公立和私立高中进行调查。从 2005 年和 2013 年起分别对国立高中和高中函授制课程开始调查。
注 3　高中包括中等教育学校后期课程。

◆高中中途辍学的原因很多，包括"前途迷茫""对学校生活和学业不适应"等。

	成绩不好	对学校生活和学业不适	前途迷茫	生病、受伤、死亡	经济原因	家庭原因	问题行为等	其他
2005年度	6.9	38.6	34.2	4.2	3.6	4.3	4.6	3.6
2006年度	7.3	38.9	33.4	4.2	3.4	4.2	4.8	3.7
2007年度	7.3	38.8	33.2	4.2	3.6	4.4	4.9	3.6
2008年度	7.3	39.1	32.9	4.1	3.3	4.5	5.1	3.7
2009年度	7.5	39.3	32.8	4.0	2.9	4.5	5.5	3.4
2010年度	7.0	39.0	34.0	4.0	1.9	4.5	6.0	3.6
2011年度	7.2	38.9	34.0	3.8	1.8	4.8	5.9	3.6
2012年度	7.6	40.0	33.3	3.7	1.6	4.5	5.7	3.5
2013年度	8.1	36.3	32.9	3.7	2.2	4.2	4.8	7.7
2014年度	7.7	34.9	34.8	4.0	2.3	4.3	4.5	7.6
2015年度	7.8	34.1	34.3	4.2	2.8	4.5	4.1	8.2
2016年度	7.9	33.6	33.8	4.5	2.6	4.4	3.9	9.4

附图 3-10　高中辍学原因构成百分比

注 1　引自文部科学省《关于学生的问题行为和不去上学等学生指导问题的调查》。
注 2　2013 年起对高中函授制课程开始调查。
注 3　高中包括中等教育学校后期课程。

（1）待业青年援助（厚生劳动省）

为了使待业青年过上充实的职业生活，培养他们成为建设国家的人才，厚生劳动省设立了"地区青年援助站"（以下简称为"援助站"）。通过与地方公共团体合作，开展以职业自立为目标的专业咨询援助、对职业稳定和提高的援助以及待业青年集中训练项目（以 15—39 岁年龄段人群为对象）（参见附图 3-11）。在援助站，还可以免费享受以下服务：

- 由职业顾问进行个人咨询、制定援助计划；
- 通过个人和结组形式开展就业启动策划
- 向已经入职的人员进行稳定和晋升相关咨询
- 集中训练项目（集中开展包括集体住宿形式在内的援助、恢复信心、学习职场知识和能力、获取就业活动的基础知识等）
- 职场参观和职场体验
- 根据高中中途辍学者的需要进行外展型咨询援助
- 监护人研讨会和个别咨询

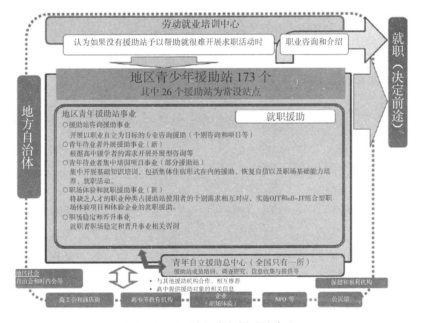

附图 3-11　地区青年援助站事业
注　引自厚生劳动省资料。

（2）蛰居援助（厚生劳动省）

厚生劳动省通过与卫生、医疗、福利、教育和就业等领域的相关组织合作，推动改善作为蛰居问题专业咨询窗口的"蛰居地区援助中心"（参见附图 3-12）。截至 2017 年年底，已经有 66 个都道府县和政令指定城市开设了"蛰居地区援助中心"。从 2018 年开始，为了巩固和加强市/镇/村的蛰居援助服务，进一步强化了对蛰居援助机构的后援功能。同时为了尽早发现地区内潜在的蛰居问题并对其家庭和本人进行细致的援助，都道府县以及市/镇/村培训了"蛰居援助专员"，对蛰居家庭和本人开展派遣援助活动。此外，精神保健福利中心、保健所、儿童咨询所、自立咨询援助机构等还通过医生、保健师和精神保健福利工作者为本人及其家庭提供咨询和帮助。

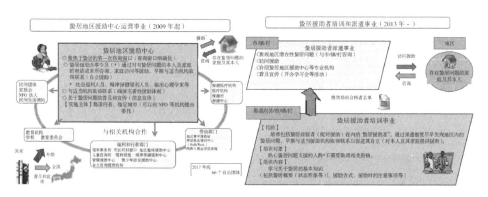

附图 3-12 蛰居地区援助中心与蛰居援助中心
注 厚生劳动省资料。

（3）不去上学儿童、青年援助（文部科学省、法务省）

为了应对不去上学问题，除了防患于未然、早发现早应对以及学校、家庭、地区和相关机构的相互协作之外，消除青少年的烦恼和焦虑情绪，完善咨询体制也至关重要（参见第 2 章第 2 节 2（3）"加强学校咨询体制"）。

文部科学省根据 2016 年 12 月通过的《关于在义务教育阶段确保普通教育的相关法律》（「義務教育の段階における普通教育に相当する教育の確保等に関する法律」）（平 28 法 105），于 2017 年 3 月制定了综合推进确保不去上学的学生接受教育的机会等相关措施。

作为针对不去上学学生的援助措施，2017 年实施了确保校外学习机会的相关调查研究，2018 年将继续实施。

此外，还通过增加学校生活顾问和校园社工的配备等措施，加强教育咨询体制建设。

法务省的人权保护机构针对有欺凌等人权问题的青少年开设了"网络人权咨询窗口（青少年人权 SOS-e 邮箱）"和"青少年人权 110"服务，接受相关问题的咨询。

（4）高中辍学学生以及前途未定毕业生的援助（文部科学省、厚生劳动省）

文部科学省通过实施《关于学生的问题行为和不去上学等学生指导问题的调查》，掌握并公布了高中辍学情况（参见附图3-9、附图3-10）。

为了消除学力差距、帮助高中辍学学生升学和就业，从2017年起，文部科学省以高中辍学学生为对象开展了使其达到高中毕业水平的学习咨询以及关于学习援助模型等举措的实践研究。同时还采取措施，使研究成果在全国范围内推广。

厚生劳动省从2017年开始与高中和援助站等方面合作，开展"待业青年外展援助事业"，根据高中辍学学生的实际需求，实施外展（访问）型无缝连接就业援助。

2. 残疾儿童、青年援助

（1）残疾儿童、青年援助（文部科学省）

①促进特别援助教育

为了最大限度地发挥残疾儿童的能力和可能性，培养其自立和参与社会的能力，应根据每个人的教育需求，在各种学习场合为其提供合理的指导和必要的支持。目前，在特别援助学校、小学和初中的特别援助班级及普通班级中根据残障情况进行的特殊指导（也就是"通级指导"①）中，在特别教育课程下制定个别教育援助计划和个别指导计划，并充分发挥根据特殊关怀而定制的教科书、具有专业知识和经验的教师以及残疾人设施和设备的作用，对其进行指导。

文部科学省采取以下措施促进特别援助教育的发展：

- 为了完善援助体制，地方公共团体采取以下措施：ⓐ为需要特别援助的儿童建立贯穿其学龄前、学生期间直至进入社会的无缝支援体制；ⓑ配置特别援助教育专家；ⓒ补贴一部分完善特别教育制度所需的费用。
- 在小学、初中和高中内对可能存在智障问题的学生展开援助，对以下内容进行研究：ⓐ基于特别援助教育的角度学校管理模式；ⓑ对学习困难

---

① 在小学和初中的普通班级中在籍的残疾程度相对较低的学生基本在普通班级中学习，同时也要根据其残疾情况在特殊地点接受特别指导。主要针对有语言障碍、自闭症、情绪障碍、学习障碍、注意力缺陷多动症、弱视、听力损失等学生。2016年12月进行省令修订，规定从2018年开始，高中也要开展通级指导。

的学生进行教科指导的方向性；ⓒ负责特别课程的教师培训体制及必要的教学方法；ⓓ根据学生的不同特点进行的合理关怀；ⓔ学校与福利组织的合作以及援助信息的共享方式。

- 为了在公立幼儿园、小学、初中和高中配置"特别援助教育专员"，对包含智障在内的残疾学生进行援助，由地方财政负责为其筹措经费，促进特别援助教育专员的配置。同时为私立学校的残疾教育补贴一部分设备经费。

- 针对教师进行关于特别援助教育的专业培训，加深监护人等人对特别援助教育的理解。

- 文部科学省开展委托事业，并将实践范例公布于独立行政法人国立特别援助教育综合研究所的"《合理性关怀》实践范例数据库"上，发布对残疾儿童提供"合理性关怀"有帮助的信息。

②帮助残疾学生入学

文部科学省和地方公共团体鉴于残疾儿童在特别援助学校和小学、初中入学的特殊情况，为了减轻监护人的经济负担，根据其经济能力支付相应额度的入学奖励费。

③残疾儿童与正常儿童以及地区内其他人员的交流和共同学习

关于残疾儿童与正常儿童以及地区内其他人员的共同生活，不仅在培养他们丰满的人性和社会性方面具有重要意义，还可以加深地区内其他人员对残疾儿童的正确理解和认识。

文部科学省不断促进上述学习活动，在 2017 年 3 月公布的新《学习指导纲要》规定了要为残疾儿童与正常儿童的交流和共同学习提供机会，同时要以教育委员会为主体，在学校内通过各学科以及体育、文化和艺术等活动为其提供共同学习的机会，进一步促进人们对残疾人的理解。此外，还根据《通用设计 2020 行动计划》（「ユニバーサルデザイン2020 行動計画」）于 2017 年 7 月召开了"心理无障碍学习促进会议"，提议于 2018 年 2 月实施进一步促进交流和共同学习的方针。要在充分吸收建议的基础上，更加巩固和提高通过交流及共同学习推进对残疾人的理解而采取的相关措施，并敦促教育委员会和学校实施积极的举措。

独立行政法人国立特别援助教育综合研究所为了推进各都道府县的交流和共同学习，以教职员工为对象，举办了"交流和共同学习促进指导者研究协议会"，促进相互理解并普及具体方案。

④体育活动

在文部科学省，体育部门关系人员与残疾福利部门关系人员构筑协同合作机制，在地区内共同促进残疾人体育活动，同时为打造残疾人可以在周边进行体育运动的环境提供援助。为了实现共生社会，将于 2020 年在全国的特别援助学校举办体育、文化和教育的全国性庆典"Special 项目 2020"，作为 2020 年东京奥运会的文化遗产。在推动这一活动的同时，为了促进包括残疾儿童在内的残疾人参加日常体育活动，支持将特别援助学校等场所作为残疾人体育运动的据点。

（2）智障儿童、青年援助

①强化以"智障者援助中心"① 为核心的地区援助体制（厚生劳动省）

厚生劳动省根据《智力障碍者援助法》（「発達障害者援助法」）（平 16 法 167），与地区医疗、保健、福利、教育和劳动领域的相关人员合作，促进对智障者及其家庭的咨询援助。鉴于近年来为了实现共生社会采取措施的现状，为了进一步巩固对智障儿、智障者的援助，2016 年 5 月 25 日制定了《智力障碍者援助法部分修订法案》（「発達障害者援助法の一部を改正する法律」）（平 28 法 64）。根据本次修订，规定国家和地方公共团体需根据生命阶段实施无缝援助，推动包括家庭在内的细致援助，促进构筑智障儿、智障者及其家庭可以到附近场所接受援助的体制。

根据此次修订内容，厚生劳动省实施以下措施：

- 2018 年起，将地区生活援助事业中的"智障者援助体制整备事业"部分作为新的"智障者及其家庭援助事业"独立出来。该事业在继续开展培养家长导师②以及家长培训③等措施之外，为了促进对智障儿、智障者家庭的援助，采取对面临同样问题的智障儿、智障者本人或其家庭进行一对一援助等新措施。

- 鉴于早发现早援助的重要性，从 2016 年起，各都道府县对最初接受咨询和接诊次数较多的儿科医生等家庭医生实施培训，以提高接诊智障问题时的应对能力。培养专业医疗工作者，让任何地区都能对智障患者进行一定水平的治疗和应对。

从 2018 年起，创立"智障专门医疗机构网络构筑事业"，在各都道府县和指定城市构筑智障问题相关的医疗机构网络，同时为了培养能够对智障问题进行诊治和援助的医生，支持进行实地培训等活动。

---

① 截至 2012 年年底，在所有都道府县和指定城市完成设置。
② 智障儿童的父母。可发挥其经验，对刚诊断为智障儿童的"新手"父母提供建议。
③ 帮助智障儿童的父母理解自己孩子的行为、根据智障的特征学习表扬或者批评的方法。

- 为了让智障儿、智障者及其家庭能够在地区内安心生活，通过开展"智障者地区生活援助模范事业"，开发援助方法，并通过与相关领域协作完善无缝援助，提高地区援助水平。
- 国立残疾人康复中心设置了"智障问题信息和援助中心"，作为全国智障援助中心的核心，负责发布信息及普及和推广援助方式。同时从 2016 年起与专家合作，对自治体内的地区援助体制的构筑进行指导和建议。此外，对智障者援助相关职员开展专业知识和技能学习的培训。

①完善学校援助体制（文部科学省）

有可能存在智力障碍的儿童也会在普通班级中上学，因此文部科学省推动完善针对包括智障问题的残疾儿童的学校援助体制（参见上一项"残疾儿童、青年援助"）。

独立行政法人国立特别援助教育综合研究所采取以下措施：

- "智障教育促进中心"与厚生劳动省合作，通过网络向学校教职员工和监护人提供关于正确理解智障问题的各种教育信息和研修会等活动信息。
- 2017 年，以"特殊指导中期待的事"为主题召开了"智障教育实践研讨会"，讨论关于提供最新信息、介绍政策、报告实践事例以及研究等内容。

（3）残疾人就业援助等（文部科学省、厚生劳动省）

《关于促进雇佣残疾人的相关法律》（「障害者の雇用の促進等に関する法律」）规定，民间企业有义务雇佣一定比例（残疾人雇佣率）的残疾人。从 2018 年 4 月起，将精神病患者列入残疾人雇佣率的计算基础内，将民间企业的残疾人雇佣率从 2.0% 提高至 2.2%。

厚生劳动省为达成残疾人雇佣率，在劳动就业培训中心（HelloWork）实施严格的达成指导，并采取以下措施。

- 以劳动就业培训中心（HelloWork）为中心，与地区福利设施、特别援助学校、医疗机构等相关机构合作，实行从求职到职场稳定，持续进行援助的"团队援助"。
- 为消除残疾人及其监护人对就业的不安以及中小型企业对雇佣残疾人的不安，厚生劳动省与地区福利机构、特别援助学校、医疗机构等相关机构合作，开展职场实习、求职援助研讨会和企业所见习会（促进由福利、教育、医疗向雇佣转移）等活动。

- 根据《残疾人综合援助法》规定，实施帮助残疾人向普通就业转移的"就业转移援助"、为普通就业困难者提供工作场所的"就业继续援助"以及为了帮助其解决普通就业时产生的生活问题与相关机构进行联系协调的"就业稳定援助"。
- 对于有精神障碍和智力障碍问题的求职人员，根据其残疾的特征采取非常细致的就业援助。
- 对于因智障等问题，在交流能力和人际关系上存在困难的青少年，通过实施"青少年交流能力需要援助者就业项目"，由劳动就业培训中心（HelloWork）的咨询专员进行非常细致的个别咨询和帮助。
- 在残疾人职业能力开发学校（全国共计18所），以需要进行特殊职业培训的残疾人为重点，根据残疾特征开展职业培训。
- 在企业、社会福利法人、NPO法人和民间教育培训等地区内的多种委托机构内开展学习必要就业知识和技能的委托培训。

文部科学省与相关劳动机构合作，在特别援助学校高中部和高中设置就业援助协调员，对残疾学生进行就业援助。同时联合福利和劳动等相关机构进行职业教育、就业援助的研究。

（4）残疾人文化艺术活动援助（文部科学省、厚生劳动省）

建立一个无论是否身患残疾，所有青少年都能热爱文化艺术、发挥才能的社会至关重要。文部科学省在全国高中生展示艺术文化活动的全国高中综合文化节上为特殊援助学校的学生提供展示作品和表演艺术的场地，同时，为了确保孩子们有机会欣赏和体验高品质的文化艺术，派遣残疾人艺术家到小学和初中表演轮椅舞蹈，为学生提供体验轮椅舞蹈等机会。此外，努力充实残疾人文化艺术活动，如在国内外演出、展示残疾人的优秀文艺作品、支持为选出的赞助电影制作无障碍字幕和音频指南等。

（5）慢性疾病儿童和顽症患者援助（厚生劳动省）

针对儿童慢性疾病和疑难杂症，从2015年1月开始，各都道府县实行基于《儿童福利法》（「児童福祉法」）（昭22法164）和《关于顽症患者医疗的法律》（「難病の患者に対する医療等に関する法律」）（平26法50）的基础医疗费补助制度和基于《儿童福利法》的小儿慢性特定疾病儿童自立援助事业。

2015年9月制定了《综合促进顽症患者医疗的基本方针》（「難病の患者に対する医療等の総合的な推進を図るための基本的な方針」），同年10月制定了《推动因小儿慢性特定疾病与其他疾病而需要长期疗养的儿童健康发展相关措施的基本方针》(「小児慢性特定疾病その他の疾病にかかっていることにより長期にわたり療養を必要とする児童等の健全な培养に係る施策の推進を図るための基本的な方針」)。

厚生劳动省根据以上法律和基本政策,针对小儿慢性特定疾病与顽症患者采取以下综合性措施。

- 为了减轻小儿慢性特定疾病与顽症患者的医疗费负担,都道府县等实施医疗费补助制度,为其负担一半费用。
- 为了对小儿慢性特定疾病的儿童实施自立援助,都道府县根据《儿童福利法》开展咨询援助事业和相互交流援助事业等小儿慢性特定疾病儿童自立援助事业,并负担其一半费用。
- 在儿童到成年人的成长阶段,根据小儿慢性特定疾病儿童等个别疾病的状况接受适当的医疗,为了构筑能够使其接受加深对自身疾病理解和认识等的成长期医疗援助体制,制定并宣传必要的指南,推进成长期的医疗援助。
- 促进病例少且研究进展缓慢的疾病研究,汇总数据并推动有助于治疗的调查研究。
- 为了能够尽早进行正确的诊断和治疗,通过与专业医疗机构和家庭医生之间的合作,确保医疗保障体系发挥作用。
- 为了消除日常生活中的不安,通过顽症咨询支援中心等加强咨询援助体制。
- 在劳动就业培训中心(HelloWork)中配置顽症患者援助专员,与顽症咨询支持中心合作,为顽症患者提供就业帮助。

3. 违法犯罪儿童、青年援助

触犯刑法的少年嫌疑犯、未满 14 岁的违法(刑法)少年训导者、未满 20 岁的虞犯少年训导者都在减少,同时,违反轻犯罪法的特别法犯罪青少年解送人员和未满 14 岁的违法(特别法)少年训导者人数近年来也有所减少。触犯刑法的少年嫌疑犯在青少年人口中的占比虽然有所下降,但与成年刑事犯罪的人口比相比,这一比率仍然很高(参见附图 3-13)。

从犯罪年龄上看,在未满 14 岁的违法少年中,13 岁的人数最多,而 12 岁以下少年犯罪占比则有所上升。从犯罪类型上看,盗窃人数占刑法犯罪青少年和未满 14 岁的违法(刑法)少年的一半以上。此外,被逮捕的初次犯罪(商店

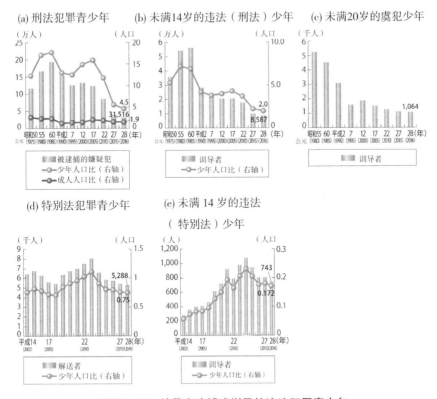

(a) 刑法犯罪青少年　　(b) 未满14岁的违法（刑法）少年　　(c) 未满20岁的虞犯少年

(d) 特别法犯罪青少年　　(e) 未满14岁的违法
　　　　　　　　　　　（特别法）少年

附图 3-13　被警方逮捕或训导的违法犯罪青少年

注 1　引自警察厅《青少年训导及监护概况》。

注 2　人口比是指在该当年龄层的千分比（未满 14 岁的违法少年以 10 岁—13 岁的人口数计算）。

盗窃、自行车盗窃、摩托车盗窃、非法占有他人遗失物）人数呈降低趋势（参见附图 3-14、附图 3-15、附图 3-16）。

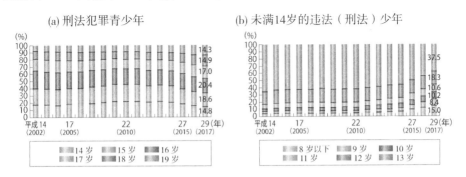

(a) 刑法犯罪青少年　　　　(b) 未满14岁的违法（刑法）少年

附图 3-14　被警方逮捕或训导的违法犯罪青少年（按年龄构成的百分比）

注　引自警察厅《少年违法犯罪、儿童虐待和青少年性伤害的状况》。

◆从犯罪类型上看，盗窃人数占刑法犯罪青少年和未满 14 岁的违法（刑法）少年的一半以上。

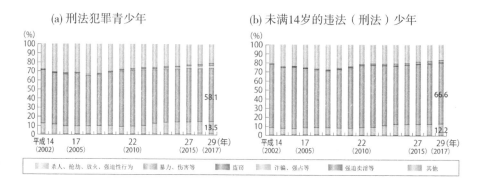

附图 3-15　被警方逮捕或训导的违法犯罪青少年（按犯罪类别的百分比）

注 1　引自警察厅《少年违法犯罪、儿童虐待和青少年性伤害的状况》。

注 2　图表中，杀人、抢劫、纵火、强迫性行为是指凶恶犯；暴力、伤害是指粗暴犯；诈骗、挪用公款是指智能犯；强制卖淫是指性风俗犯。

注 3　2017 年 7 月 13 日刑法进行了部分修改，修改了强奸罪的名称、构成要求等，因此在图表中，将"强奸"改为"强迫性行为"。

◆被逮捕的初次犯罪（商店盗窃、自行车盗窃、摩托车盗窃、非法占有他人遗失物）人数呈降低趋势。

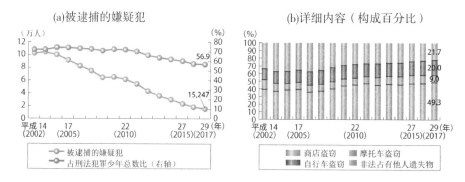

附图 3-16　初次犯罪

注　引自警察厅《少年违法犯罪、儿童虐待和青少年性伤害的状况》。

就青少年触犯刑法的犯罪情况来看，14—20 时这一时间段发生的犯罪行为占 40.9%；同时以占有和消费为目的的犯罪行为占比为 61.4%（参见附图 3-17）。

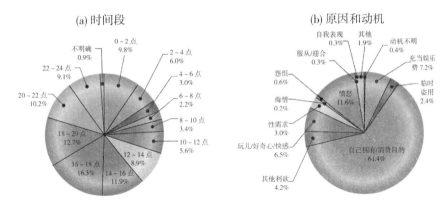

附图 3-17 刑法犯罪青少年的犯罪时间段和犯罪原因、犯罪动机（2016 年）
注 引自警察厅《青少年训导及保护概况》。

（1）综合措施

①相关府省厅协作（内阁府、警察厅、法务省、文部科学省）

由儿童、青年导致的受到社会关注的重大案件层出不穷，所以，对儿童、青年违法犯罪采取预防措施刻不容缓。

为了在违法犯罪的对策方面进行密切的联络、情报交换和协商，政府在儿童、青年成长援助促进总部下设置了少年违法犯罪对策主管会议，与相关府省厅合作，充实和强化相关措施。

②家庭、学校和地区合作

违法犯罪问题是在家庭、学校和地区各自存在问题的复杂作用下出现的。因此，必须在家庭、学校和地区间取得更密切的合作，一体化地推动对防违法犯罪的预防和对重建生活的支持。

①"援助小组"（内阁府、警察厅、法务省、文部科学省）

"援助小组"关注多样化和深刻化发展的青少年问题行为中的具体情况，为了对其提供准确援助，由学校、警察、儿童咨询所和监护观察所等相关机构组成小组，进行适当职务分配后联合应对问题。相关机构通过建立日常网络，在"援助小组"的构成和活动中紧密协作。

为了充分发挥"援助小组"的作用，警察厅和文部科学省与辖区警察局共同组织了问题行为合作组织协议会，开展紧密合作。

②学校和警察合作（警察厅、文部科学省）

学校和警察必须紧密合作，以防止青少年违法犯罪和校园暴力。为此，以警察署的管辖区域和市/镇/村区域为单位，在所有都道府县设立了学校警察联络协议会。2017年4月1日，全国约有98%的小学、初中和高中参与，共成立了约2300个学校警察联络协议会。

此外，为了预防违法犯罪，促进青少年健康成长，根据都道府县警察和教育委员会签订的协议和约定，在各地建立"学校、警察联络制度"，在警察和学校之间通报有关违法犯罪青少年、问题行为青少年和其他在健康成长方面存在问题的青少年的信息。

③校园援助者（警察厅）

警察可以返聘退休警官作为校园援助者，应学校的要求加以派遣。校园援助者作为沟通警察与学校之间的桥梁，可以对如何处理校园内青少年问题行为、参加巡视活动、咨询活动和确保安全方面提出建议。截至2017年4月1日，已在44个都道府县配置了约860名校园援助者。

④回归监护援助中心（法务省）

"回归监护援助中心"主要开展处置工作以及预防犯罪活动，是进一步促进回归监护活动的基地。2017年，全国共设置了501个中心。"回归监护援助中心"有监护员进驻，与教育委员会、学校、儿童咨询所、福利事务所、社会福利协议会、警察、劳动就业培训中心（HelloWork）等相关组织和机构合作，对接受回归监护观察的人群进行重建生活的援助，并召开防范违法犯罪研讨会以及接受居民违法犯罪咨询等。

⑤少年法务援助中心（法务省）

青少年鉴别所①作为"青少年法务援助中心"，运用违法犯罪和青春期青少年行为的相关知识和技能，通过与青少年及其监护人进行个人咨询为其提供信息和建议。此外，青少年鉴别所与儿童福利组织、学校和教育相关机构、NPO等民间团体以及青少年健康发展相关的组织和团体合作，在地区内对预防违法犯罪和健康成长的相关活动进行援助。

（2）预防违法犯罪和咨询活动

①创建不滋生违法犯罪青少年的社会（警察厅）

为了提高青少年的规范意识，强化其与社会之间的联系，警察在全国范围内开展"创建没有违法犯罪青少年的社会"活动。具体而言，就是推动与有可能陷入犯罪的青少年进行积极沟通，推进"青少年重建生活援助活动"，与地区合作提供丰富的活动机会以及安排住处等措施，让其重建生活。由于青少年案

---

① ①根据家庭裁判所的要求，区分需要鉴别的对象、②对收容在少年鉴别所的人员，进行必要的观护处置、③在地区进行协助预防违法犯罪相关援助的设施。

件的共犯率与成人案件相比处于较高水平，而且不良交友成为其重建生活的主要障碍，因此，应当在了解实际情况的同时，与青少年警察志愿者合作，通过逮捕和训导、发现并拯救发出求救信号的青少年、分别给予重建生活援助等措施，以期最终消除违法犯罪（参见附图3-18）。

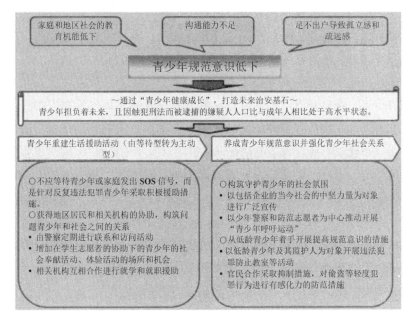

附图3-18　促进创建"不滋生违法犯罪青少年"的社会
注　引自警察厅资料。

②预防违法犯罪教室（警察厅、文部科学省、法务省）

警察通过向校园派遣工作人员以及与青少年警察志愿者合作，开设预防违法犯罪教室，以具体的犯罪案例为题材与青少年进行直接交流，提高青少年自身的规范意识。

文部科学省与学校、家庭和地区紧密联系，为了培养青少年丰满的人性和社会性，努力加强道德教育，同时通过与有关组织合作举办预防违法犯罪教室等方式培养青少年的规范意识，努力预防青少年犯罪。

法务省监护员对违法犯罪问题有着丰富的知识储备和监护观察处置经验，监护员直接进入小学和初中，开设以违法犯罪问题和药物问题为主题的预防违法犯罪教室，并就问题青少年的指导方式与教师达成协议，努力防止中小学生的违法犯罪，力图防患于未然、保证青少年健康成长。

③提供丰富的活动机会以及提供住所（警察厅、文部科学省）

（参见第2章第1节1（3）"促进体验活动"、第4章第1节3"在全地区创建培养青少年的环境"）

④咨询活动（内阁府、警察厅、法务省、文部科学省）

在当地市/镇/村为中心设立的青少年中心（指以青少年教育为目的开展咨询等活动的机构，以青少年训导中心和青少年培养中心的名义开展活动）从事咨询活动、街头教育和去除危险环境等相关活动。青少年中心负责咨询的问题除违法犯罪之外，还有欺凌、不去上学和虐待等各种问题。

为了预防违法犯罪、离家出走和自杀，保护与犯罪、欺凌和虐待儿童有关的受害青少年，警察开设了咨询窗口，由具备专业的心理学等知识的青少年教导人员和警官等，接待有各种烦恼的青少年及其监护人的求助请求，为其提供必要的指导和建议。还开设了电话咨询窗口"青少年电话角"，同时也接受传真以及电邮咨询，为咨询者营造方便的咨询环境。2016年，警方共收到66035份咨询，比上一年增加了1254次（1.9%）（参见附图3-19）。从咨询内容来看，在青少年本人进行的咨询中，涉及家庭、交友问题和犯罪受害的问题较多；而监护人进行的咨询中，多为家庭问题和违法犯罪问题（参见附图3-20）。咨询后需要进行持续指导和建议的案例为11779件，占总数的17.8%（关于学校咨询体制，请参见第2章第2节2（3）"加强学校咨询制度"）。

◆2016年，警察受理青少年咨询件数为66035件。

咨询对象	分类	咨询件数	结构比（%）	性别（件数）男性	女性
总和		66,035	100.0	29,931	36,104
青少年本人		14,777	22.4	6,435	8,342
	未入学	36	0.1	23	13
	小学生	1,124	1.7	593	531
	中学生	3,545	5.4	1,622	1,923
	高中生	5,109	7.7	2,012	3,097
	大学生	776	1.2	212	564
	其他	514	0.8	165	349
	职业青年	1,878	2.8	1,026	852
	待业青年	1,269	1.9	486	783
	不详	526	0.8	296	230
监护人		32,060	48.6	10,570	21,490
其他		19,198	29.1	12,926	6,272

附图3-19　警察受理青少年咨询状况（2016年）
注　引自警察厅调查。

　　法务省通过人权拥护委员会和法务局、地方法务局的工作人员提供青少年人权问题的咨询服务。青少年鉴别所也以"法务青少年援助中心"的名义为关注青少年违法犯罪和问题行为的家长和学校人员提供咨询服务。临床心理学等专业的工作人员负责提供建议和相关信息。"回归监护援助中心"作为预防违法犯罪的重要环节，由监护员针对青少年的违法犯罪和问题行为等向监护人提供咨询服务。

　　◆在青少年本人进行的咨询中，涉及家庭、交友问题和犯罪受害的问题较多；而监护人进行的咨询中，多为家庭问题和违法犯罪问题。

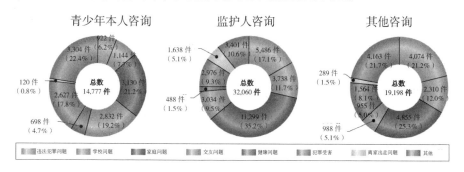

附图 3-20　青少年咨询内容（2016年）

注　引自警察厅调查。

　　⑤训导活动（内阁府、警察厅）

　　为了预防青少年违法犯罪，在问题行为发生的早期阶段采取适当的行动至关重要。

　　警察以全国范围内设置的青少年援助中心为核心，与警方委托的青少年警察志愿者合作，重点关注闹市区和公园等容易发生违法犯罪的地点，推进对离家出走青少年的发现和保护工作以及对问题行为青少年的训导活动，及早发现问题行为，向青少年及其监护人提供准确的建议和指导。

　　在市/镇/村的青少年中心，由市/镇/村委托青少年教导委员开展街头教育和去除危险环境活动。

　　自2005年以来，由于问题行为而被训导的人数呈下降趋势（参见附图3-21）。

　　⑥案件搜查和调查

　　ⓐ警察（警察厅）

　　当警察发现违法犯罪的青少年时，应进行必要的搜查和调查，送交或通告检察官或家庭裁判所、儿童咨询所等相关机构，并向青少年监护人提供建议，确保给予违法犯罪青少年以合理指导。

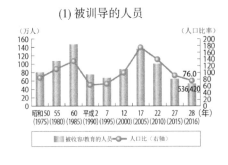 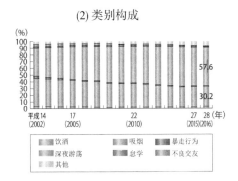

（1）被训导的人员　　　　　　（2）类别构成

附图 3-21　因问题行为被训导的人员

注1　引自警察厅《青少年训导及保护概况》。

注2　人口比为 14-19 岁人口的千分比。

- 犯罪青少年（14 至 20 岁犯罪者）

根据《刑事诉讼法》（「刑事訴訟法」）（昭 23 法 131）和《少年法》（「少年法」）（昭 23 法 168）规定，在完成必要调查后，如果判处为罚款或罚款以下的处罚时，该案件将送交家庭裁判所；如果判处为监禁或监禁以上的刑罚时，则该案件将送交检察官。

- 未满 14 岁违法少年（14 岁以下触犯刑罚法令者）

如果认定没有监护人或监护人照顾不当时，应通知儿童咨询所。其他情况则采取相应的措施，如向监护人提供适当的建议等。此外，如果认定因故意犯罪行为而导致受害者死亡时，则必须将案件送交至儿童咨询所所长。

- 未满 20 岁的虞犯青少年（20 岁以下，由于某些理由并参考其性格或环境，认为将来可能会犯罪，或者可能做出触犯刑法犯罪行为的人）

18 岁至 19 岁的情况下，送交家庭法庭；14 岁至 18 岁（不包括 18 岁）的情况下，则根据案件内容或家庭环境进行判断，送交或通知家庭裁判所或儿童咨询所；14 岁以下的情况，则可以通告儿童咨询所，必要时在监护人同意的基础上继续进行训导。

ⓑ检察厅（法务省）

检察官的职责：

- 接收到警察送交的案件时，需进行必要的调查。如果认定为涉嫌犯罪，则将案件送交至家庭裁判所。在没有犯罪嫌疑但存在虞犯情况时，也需要送交至家庭裁判所。送交时需添加处置意见，例如是否对青少年施加刑罚、是否应采取教育观察、送交少管所等监护处分等。

- 如果家庭裁判所决定对青少年实施审判，则协助裁判所进行事实认证。
- 对于家庭裁判所认定应处以刑事处分并送交检察官的青少年，原则上应提起公诉。

检察官经过充分调查后了解案件事实并进行适当的处理，这是打击青少年犯罪最基本、最重要的措施，今后亦将进一步加强。

⑦ 违法犯罪集团对策（警察厅）

因抢劫和拦路抢劫等街头犯罪而被逮捕的嫌疑犯中约四成是青少年（参见附图3-22）。虽然20岁以下暴走族（炸街党/飞车党）人员的人数有减少倾向，但对治安而言，暴走族和违法犯罪青少年集团等违法犯罪集团的各种犯罪仍然是一个重要的问题（参见附图3-23）。违法犯罪集团不仅进行噪音炸街行为以及集团暴力事件等集团违法行为，也造成了很多由其青少年成员所进行的特殊诈骗等各种犯罪。

◆因抢劫和拦路强盗等街头犯罪而被逮捕的嫌疑犯中约四成是青少年。

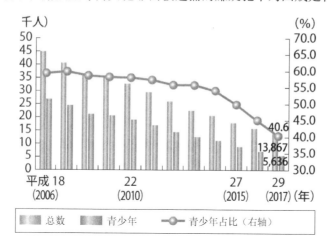

附图3-22 被逮捕的街头犯罪人员
注 引自警察厅《少年违法犯罪、儿童虐待和青少年性伤害的状况》。

警察应加强与青少年部门、交通部门和刑事部门的合作，切实掌握违法犯罪集团的实际情况，开展以下行动。

- 运用各种法律法规严厉打击成为违法犯罪集团及其后备成员的违法犯罪青少年，以弱化并捣毁违法犯罪集团。
- 防止青少年加入青少年违法犯罪集团以及暴力团伙，帮助他们脱离团伙。
- 与有关组织合作，实行防止非法改造车辆、改善道路交通环境等防止暴走族的措施。

◆警察所掌握的 20 岁以下暴走族人员呈减少趋势，作为刑法犯被逮捕的人数也在降低。

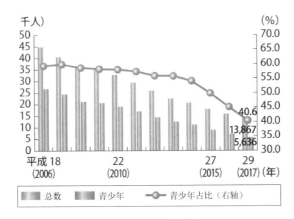

附图 3-23　暴走族

注　引自警察厅《青少年训导及监护概况》。

（3）防止乱用药物（内阁府、警察厅、文部科学省、厚生劳动省、法务省）

2017 年，有 1317 名 30 岁以下者因兴奋剂犯罪被逮捕，该数据呈长期下降趋势。另一方面，因大麻犯罪而被逮捕的 30 岁以下者从 2014 年开始增加，2017 年这一数据达到 1471 人，超过了因兴奋剂犯罪而被逮捕的嫌疑犯人数。因大麻被逮捕的嫌疑犯中约有一半为 30 岁以下者（参见附图 3-24）。此外，在因乱用危险药品而被逮捕的嫌疑犯中，30 岁以下者占比不到 2 成（参见附图 3-25）。

◆从 2014 年开始，因大麻犯罪而被逮捕的 30 岁以下者连续 4 年增加，约占被逮捕嫌疑犯的一半。

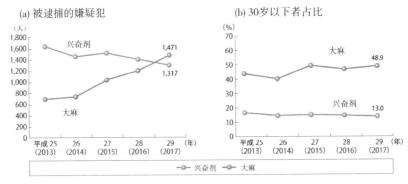

附图 3-24　因药物犯罪被逮捕的 30 岁以下者

注　引自警察厅·《2017 年团伙犯罪情况》

	人数	构成比
50 岁以上	105	17.4%
40 ~ 49 岁	208	34.4%
30 ~ 39 岁	196	32.4%
20 ~ 29 岁	94	15.5%
20 岁以下	2	0.3%
全部	605	—

附图 3-25　滥用药物人员逮捕情况（2017 年）

注 1　引自警察厅《2017 年团伙犯罪情况》。

注 2　滥用危险药品人员是指在因危险药品而被逮捕的嫌疑犯中，售卖危险药品等供给方之外的人员。

掌握儿童和青少年滥用兴奋剂和大麻的实际情况，并通过宣传教育等措施普及滥用药物的危险和危害十分重要。

根据犯罪对策内阁成员会议之下设置的药物乱用对策促进会议制定的《第四次防止药物滥用五年战略》（「第四次薬物乱用防止五か年戦略」）（2013 年 8 月）和《杜绝滥用危险药品紧急对策》①（「危険ドラッグの乱用の根絶のための緊急対策」）（2014 年 7 月），政府与相关省厅部门共同努力，推动制定综合对策以杜绝药物滥用现象。

为了向青少年宣传滥用药物的危险性以及相关的正确知识，内阁府在网站上发布了药物滥用对策漫画，宣传药物依赖的严重后果，并开展宣传咨询窗口等活动。

鉴于近期包含危险药品在内的药物犯罪情况以及政府对药物政策的强化，警察努力掌握药物走私和贩卖组织的实际情况，力图将之捣毁。并与有关机构合作加大海关审查力度以切断药物供应，同时坚决逮捕受管制药物和指定药物的滥用者，开设面向青少年的防止药物滥用教室，为大学生和社会新人举办预防药物滥用讲习会，彻底杜绝药物需求。

---

①　2014 年 7 月制定了《杜绝滥用<违法药品>紧急对策》（『脱法ドラッグ』の乱用の根絶のための緊急対策」），同年 8 月进行了部分修订，并更名为《杜绝滥用危险药品紧急对策》（「危険ドラッグの乱用の根絶のための緊急対策」）。

法务省对少管所中存在药物依赖问题的人员实施药物违法犯罪指导①。刑事部门对存在麻醉剂和兴奋剂等药物问题的服刑人员进行药物戒断指导②。在监护观察所，根据自愿原则对被监护人员实施简易药物检测，针对符合某些条件的人实施基于认知行为疗法的防止再次滥用药物计划。此外，为了进一步加强防止累犯并援助其回归社会，法务省与厚生劳动省联合制定了《关于支援药物依赖刑满释放者的地区合作方针》（「薬物依存のある刑務所出所者等の支援に関する地域連携ガイドライン」），努力加强与当地医疗、卫生和福利组织以及民间援助团体的合作，考虑设施内处置方式和社会内处置方式的一贯性，努力巩固充实处置工作。

为了加强防止药物滥用教育，文部科学省与厚生劳动省、警察厅合作，在小学、初中和高中开设防止药物滥用教室。此外，还与厚生劳动省一起努力传播关于药物危害性和非法性的正确知识，同时制定面向小学生到大学生的防止药物滥用的相关宣传材料，并广泛发放。

厚生劳动省采取的措施有：

- 加大对利用互联网私卖管制药物以及外国人私卖管制药物的监管力度，从源头防止青少年的药物滥用。
- 与相关组织和团体合作开展防止滥用麻醉剂、兴奋剂等宣传活动，根据要求派遣防止药物滥用专家访问学校和活动场所，使用"可疑药物联络网"集中收集和提供信息。
- 迅速将危险药品列为监管药物。
- 对涉嫌监管药物的物品执行检验令和销售停止令。
- 提出清除危险药品互联网零售商的请求。
- 通过建立药物依赖咨询中心，加强地区防止滥用药物和药物依赖的相关

---

① 属于《少管所法》的一项特殊生活指导，对于依赖麻醉剂、兴奋剂以及其他药物的人员，应使之认识到药物的有害性和成瘾性，了解导致药物成瘾的主观性问题，并防止再次滥用。使用以认知行为疗法为基础的辅助教材进行集体指导，或者以个别指导为主，通过人际关系指导、民间自助团体演讲与跟踪指导组合，提高指导效果。对于那些需要进行重点和集中指导的人员，应在重点指导设施中提供指导。此外，由于父母在戒除药物依赖方面起着重要作用，重点指导设施为监护人提供关于药物依赖的知识以及行之有效的亲子沟通方式。

② 这是根据刑事收容设施和服刑人员处置的相关法律进行的一项专门改进指导，在了解了药物成瘾以及使用药物的自身相关问题之后，鼓励断药，掌握预防再次使用的知识和技能，同时为了使其认识到在社会中继续接受戒除药物依赖的治疗和援助的重要性，根据其刑期和再犯风险，组织实施必修、专业和选修等各课程项目。

咨询援助体制。

- 通过指定治疗药物依赖的专业的医疗机构和治疗中心机构，加强医疗服务体系建设。
- 支持包括自助组织在内的民间团体向药物依赖者及其家庭提供援助。
- 作为防止再次滥用药物的对策，与都道府县合作进行药物依赖知识的普及活动，通过保健所和精神保健福利中心的药物咨询窗口，开展面向药物依赖者及其家庭的咨询事业和家庭课堂。

（4）少年审判（最高法院）

家庭裁判所对违法犯罪青少年进行调查和审判，认定属于违法犯罪的情况下，在进行教育的同时，分析青少年违法犯罪的原因，考虑给予青少年最为适当的惩罚措施。监护处分包括三种类型：监护观察、送交儿童自立援助设施以及少管所。如果没有必要开庭审判或实施监护处分时，也可以免予审判或不进行处分。当犯罪年龄在 14 岁以上、认为应判处监禁以上的刑罚时，应送交检察官（参见附图 3-26）。

(a) 从发现违法犯罪少年到送交家庭裁判所　(b) 从家庭裁判所调查、审判到回归社会

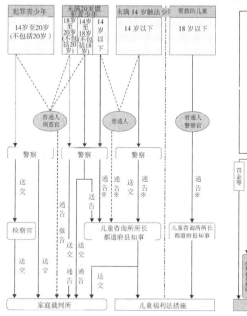
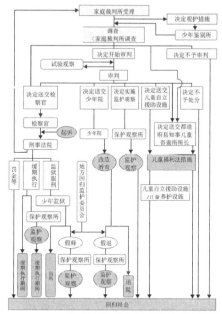

＊没有监护人或者监护人监护不当。

附图 3-26　少年案件处理手续概略图

注　引自最高法院资料。

①受理情况

2017 年，全国家庭裁判所新增受理青少年保护案件相关人员共 73353 人。其中以盗窃（25.9%）、道路交通保护事故（23.1%）、过失驾驶致人死伤（21.3%）居多。近年来，青少年保护案件的新增受理人员持续下降，与前一年相比，2017 年减少了 8645 人（同比下降 10.5%）（参见附图 3-27）。

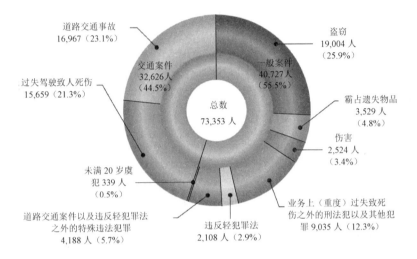

附图 3-27　家庭裁判所新受理青少年监护事件人数及类别构成（2017 年）

注 1　根据司法统计。

注 2　过失驾驶致人死伤是指（无证）过失驾驶致人死伤、（无证）过失驾驶致人死伤并酒后驾驶逃逸等、业务上（重度）过失致人死伤以及（无证）危险驾驶致人死伤。

注 3　由于采取四舍五入法到第二位小数点，因此各数据之和可能与总值存在差异。

注 4　数据为速报值。

②处理情况

2017 年，青少年保护案件结案人员（全部人员（累计）与全部案件数量相同，以下亦同）为 74441 人，其中普通案件（交通相关案件之外的青少年监护案件。以下亦同。）为 41497 人（占全体的 55.7%）、交通相关案件（（无证）过失驾驶致人死伤、（无证）过失驾驶致人死伤酒后驾驶逃逸、业务上（重度）过失致人死伤、（无证）危险驾驶致人死伤以及道路交通监护案件。以下亦同。）为 32944 人（44.3%）。根据最终决定，免予审判的最多，占 38.4%，其次是监护处分占 22.7%（参见附图 3-28）。

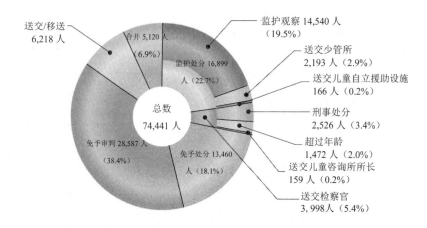

附图 3-28 少年保护案件结案人员（2017 年）

注 1 　根据司法统计。

注 2 　由于采取四舍五入法到第二位小数点，因此各数据之和可能与总值存在差异。

注 3 　数据为速报值。

①监护处分

有 16899 人被处以监护处分，其中，普通案件为 9278 人（54.9%），交通相关案件为 7621 人（45.1%）。相比上一年减少了 2305 人（同比下降 12.0%）。

- 监护观察

接受监护观察者共 14540 人，其中普通案件为 7120 人（49.0%），交通相关案件为 7420 人（51.0%）。相比上一年减少了 1868 人（同比下降 11.4%）。交通案件中有 5094 人（68.7%）被处以交通短期监护观察。

- 送交儿童自立援助设施①

送交儿童自立援助设施以及儿童护养设施的人数为 166 人。

- 送交少管所

有 2193 人被送交至少管所，其中普通案件为 1992 人（90.8%），交通案件为 201 人（9.2%），普通案件占多数。普通案件相比上一年减少了 366 人（同比下降 15.5%），交通案件相比上一年减少了 57 人（同比下降 22.1%）。

②送交检察官

因刑事处分被送交检察官的人数为 2526 人，其中交通案件所占比重最大（2423 人，95.9%），相比上一年减少了 284 人（同比下降 10.1%）。

---

① 儿童自立援助设施为针对存在问题行为或者存在问题行为倾向的青少年，通过入所或者监护人进行必要的指导，帮助青少年自立的设施。其对象多为 15 岁以下的青少年。

③送交儿童咨询所所长等①

送交至知事和儿童咨询所所长的人数为 159 人。

④免予审判、免予处分②

法官和家庭裁判所调查员在调查和审判阶段对青少年的问题进行评估，通过以下工作防止其再次发生违法犯罪行为。

- 回顾违法犯罪的内容、传递受害者情况同时给予必要的建议和指导，使其加深反省。
- 与学校取得联系，共同帮助其改善生活态度和交友关系。
- 促使其参加"犯罪带来的受害学习"和地区清扫等社会服务活动。

此外，由于家庭在预防再次违法犯罪方面起着至关重要的作用，因此应当在评估家庭关系对青少年违法犯罪的影响的基础上，调整家庭关系或鼓励青少年和监护人一起参加社会服务活动，以图解决问题。此外，举办监护人会议为监护人交流感受和经验提供场所，以此提高监护人对青少年的指导力度，促使其反思养育子女的态度，并使其意识到自己作为监护人的责任。在此基础上，如果判定无需对青少年进行审判或者给予监护处分时，可不予审判或处分。

（5）加害者赎罪指导与受害者保护

①为受害者提供信息等制度与举措（警察厅、法务省、最高法院）

警察应在注意嫌疑青少年健康成长的同时，在不妨碍调查的范围内，应受害者要求提供尽可能多的调查信息。

法务省：

- 全国检察厅从考虑包括受害者在内的全部受害者及其亲属的感受出发，向受害者提供案件的处理结果等资料。
- 少管所、地方回归监护委员会、监护观察所在关注犯罪青少年健康成长的同时，根据受害者的要求向其通知被处以送交少管所或者监护观察处分的加害少年在少管所的处遇情况以及假退院审理的相关事项、开始和结束监护观察以及监护观察中的处置情况等相关事项。
- 检察厅、地方回归监护委员会、监护观察所根据受害者的要求向其通知被处以刑事处分的加害青少年的案件处理结果、审判结果、服刑中的情

---

① 委托儿童福利组织实施。与儿童自立援助设施一样，其对象多为 15 岁以下的青少年，但每年送交的人数较少。

② 对经调查（和审判）决定不予审判或监护处分、或者认定没有必要启动审判或采取监护处分的青少年所施行的决定。

况等相关事项、假释审理的相关事项、开始和结束监护观察以及监护观察中的处遇情况等相关事项。

- 根据《回归社会保护法》(「更生保護法」)(平 19 法 88),地方更生委员会在少管所假退院审理或刑事处分的青少年假释审理中,实施意见听取制度听取受害者的意见。监护观察所实施心情传达制度,将受害者的感受传达给观察监护中的犯罪青少年。

家庭裁判所:

- 根据《少年法》(「少年法」)的规定,合理运用允许受害者旁听某些严重案件中对犯罪青少年的审判以及向受害者解释审判情况等。①
- 在调查和审判阶段,应充分照顾受害者的情绪,倾听受害者的心声,努力把握实际受害情况以及受害心理,将受害者的声音反馈到青少年审判的程序中。

②根据受害者的感受对罪犯进行合理处置(法务省)

近年来,在刑事司法领域,对重视受害者及其亲属等感受的呼声日益强烈。

在少管所和青少年监狱,为了有意识、有计划地开展"受害者视角教育",努力充实矫正教育和改善指导,使青少年能够面对自己犯下的罪行,认识到所犯罪行的后果以及受害者的感情,对受害者作出真诚的忏悔,同时努力树立不再犯罪的决心。

监护观察应根据每个案件的实际情况在处置过程中提出建议和指导,使青少年能够面对自己犯下的罪行,认识到所犯罪行的后果以及受害者的感情,对受害者作出真诚的忏悔。尤其是针对致受害者死亡或者导致其身体受到严重伤害的案件,应让接受监护观察的犯罪青少年养成对受害者的谢罪意识,指导他们制定具体的赎罪计划。

(6)设施内管教措施

①青少年鉴别所(法务省)

青少年鉴别所属于法务省的管辖设施,是指根据家庭裁判所的要求对鉴别对象进行鉴别②、对被执行监护观察措施、收容在青少年鉴别所的青少年进行必要的监护观察处置、对地区开展的预防违法犯罪活动予以援助。监护观察的收

---

① 为了加深对受害者的保护,《少年法》规定采取以下制度:①受害者查看和复制记录;②听取受害者的意见;③某些严重案件的受害者旁听审判;④向受害者说明审判情况;⑤向受害者通知审判结果。

② 鉴别根据家庭裁判所的要求,对接受事件调查或审判的人员进行鉴别(分为对收容于青少年鉴别所的人员进行的鉴别和其他人员进行的鉴别),也有根据处置机关等的要求进行的鉴别。

容时间原则上在两周以内，若有特殊需要，则可根据家庭裁判所的判决更新（延长）收容时间（最长八周）。鉴别结果以鉴别结果通知书的形式送交家庭裁判所作为审判资料，此外，若决定实行监护处分，则送交少管所、监护观察所，作为其处置的参考。同时，由于青少年鉴别所内的青少年正处于身心发展阶段，对其健康成长的考虑至关重要，所以需尊重他们的自主性，培养他们丰富的情感，支持他们提高健全生活所需要的必要知识和能力。

法务省力图加强青少年鉴别所进行的鉴别和监护观察措施。特别是在 2013 年，开始导入并充分利用《法务省式案件评估工具（MJCA）》（「法務省式ケースアセスメントツール（MJCA）」），充实防止再次违法犯罪。

②少管所与青少年监狱（法务省）

少管所对家庭裁判所判处送至少管所实行监护处分的人员以及在年满 16 岁之前接受刑罚的人员进行收容，并对其实行矫正教育及其他有助于健康成长的措施①。矫正教育是根据青少年的特点，综合生活指导、职业指导、教科指导、体育指导、特别活动指导的教育活动。并根据青少年的特点具体为每个人制定矫正教育的目标、内容、时间以及实施方法的矫正措施计划，细致落实。

被判处徒刑或监禁的青少年主要被收容于青少年监狱。青少年监狱为每个罪犯分派训导员进行面谈或日记指导等个别指导。由于青少年正处于身心发育阶段，可塑性强，所以根据每个青少年的资质和环境的调查结果对其进行矫正教育。

在少管所，由于家庭纠葛原因的在院者人数较多，为了协调家庭关系，法务省向其监护人和其他相当于监护人的人员提供在院者的相关信息，努力推动由职员进行的面谈、教育活动并积极举办家长会和研讨会，同时根据需要采取指导、建议等适当的措施。

• 儿童自立援助设施（厚生劳动省）

儿童自立援助设施②以帮助行为不良的青少年或可能产生问题行为的青少年自立为目的，根据每个人的实际情况提供生活指导、学习指导、职业指导和家庭环境指导。

厚生劳动省根据儿童自立援助设施运营方针确保并提高儿童自立援助设施的工作质量。

---

① 根据收容对象者的年龄、犯罪倾向的程度、身心障碍的有无等情况分第 1 种、第 2 种、第 3 种、第 4 种四个种类。http：//www. moj. go. jp/kyousei1/kyousei_ kyouse06. html
② 《儿童福利法》第 44 条规定的设施。

(7) 社会措施（法务省）

①少管所假退院和青少年监狱假释

少管所假退院和青少年监狱假释是指根据法律、判决和决定，在被收容者收容期满之前临时释放，促使其顺利回归社会的措施。被允许从少管所假退院和从青少年监狱假释的人员在收容期满之前接受监护观察。2016 年中，从少管所假退院的人数相当于全部出所数的 99.7%，共 2743 人。

监护观察所为了能在少管所假退院和青少年监狱假释之前，采取合理措施推动改善出所、出狱后青少年的生活环境（家庭、职场、交友关系等），对其与保证人之间的人际关系和出所、出狱后的职业等进行调整，完善接纳体制。

②监护观察

监护观察是指导监督违法犯罪少年在力图回归生活的同时遵守一定的必要事项（遵守事项和生活行动指南），同时在履行自主责任的基础上通过对其就学和就业进行辅导援助，促进其回归生活。监护观察官与民间志愿者组织监护司协同开展工作。2016 年监护观察所新增监护观察案件中的 19047 件（53.9%）是家庭裁判所决定实行的监护观察或地方回归监护委员会决定实行的少管所假退院案例。关于被处以监护观察的青少年（不包括交通短期监护观察人员）以及从少管所假退院者，将违法犯罪内容构成比按性别来看，在 2016 年新增的监护观察人员中，被处以监护观察的青少年盗窃、违反道路交通法在男性和女性人员中均为最高，其次的是伤害（男性）和过失驾驶致人死伤（女性）；而从少管所假退院者男性以盗窃、伤害、诈骗最多，女性以违反兴奋剂管理法、盗窃、伤害最多。

对于涉及复杂且困难问题的青少年，监护观察官加大直接参与的力度，重点开展工作。另外，还将青少年的问题及其他特点加以类型化，聚焦各类问题开展工作。

在北海道雨竜郡沼田町"沼田町就业援助中心"，主要以从少管所暂时出所的青少年为对象，允许他们居住在旭川监护观察所沼田事务所的宿舍里，并进行密切的监护观察。同时使之在该镇经营的农场接受农业实习，帮助他们重返生活（参见附图 3-29）。

此外，监护观察所在调整少管所收容者的生活环境和在对青少年进行监护观察时，监护观察官和监护司应与家庭成员进行面谈。认定家庭和父母养育态度存在问题时，为了使其自觉意识到对孩子的监护责任，可通过召开监护人会议等方式帮助监护人提高监护能力，同时给予指导和建议，使其能够正确履行

附图 3-29　沼田町就业援助中心
注　引自法务省网站。

监护责任。而且，家庭裁判所和少管所应努力与监护人进行协作，与其一道改善生活环境、实行监护观察措施，使监护处分最大程度地发挥成效。

③措施的充实与多样化

ⓐ相关机构协作

为了应对日益严重的违法犯罪，有关机构需要在保护青少年隐私的同时分享信息，充分发挥各组织的作用。

法务省通过采取以下措施，努力确保妥善及顺利地实施监护处分工作。

- 家庭裁判所、地方回归监护委员会、保健观察所和青少年鉴别所等相关机构在全国少管所聚集一堂，开展案例研讨会，就少管所青少年的处置过程以及今后的处置方针、监护关系的调整等问题进行讨论。
- 家庭裁判所、青少年鉴别所、少管所、地方回归监护委员会、保健观察所定期召开会议，讨论少管所和监护观察中的有效措施与合作方式。
- 处监机关根据需要与学校、警察和福利机构的员工开展个别案件讨论。

ⓑ通过社会参与活动与社会奉献活动促进回归

监护观察所通过让缺乏社会性的青少年参与社会活动，开展以其健康成长为目标的社会参与活动。作为基于《回归监护法》所实行的监护观察的特别遵守事项之一，在 2013 年 6 月公布的《刑法等部分修正案》（「刑法等の一部を改正する法律」）中增加了关于社会奉献活动的规定，并于 2015 年 6 月起实施。即以青少年为中心的监护观察对象通过开展在福利设施内的协助看护活动以及在公共场所的清洁活动等对社会有益的活动，得到他人的感谢，学习与他人合作和分工完成工作，以提高自身的价值感、社会性和规范意识。

(8) 违法犯罪青少年就业支援（法务省、厚生劳动省）

少管所和青少年监狱作为处置工作的一环，要让违法犯罪青少年做好就业的心理准备、唤起就业的意愿，并鼓励其获得各种专业资质。同时，与劳动就业培训中心（HelloWork）等机构合作，通过提供职业演讲、职业咨询、职业介绍和提供招聘信息等对其实施就业援助（参见附图3-30）。

监护观察所与矫正设施、家庭和学校合作，努力帮助出所的青少年调整和确保就业单位。对于正处于监护观察中的待业青年，应该在处置过程中掌握他们不想就业的原因、想就业但找不到工作的原因、就业但无法坚持工作的原因，并以解决问题为目的进行建议和指导。2014年起正式实施"回归监护就业援助事业"（部分监护观察所委托民间法人，由专家对其在所直至就业阶段提供持续、细致的援助。），2017年已经扩展至20个厅（参见附图3-31）。而且，为了进一步强化合作雇佣单位①的援助，2015年起开始支付"就业、职场稳定奖金"和"就业继续奖金"，此外，还努力开拓和确保对出所后青少年雇佣表示理解的"社会预备队"（将为在劳动市场上条件不利的人创造和提供雇佣机会的企业或者团体等）。

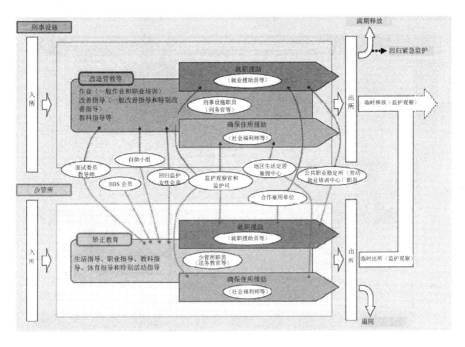

---

① 参照第5章第1节1"确保民间合作"。

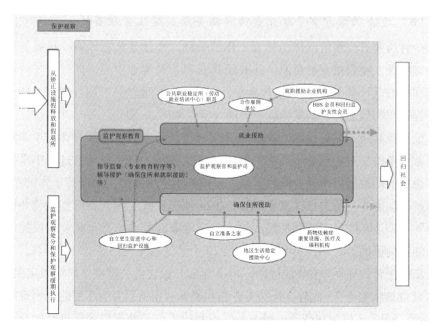

附图 3-30　违法犯罪青少年的处置以及回归社会援助概要

注　引自法务省资料。

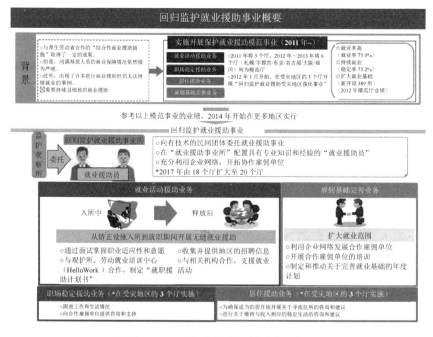

附图 3-31　回归监护就业援助事业概要

注　引自法务省资料。

劳动就业培训中心（HelloWork）与少管所、青少年监狱和监护观察所等机构合作，以即将出所或出狱人员及接受监护观察的青少年为对象，推进就业咨询、职业介绍、研讨会、职场参观会、职场体验学习和试雇佣等就业援助活动。此外，为了实现持续就业开展援助，如就业后的跟踪咨询、了解问题以及提供建议等。

对于已经离开相关机构的青少年，厚生劳动省努力完善为其提供日常生活援助和就业支持的"自立援助之家"（儿童自立生活援助事业）（参照第 3 章第 3 节⑤"推进援助措施，使离开护养机构的儿童实现自立"）。

4. 青少年贫困问题

目前，在有未满 18 岁子女的家庭中，单亲家庭的占比呈上升趋势（参见附图 3-32），但是单亲家庭的平均收入远低于其他家庭，孩子的大学升学率也较低（参见附图 3-33）。为了不让儿童和青少年的梦想破灭、为了让他们在未来有更多的选择，需要在教育、生活、父母就业等方面提供各种援助。

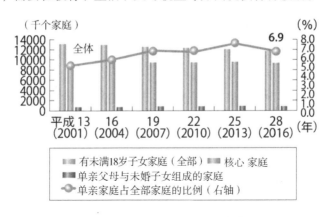

附图 3-32　有未满 18 岁子女的家庭情况

注 1　引自厚生劳动省《国民生活基础调查》。
注 2　2016 年的数据不包括熊本县。

为了解决青少年贫困问题，2013 年 6 月制定了《关于促进青少年贫困对策的相关法律》（「子どもの貧困対策の推進に関する法律」）（平 25 法 64），并于 2014 年 1 月开始实施。政府负责制定和实施了诸多消除青少年贫困问题的综合措施。根据该法律，政府在同年 8 月制定了《关于消除青少年贫困的纲要》（「子供の貧困対策に関する大綱」，以下简称为《青少年贫困纲要》），其中规定了青少年贫困对策的基本方针以及建立青少年贫困指标、当前改善指标的重

(a) 有未满18岁子女家庭的家庭平均收入
（2015年）（万日元）

夫妇与未婚子女组成的家庭	713.1
单亲父母与未婚子女组成的家庭	317.7

注1　引自厚生劳动省《国民生活基础调查》。
注2　不包括熊本县的数据。

(b) 单亲家庭的子女升学率

	单亲家庭	全部家庭
高中升学率	96.3%	99.0%
大学升学率	58.5%	73.0%

注1　单亲家庭以"全国单亲家庭调查"（2016年）为基础、全部家庭以"学校基本统计"（2017年）为基础进行计算。
注2　在"单亲家庭"一项中，"高中"是指高中、职高，"大学"是指大学、短期大学、高职和其他各种学校。
注3　在"全部家庭"一项中，"高中"是指高中、职高、中等教育学校的后期课程、特别援助学校的高中部、高职的高中课程，"大学"是指大学、短期大学、高中和特别援助学校高中部的专业课程、高职（高中课程除外）和其他各种学校。

附图 3-33　单亲家庭现状

点措施、关于青少年贫困问题的调查研究以及措施促进体制等内容，综合性推进青少年贫困问题的解决。五年后将对《青少年贫困纲要》进行修订讨论，并召开"青少年贫困问题专家会议"对措施的执行情况和效果进行核查和评估。

为了促进经济困难的单亲家庭和多子女家庭实现自立，采取以下措施十分重要：ⓐ向需要帮助的家庭提供充分的行政服务；ⓑ由于存在多重困难的家庭较多，为每个人提供相伴式援助；ⓒ为独处时间较多的青少年提供包括学习援助在内的情感支援；ⓓ实现稳定的就业。2015年12月制定了《单亲家庭和多子女家庭自立援助项目》（「ひとり親家庭・多子世帯等自立応援プロジェクト」），规定以支持就业自立为基础，综合性开展育儿、生活支援和学习援助。

2016年6月制定了《日本1亿总活跃计划》（「ニッポン一億総活躍プラン」），其中体现了克服受教育阻碍以及强化针对存在育儿困难的家庭及青少年的关怀等未来发展方向。2017年12月制定的《新经济政策一揽子计划》（「新しい経済政策パッケージ」）规定加速推动幼儿教育免费化，以及对低收入家庭和真正需要帮助家庭的青少年实行免费的高等教育。

①教育援助（文部科学省、厚生劳动省）

为了让所有有学习意愿和能力的青少年都能不受家庭经济状况影响，接受高质量的教育，文部科学省从婴儿期到高等教育阶段实施无缝式措施，减轻其教育费负担（参见附图 3-34）。

◆就学援助率连续三年降低，但每七人中就有一人接受援助，仍处于高位。

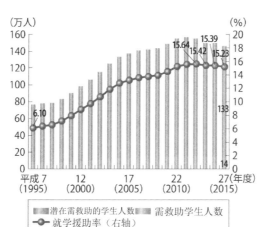

附图 3-34　对小学生和初中生就学援助状况

注 1　引自文部科学省《关于需救助与潜在需救助学生人数》。

注 2　学校教育法第 19 条规定：市/镇/村必须向因经济原因而难以上学的学龄儿童或其监护人提供必要的援助。对于生活保护法第 6 条第 2 款规定的需救助者以及市/镇/村教育委员会认定符合该标准的贫困人员（潜在需救助者）提供就学援助。

注 3　就学援助率是指公立小学、初中学生总数中需救助及潜在需救助学生人数的占比。

初等、中等教育阶段的措施：

- 为了减轻幼儿园家长的经济负担、消除公私立幼儿园的负担落差，地方公共团体正在实施降低入园费和保教费的"入园奖励事业"，文部科学省通过幼儿园入园奖励费的形式为其补助部分费用。2017 年，实行免除市/镇/村民税家庭的第二个孩子免费入园政策，同时为了进一步扩大对低收入单亲家庭的减负措施，2018 年，决定以年收入不满 360 万日元的家庭（市/镇/村民税所得税低于 77100 日元）的监护人为对象实施减负。

- 对于认定为因经济问题无法进入小学和初中学习的青少年的监护人，各市/镇/村为其提供学习用品等学习援助。从 2017 年开始，对需救助学生监护人提供援助时，在提高"新生入学用品费"的国库补贴单价的同时，还将入学前的支付也纳入补助范围内。

- 对于高中生，则为其提供高中助学金以充当学费。此外，为减轻非纳税家庭和接受生活救助家庭的学费以外的教育负担，各都道府县支持实行高中生非偿还型奖学金计划，并在 2017 年和 2018 年提高了针对非纳税家庭的补贴额度。

为了确保有积极性和有能力的学生在高等教育阶段不会因经济原因而放弃学业，独立行政法人日本学生援助机构巩固和充实大学奖学金项目并支持各大学实施学费减免。尤其是大学奖学金项目，为了支持那些因经济原因被迫放弃学业的学生，2017 年设立并先行实施了非偿还型奖学金制度，同时还为所有符合免息奖学金贷款标准的申请人提供贷款。2018 年，在正式推行非偿还型奖学金制度的同时，还将持续稳步落实向所有符合免息奖学金贷款标准的申请人提供贷款。

此外，学校作为所有学生聚集学习的地点，将其定位为打破贫困链的基础平台，实施以下措施。

- 加强教师指导体制建设，保障到校学生的学习不受家庭环境等影响。
- 与福利局等部门合作，扩大校园社工的配置工作，重点加强贫困、虐待问题的应对手段。

另外，利用当地教育资源实行以下措施，消除青少年贫困。

- 实施"利用地区教育资源消除教育差距计划"，支持有困难的亲子共同学习和成长。
- 扩充以学习较慢的初中生和高中生为对象、原则上免费的学习援助（地域未来学塾）。

厚生劳动省根据 2015 年 4 月 1 日实施的《生活贫困者自立援助法》（平 25 法 105）（「生活困窮者自立支援法」（平 25 法 105）），建立以包括接受生活保护家庭的子女在内的困难家庭为对象的学习援助制度，强化防止贫困链的延续。根据这一制度，除了学习方面的援助，还包括为青少年保障住所、日常生活援助、家访、前途咨询以及为父母提供的养育援助等。在各自治体，根据地区的实际情况，开展独创性的援助事业。

此外，从 2018 年开始，充实对包括高中辍学生和初中毕业后没有继续接受高中教育的学生在内的"高中一代"和小学生的援助措施。

②生活援助（厚生劳动省）

为了确保需要援助的单亲家庭与行政咨询窗口取得联系，2016 年，厚生劳动省加强了咨询窗口的引导手段，如提供关于咨询窗口的简易信息、充分利用智能手机检索援助信息门户网站等。同时，完善单亲家庭咨询窗口的援助体制，提供从育儿、生活到就业的一站式贴近型援助，并根据需要与其他机构合作，完善能够提供全面、综合性援助措施的体制。

此外，为了提高咨询窗口的认知度，将窗口的昵称定为"儿童茁壮成长广场"、将咨询人员称为"儿童茁壮成长守护者"。

根据《母子、父子、寡妇福利法》（「母子及び父子並びに寡婦福祉法」）（昭39法129），根据单亲家庭的实际情况综合性开展自立援助措施。

另外，还采取了以下措施。

- 创建能够在"放学后儿童俱乐部"等活动结束后为单亲家庭的孩子提供培养生活习惯、进行学习和提供食物的场所。
- 为了促进单亲家庭的自立，通过为青少年学习等必要资金提供贷款的"母子父子寡妇福利资金贷款"进行经济援助。
- 降低无担保人的资金利率，保证单亲家庭没有担保人也能够进行贷款。

③监护人就业援助（厚生劳动省）

关于自立支援教育训练补贴，厚生劳动省在2017年决定，针对有取得雇佣保险资格且可以享受一般教育培训补贴（培训费用的两成，上限为10万日元）的单亲家长，将其补贴提高到培训费用的六成（上限为20万日元）。2018年，对于领取高等职业培训促进补贴且在准护士培训机构毕业的人员，为了使其继续取得护士资格，在培训机构学习时可以为其提供总计共三年的给付金。

④住宅援助（国土交通省）

对于单亲家庭和多子女家庭中在住房问题上需要特别关怀的人，为了保障他们的居住安定，国土交通省推动供给租金低廉的公租房，推进将配备育儿设施的公租住宅区打造成为福利中心的支援工作。并于2017年建立新的住房安全网制度，其内容包括充分利用民间租赁住房和空置房屋、建立在住房上需要帮助者的租房登记制度等。同时还对房屋翻新及减轻租户负担提供帮助。从2018年开始，在大规模翻新现有公共住房和改造房屋之外，还对育儿设施等生活设施的导入提供援助。

⑤经济援助（厚生劳动省）

关于子女抚养津贴，厚生劳动省预计自2018年8月起对支付额实施以下修改。

- 将全额支付的收入上限提高至30万日元。
- 在以其收入额为基础计算支付津贴时，将取得公共用地时的土地费用从其收入额中扣除。

此外，还提出相关法案，以期将支付次数从目前每年3次增加为每年6次。

另外，为了在计算未婚单亲家庭的母亲或父亲的保育费减除和高等职业训练促进补贴等的支付额度时实施寡妇或鳏夫扣除制度，还对各制度的政令或通知进行了修改。

⑥调查研究（内阁府）

在综合性推进青少年贫困问题对策时，要在准确掌握青少年贫困的实际情况的基础上，依据其实际情况推进工作。根据《青少年贫困纲要》，为了更加合理地推进实施青少年贫困问题的各项措施，就实施调查研究以制定必要的新指标等相关问题进行了讨论。2017 年，为掌握青少年的贫困状况以及各种援助的实际状况，内阁府对地区贫困青少年问题对策的执行情况以及实施体制开展了问卷调查，了解其现状并分析原因。此外，还通过听证会的方式收集地方自治团体的先进案例，同时对地方贫困青少年问题的对策体系和实施效果等进行了分析。

⑦官公民合作（内阁府、文部科学省、厚生劳动省）

内阁府、文部科学省、厚生劳动省以及独立行政法人福利医疗机构为了举全国之力推进青少年贫困问题的应对措施，启动了名为"青少年未来援助国民运动"的官公民合作、协助项目。其主要内容包括发布各种援助信息、推动援助活动团体与支持企业的匹配协作、利用来自民间资金的"青少年未来援助基金"对基层援助组织 NPO 进行支援。

通过向企业和个人呼吁在青少年贫困问题上的理解和协作，截至 2017 年底，"青少年未来援助基金"共接受捐赠约 9.73 亿日元。2016 年秋进行第 1 次援助，2018 年 1 月进行了第 2 次援助。经基金事业审查委员会讨论后从 352 个申请机构中选出 79 个，在同年 4 月起的活动中发放了援助金。

此外，为了支援地方自治体根据地区实际情况推进青少年贫困问题的对策，内阁府通过"地域青少年未来援助补贴"支援相关行政机构（青少年贫困担当部门、教育和福利部门等）、企业、NPO 等形成地区援助网络。2017 年，通过提供属于自己的空间和设置咨询窗口等将青少年与"援助"措施相联结的工作，使相关行政机关建立协作机制、深化推进措施，预计其效果会变得更有成效。

| COLUMN NO.4 | 地区性青少年贫困问题对策覆盖网络 |

本专栏主要介绍在"青少年未来援助基金"的援助项目中关于促进地区援助网络建设的组织团体所开展的举措。

"NPO 法人山科醍醐儿童广场"秉承"创造让每个孩子都能度过一个美好童年的环境"这一指导思想，为创造一个让所有的孩子无论贫困与否都能健康、心灵丰盈成长的社会而开展活动。

他们进行学习援助、提供放学后属于自己的空间/游戏援助等各种活动。在举行活动时，在与学校合作让青少年参与之外，为了创造一个有大人陪伴的青少年成长地带，还呼吁不仅限于监护人和学校的教职员工的志愿者的参与。对于志愿者，在注册之前还为他们准备了事前说明和多次体验活动，以消除其参与时的不安心理。此外，他们还为教师、民生委员、青少年委员和自治会等关心青少年贫困问题的人群举办青少年援助技能相关的学习会，还为今后计划进行援助活动的团体提供咨询，以求扩大地区性青少年贫困问题对策覆盖网络。

此外，山科和醍醐地区在四个地点提供餐食、学习援助和活动场所，由大学生和研究生等联合开展现场型调研，开展有关青少年困难的调查等。

为了给有困难的青少年创建安心生活的环境，NPO 法人 BEANS 福岛开展了接受孩子们"原来的样子"的陪伴支持每个孩子自立的活动。

对于那些因为贫困问题只能继续生活在复杂家庭背景和环境中的青少年，很多时候不会对自己周围的恶劣环境有所意识，会觉得这是自然而然的事情而不向周围的人求助，从而生活在孤立于周边环境的状态下。如果这种状态长期持续下去，孩子们将会看不到未来的希望，会陷入自立意愿低下的状态。NPO 法人 BEANS 福岛以培养青少年自立、切断贫困链为目的，在家访地区与学校等青少年相关机构以及行政机关组成包括从民间到行政力量的援助小组，进行信息共享，召开案例会议，同时开展与根据青少年的实际情况进行合理援助的地区资源合作、完善基础设施等活动。

此外，为了向更多的贫困青少年提供合理援助，他们向社会发布贫困青少年的生活现状，并提供必要的知识援助，以使青少年能够积累能量、走向自立。

5. 特别关怀下的儿童、青年援助

（1）自杀对策（文部科学省、厚生劳动省、相关府省厅）

就 2016 年 30 岁以下的青年死因来看，在 10 岁及以上的青少年中自杀占一定比例，而在 20 多岁的青年人中则约占一半（参见附图 3-35）。此外，根据厚生劳动省和警察厅《2017 年自杀状况》（「平成 29 年中における自殺の状況」）（2018 年 3 月）可知，2017 年 30 岁以下青少年的自杀数上升至 2780 人。究其原因，大多数为患有"抑郁症"等健康问题，而 19 岁以下青少年自杀的原因多为"成绩不好"和"前途烦恼"等（参见附图 3-36）。近年来，自杀者人数虽然逐年减少，但是青少年自杀的预防工作依然任重道远。

◆20 多岁青年的死因约一半是自杀。

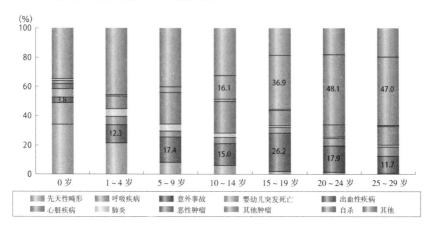

附图 3-35　30 岁以下青少年死因（构成百分比　2016 年）

注 1　引自厚生劳动省《人口动态统计》。

注 2　"先天性畸形"是指"先天性畸形、畸形和染色体异常"、"呼吸疾病"是指"周产期特殊呼吸疾病和心血管疾病"、"出血性疾病"是指"胎儿和新生儿出血性疾病和血液疾病"、"心脏疾病"是指"心脏病患者（高血压除外）"。

◆30 岁以下的自杀者人数有减少倾向。

◆自杀原因大多为"抑郁症"等健康问题，而 19 岁以下青少年自杀的原因多为"成绩不好"和"前途烦恼"等。

(a) 变迁

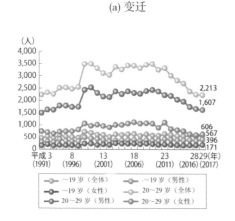

(b) 原因和动机的构成百分比（2017年）

（ⅰ）男女合计

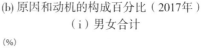
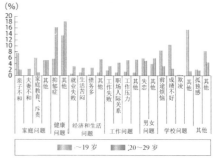

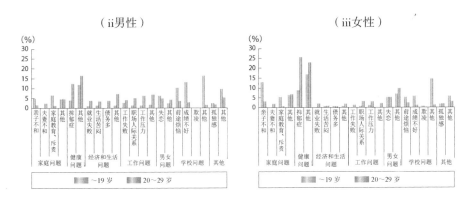

附图 3-36　自杀者状况

注 1　引自厚生劳动省、警察厅《2017 年自杀状况》。

注 2　（b）中的原因和动机是指根据遗书等可以明确死因的原因和动机，每个自杀者最多选择 3 项。

　　政府根据《自杀对策基本法》（「自殺対策基本法」）（平 18 法 85）的规定，于 2007 年 6 月制定了《自杀综合对策纲要》（「自殺総合対策大綱」）（以下简称为《自杀对策纲要》），作为推进自杀问题对策的基本方针，该纲要于 2012 年进行了修订。由于该纲要大致以每 5 年为阶段进行修订，为了着手讨论 2016 年的修订事宜，召开了讨论新自杀对策纲要制定问题的"新《自杀综合对策纲要》情况研讨会"（以下简称为"研讨会"）。在该研讨会上，与会者就以下青少年自杀问题的对策展开了热烈讨论，并于 2017 年 5 月提交了报告书：ⓐ鉴于我国的自杀死亡率（每 10 万人中的自杀人数）近年来呈全面降低趋势，然而 19 岁以下青少年的死亡率在 1998 年以后则几乎保持稳定不变；ⓑ与其他年龄段相比，20 多岁和 30 多岁青年人的死亡率与峰值相比减少不多；ⓒ当前青少年的死因中自杀的占比较高等现状，报告中建议，强化面向使用 ICT 的青少年的外展措施、"进一步促进青少年自杀对策"。根据该报告，整理了新纲要草案，经过公开征求意见后于 2017 年 7 月 25 日的自杀综合对策会议上制定了新纲要议案，并于同日由内阁审议决定。

　　在新纲要中规定"进一步推进儿童、青年自杀问题的对策"为重点措施之一。具体措施包括"预防受欺凌的学生自杀""加强对学生的援助力度""推动求救方式的教育"等。特别是青少年往往不愿接受咨询或帮助，而会在网络或社交网站上透露自杀的意愿或搜索自杀方法。为此，要强化面向使用 ICT 青少年的外展措施，强化利用网络（包括智能手机和电话等）提供援助措施等。

COLUMN NO.5 座间市防止案件再发的措施

2017年10月，座间市发生了9名人员死亡案件，罪犯利用青少年日常使用的社交网站，抓住表露自杀意愿的受害者心理要害，将其花言巧语引诱出来后进行杀害，手段极为卑劣。接到案件报告后，政府召开了"关于座间市防止案件再发相关部长级会议"（「座間市における案件の再発防止に関する関係閣僚会議」），在对相关省厅施行政策进行检查的基础上，于同年12月19日提出了防止再发方案。

在方案中，针对社交网站上与自杀相关的不正当内容，提出要促进网站运营者和使用者对删除自杀引诱信息的理解，并督促运营者和使用者对相关内容进行删除。此外，为了对利用网络表露自杀愿望的青少年进行心理关怀，提出要强化运用社交网络等ICT的咨询功能、帮助青少年构建属于自己的空间等问题。今后，政府将在网络搜索引擎企业、社交网站企业以及自杀对策相关NPO法人等的协助下，迅速执行本方案，并对其进展情况加以检验，根据验证结果，将新出现的问题反映在对《自杀对策纲要》的修订之中。

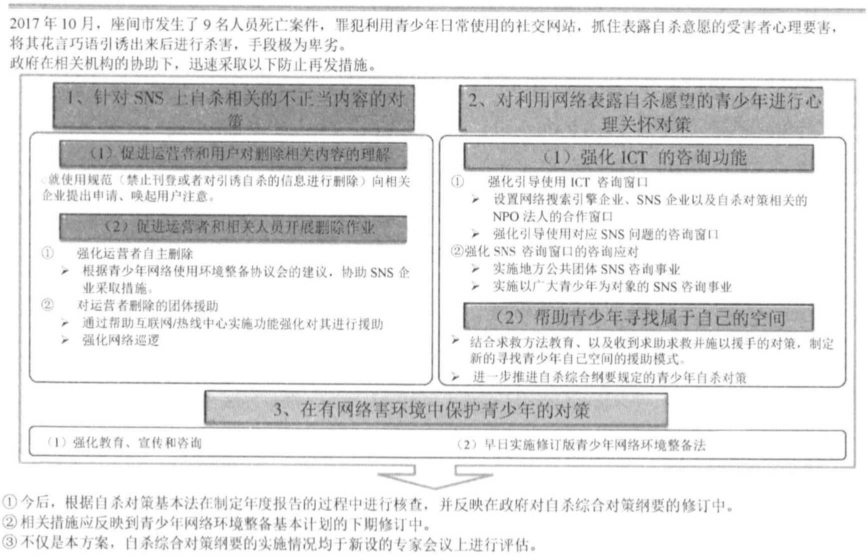

附图3-37　座间市防止案件再发方案概要

为了预防学生自杀，文部科学省召开了关于预防学生自杀的调查研究合作者会议，对自杀预防教育的情况进行调查研究。2014年，学校针对预防自杀入门的《告诉孩子预防自杀》（「子供に伝えたい自殺予防」）以及《学生自杀背

景调查方针》修订版（「子供の自殺が起きたときの背景調査の指針」の改訂版）和《学生自杀实态分析》（「子供の自殺等の実態分析」）制定了审议总结。审议决定，以各教育委员会的学生指导负责人、校长、教导主任等管理人员为对象召开《关于预防学生自杀的普及宣传协议会》（「児童生徒の自殺予防に関する普及啓発協議会」）并广而告之。

此外，针对长假（暑假、寒假和春假）结束前学生自杀案件多发的情况，委托各学校在长假前、假期期间以及假期结束前对学生进行保护。

了解青少年的烦恼和焦虑并与其进行交流也至关重要，因此要加强教育咨询体制，如加大配置校园社工和校园心理咨询师的力度等（参见第2章第2节2（3）"加强学校咨询体制"）。

（2）加强外国学生与归国学生教育（文部科学省）

2016年，小学、初中和高中的归国学生人数为12602人（参见附图3-38）。此外，以2008年为界，需要进行日语辅导的外国学生开始减少，而2014年以后又再次增加，且其中以葡萄牙语和汉语为母语的人数较多（参见图3-39）。需对这些学生进行就学援助，防止他们失去就学机会。

◆2016年，小学、初中和高中的归国学生人数为12602人。

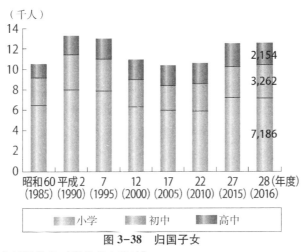

图3-38 归国子女

注1 引自文部科学省《学校基本统计》。
注2 是指父母在海外工作，并在国外逗留1年以上且于本年度返回日本的青少年人数。
注3 初中和高中的数据包括中等教育学校前期和后期课程。
注4 小学和初中的数据包括义务教育学校前期和后期课程。

◆2008 年以后，需要进行日语辅导的外国学生开始减少，而 2014 年以后又再次增加。

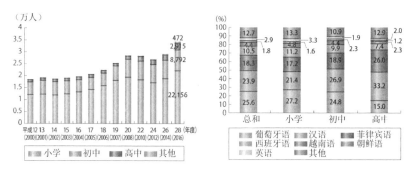

附图 3-39　需要进行日语辅导的外国学生

注 1　引自文部科学省《关于需要进行日语辅导的外国学生接收情况的调查》。
注 2　上图中"其他"是指义务教育学校、中等教育学校和特别援助学校的全部数据。
注 3　从 2008 年开始隔年实施调查。

外国人虽然不属于义务教育的范围内，但是如果他们希望自己的孩子进入公立义务教育学校学习的话，应在遵守经济、社会以及文化权利相关的国际规约（A 规约）以及儿童权利公约的基础上，免费入学。因此，需保证外国学生享有和日本人同等的教育机会，包括免费教材和就学援助。

文部科学省采取以下措施保障外国学生可以进入公立学校读书以及加强归国学生在内的日语辅导教育。

- 为了加强对学生的日语指导，根据都道府县申请，在每年的预算范围内，对教师增加定员数实施基础定量化制度（对公立义务教育各学校的学级编制以及教职员工定员标准的相关法律进行部分修订，自 2017 年 4 月开始实施），以根据对象学生的数量对教师人数进行计算。
- 对日语指导教师开展实践培训。
- 为支持创建以教师为中心的相关人员对外国学生进行适当指导和日语指导的环境，推荐采用"日语能力测试方法"。
- 实施补助计划，支持地方公共团体促进接收归国学生和外国学生、加强日语指导以及完善援助体制的措施。
- 实施补助计划，支持地方公共团体在学校之外为存在就学问题的外国学生提供就读公立学校和外国人学校的必要援助。
- 促进编制和实施以需要日语指导的学生为对象的《特别教育课程》（「特别の教育課程」）（对学校教育法施行规则进行部分修订，于 2014 年实施）。

（3）促进在日定居外国青年就业（内阁府、厚生劳动省）

政府根据《关于促进日裔定居日本外国的措施》（2014年3月根据日裔定居日本外国措施促进会议通过），以"确保不精通日语的日裔定居日本外国被接纳为日本社会的一员，不被排除于社会之外"为基本方针，与相关府省合作，在日语学习、青少年教育、就业和社会生活等领域推进各种措施。

为了促进以日裔为中心的外国青年就业，日裔定居者等外国人聚居的地区的劳动就业培训中心（HelloWork）在实施就业援助辅导的同时，以参加辅导者为对象开展职业意识启发指导和职业指导等个别就业支援。此外，为了帮助其尽早就业，根据需要采取责任制，针对每个求职者的需求进行细致的援助。

此外，各都道府县在开展培训课程时，可以根据其日语水平对具有一定日语能力的人实施相关的职业培训。

（4）促进对性同一性障碍者等的理解（文部科学省、法务省）

法务省人权拥护机构在"守护青少年人权"和"尊重外国人人权"之外，强调开展"消除以性取向为理由的偏见和歧视""消除以性认知为理由的偏见和歧视"等普及活动。在开展研讨会、演讲会、发放宣传册之外，还制作人权宣传视频（按照自己的方式生活：性少数者的权利），并向各法务局发放，进行播放和在网站上公布，开展各种宣传推广活动（附图3-40）。

对于存在性同一性障碍、与性取向和性认知相关问题的学生，文部科学省与班主任和管理层人员、保健教师、校园顾问和教职员工合作，在掌握实际情况的基础上提供咨询，同时根据需要与相关医疗机构合作，由相关人员进行充分考虑学生心情的教育咨询。2016年4月，发布了面向教职员工的、针对存在性同一性障碍、性取向和性认知情况的学生进行极为细致的应对措施的资料，并对全国的教育委员会进行通报。2017年，又以各都道府县和政令市教育委员的人权教育担当指导负责人为对象继续宣传该资料。

附图3-40　人权宣传视频
注　引自法务省资料。

第三节 防止儿童、青年被害情况

1. 防止虐待儿童对策（厚生劳动省、警察厅、法务省、文部科学省）

关于防止虐待儿童的问题，此前已经通过对《关于防止虐待儿童的相关法律》（「児童虐待の防止等に関する法律」）（以下简称为《防止虐待儿童法》）（平12 法 82）和《儿童福利法》（「児童福祉法」）（昭 22 法 164）进行多次修订和对《民法》（「民法」）的修订，在制度方面进行完善。另一方面，全国儿童咨询所接收关于虐待儿童的咨询件数持续增加，2016 年达到了 122575 件，是《防止虐待儿童法》出台前的约 10.5 倍（参见附图 3-41）。尤其是心理虐待增加的现象比较突出，这是由于警方对有儿童家庭中针对配偶的暴力案件的通报增加，以及由于对儿童咨询所"189"全国热线的宣传以及媒体对儿童虐待的报道增多，国民和相关机构对儿童虐待问题的意识提高，通报量也随之增加。重大虐待儿童案件致死的报道也并未消失，2016 年，警察介入的虐待儿童案件中，受害儿童数为 1108 人，其中包括 67 起死亡案件。介入案件中 41.8% 为生父虐待，而其中虐待儿童致死的案件里由生母实施虐待的案件达 76.1% 之多（参见附图 3-42）。

◆全国儿童咨询所接收关于虐待儿童的咨询件数持续增加，2016 年的数量是《防止虐待儿童法》出台前的 1999 年的 10.5 倍。

◆主要虐待者中，最多的情况为生母虐待，占 48.5%，其次为生父虐待，占 38.9%。

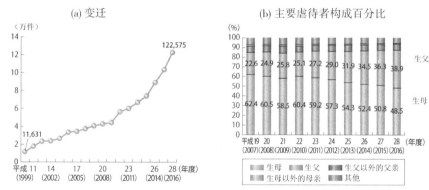

附图 3-41 儿童咨询所虐待儿童相关咨询件数

注 1 引自厚生劳动省《福利行政报告》。

注 2 受东日本大地震的影响，2010 年的数据不包括福岛县。

◆警察介入的虐待儿童案件中，虐待儿童致死的案件76.1%的加害者是生母。

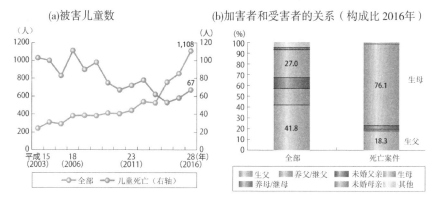

附图3-42　警察介入的虐待儿童案件

注　引自警察厅《少年教导以及保护概况》。

虐待儿童对孩子的身心发育以及人格形成影响重大，还可能妨碍下一代的成长。因此，防止虐待儿童是整个社会必须面对的一项重要课题。

为了解决以上问题，已连续两年对《儿童福利法》进行修订，进一步加强了从预防发生到自立援助等一系列防止虐待儿童的措施。《儿童福利法部分修订》（「児童福祉法等の一部を改正する法律」）（平28法63）（参见附图3-43）于2016年4月制定，2017年4月全面实施。该修订法首次以儿童为权利主体，对《儿童福利法》的理念加以明确，同时采取设置育儿家庭援助中心、强化市/镇/村和儿童咨询所体制以及促进领养委托等措施。2017年5月制定了《儿童福利法以及关于防止虐待儿童法部分修订》（「児童福祉法及び児童虐待の防止等に関する法律の一部を改正する法律」）（平29法69）（参见附图3-44）。为了保护受虐待儿童，家庭裁判所责成各都道府县对监护人实施劝诫指导，采取强化司法介入等措施。

此外，从2016年4月起，设置和召开"关于防止虐待儿童的相关府省厅联络会议"（「児童虐待防止対策に関する関係府省庁連絡会議」），更加有效地推动相关府省厅（内阁府、总务府、法务省、文部科学省和厚生劳动省）之间的紧密合作，由政府全体强化综合性防止虐待儿童对策。

《儿童福利法》部分修订概要（2016 年法律第 63 号）概要

（2016 年 5 月 27 日制定、6 月 3 日公布）

> 为了让全体儿童健康成长，进一步加强从预防发生到自立援助的一系列防止虐待儿童的措施，明确儿童福利法的理念，同时在全国设置妇幼保健援助中心、强化市/镇/村和儿童咨询所体制以及促进领养委托等必要措施。

修订概要

1、明确《儿童福利法》的理念

(1) 明确儿童拥有接受合理养育，保障其健康成长、发育和自立等权利。

(2) 规定国家和地方公共团体在帮助监护人的同时，推动在与家庭同等环境下对儿童的养育工作。

(3) 明确国家、都道府县和市/镇/村的责任和义务。

(4) 明确监护人在教养子女时，不得对子女实施超过监护和教育必要范围的惩戒。

2、预防发生虐待儿童行为

(1) 规定各市/镇/村设置妇幼保健援助中心，确保从妊娠期到育儿期进行无缝援助。

(2) 规定医疗机构和学校将所掌握需要帮助的孕妇相关信息提供给市/镇/村。

(3) 规定国家和地方公共团体应重视妇幼保健措施在虐待儿童问题的防止和早期发现中发挥的作用。

3、迅速有效地应对虐待儿童事件

(1) 规定了为了对儿童进行必要援助，市/镇/村需加强援助中心建设。

(2) 规定在市/镇/村针下设的需救助儿童对策地区协议会的调节机构中配置专职人员。

(3) 规定在政令规定的特别地区设置儿童咨询所。

(4) 规定都道府县在儿童咨询所配置儿童心理师、医生或保健师，负责指导及教育的儿童福利师，同时配置律师或采取同等标准的措施。

(5) 规定医疗机构和学校根据儿童咨询所的要求提供被虐待儿童相关资料。

4、对被虐待儿童自立的援助

(1) 明确相关设施、领养机构、市/镇/村和儿童咨询所等机构应合作开展关于重新构筑亲子关系的援助。

(2) 规定都道府县（儿童咨询所）将实施从扩大领养方到对青少年进行自立援助的一贯性领养支援作为工作内容之一。

(3) 实现养子领养法定化，同时规定都道府县（儿童咨询所）将收养相关的咨询和援助作为工作内容之一。

(4) 关于自立援助之家，将当年度 22 岁以下的大学学生增为对象。

（讨论规定）

○实施后，迅速对法院对需救助儿童实施保护措施的相关手续的参与情况以及特殊收养关系制度的促进情况进行讨论。

○实施后两年内，对儿童咨询所的业务情况、需救助儿童的通告情况以及儿童福利业务的从业者资质提高方案进行讨论。

○实施后五年，采取相关措施支持中心城市和特别地区设置儿童咨询所。

实施日期

2017 年 4 月 1 日（1、2(3) 的公布日期、2(2) 、3(4)(5) 、4（1）的公布日期为 2016 年 10 月 1 日）

附图 3-43　《儿童福利法》部分修订概要

注　引自厚生劳动省资料。

①预防发生（文部科学省、厚生劳动省）

为了消除监护人对育儿的焦虑感和孤立感，文部科学省通过利用当地入学体检的机会举办育儿讲座、提供学习家庭教育的机会以及由家庭教育援助小组提供咨询服务等（家庭教育援助请参考第 4 章第 1 节 1"家庭教育援助"）措施。

根据 2016 年的《儿童福利法》部分修订法案，厚生劳动省以法律规定的育儿家庭援助中心为核心，与妇产科和儿科等医疗机构以及地区相关机构合作，

《儿童福利法以及关于防止虐待儿童法部分修订》（2017 年法律第 69 号）概要

| 修订目的 | （2017 年 6 月 14 日制定、6 月 21 日公布） |

为了保护受虐待儿童，在领养以及进入福利机构的申请时，规定家庭裁判所可指示都道府县对监护人进行劝告指导，以及强化儿童保护的司法参与。

修订概要　※ 2016 年的《儿童福利法部分修订》（「児童福祉法等の一部を改正する法律」）（平 28 法 63）附则规定，法律施行后应尽快讨论法院的介入情况，根据讨论结果采取必要的措施。

1、对受虐儿童监护人进行指导教育的司法参与（《儿童福利法》）
　① 在领养以及进入福利机构的申请（《儿童福利法》第 28 条）时，规定家庭裁判所可指示都道府县对监护人进行劝告指导，都道府县将该监护人指导结果报告至家庭裁判所。
　② 实施上文①劝告时，即便不予起诉的情况（家庭养育），规定家庭裁判所仍可指示都道府县对监护人进行劝告指导。
　③ 上文①和②的情况下，规定家庭裁判所将劝告的主要内容通知监护人。

2、导入家庭裁判所临时保护审查（《儿童福利法》）
　○ 儿童咨询所所长等实施的临时保护，若违反监护人等的意愿超过两个月时，必须取得家庭裁判所的批准。

3、扩大可以下达禁止接近命令的适用场合（《关于防止儿童虐待的法律》）
　○ 目前只有在违背监护人意愿采取福利设施准入措施时才可以采取禁止接近命令，修订后，在临时保护或取得同意执行福利设施准入措施时亦可采取禁令。

4、其他需要完善的规定

实施日期
从公布之日起 1 年内政令规定的日期（2018 年 4 月 2 日）

附图 3-44　《儿童福利法》以及《关于防止虐待儿童法部分修订》概要
注　引自厚生劳动省资料。

在全国范围内开展从妊娠期至育儿期的无缝援助项目。此外，该修订法案规定，与被认定为"需要对监护人提供特殊援助的儿童"（以下简称为"需援助儿童"）日常接触机会较多的医院、诊所、儿童福利设施和学校等掌握了需援助儿童的相关信息时，应将其提供给当地市/镇/村。另外，当儿童咨询所要求这些机构提供有关防止虐待儿童的资料时，可提供该资料。

此外，为了强化对那些因生活不稳定等各种情况而被地区社会孤立的育儿家庭实施外展援助，开展婴幼儿家庭全户访问项目以及养育援助访问项目，并争取在所有市/镇/村中全面展开。截至 2016 年 4 月 1 日，在全部 1741 个市/镇/村中，有 1733 个（99.5%）市/镇/村实施了婴幼儿家庭全户访问项目，有 1469 个（84.4%）市/镇/村实施了养育援助访问项目。

②早发现早应对措施和保护措施（警察厅、法务省、文部科学省、厚生劳动省）

为了尽早发现受虐待儿童和需要接受援助的家庭并对其进行合理的保护和援助，相关机构间共享信息和决策内容并通过适当合作共同应对至关重要。

文部科学省敦促学校教职员工在发现可能存在儿童虐待的问题时积极通报

并与儿童咨询所共享日常信息。此外，在学校内加强配置校园社工和校园心理咨询师，鼓励教师与儿童咨询所员工参加共同培训，完善早期发现并迅速、准确进行应对儿童虐待问题的体制。

根据《儿童福利法》，在地方公共团体设置的"需救助儿童对策地区协议会"（参见附图 3-45、附图 3-46）中，儿童咨询所、学校和教育委员会、警察等相关机构与需救助的儿童及其监护人之间进行相关信息的共享，并通过协商制定援助内容，合作应对问题。截至 2016 年 4 月，已经有 99.2% 的市/镇/村设置了协议会。同时，2016 年的《儿童福利法》部分修订法案，明确规定市/镇/村要在离儿童最近的场所合理开展儿童和孕妇福利相关的援助服务。市/镇/村以儿童及其家庭和孕妇等为对象，必须对市区町村儿童家庭综合援助据点（把握实际情况、开展从儿童咨询到来访、上门援助等专业咨询、调查等持续性社区工作业务的据点）进行完善，并在此基础上推进援助据点的设置工作。

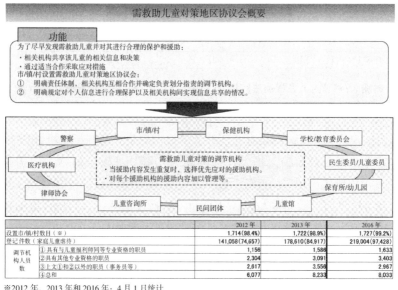

		2012 年	2013 年	2016 年
设置市/镇/村数目（※）		1,714 (98.4%)	1,722 (98.9%)	1,727 (99.2%)
登记件数（家庭儿童虐待）		141,058 (74,657)	178,610 (84,917)	219,004 (97,428)
调节机构人员数	①具有与儿童福利师同等专业资格的职员	1,156	1,586	1,633
	②具有其他专业资格的职员	2,304	3,091	3,403
	③上文①和②以外的职员（事务员等）	2,617	3,556	2,967
	④总和	6,077	8,233	8,033

※2012 年、2013 年和 2016 年：4 月 1 日统计

附图 3-45 需救助儿童对策地区协议会（保护儿童地区网络）
注 引自 2012 年、2016 年的厚生劳动省雇佣均等/儿童家庭局总务课调查和 2013 年的儿童保护地域网络调查（2013 年调查）

为强化儿童咨询所体制，2016 年的《儿童福利法》部分修订法案规定要在儿童咨询所设置律师和儿童心理师等专业职位，同时儿童福利师必须接受符合国家标准的培训。根据该修订法案以及 2016 年 4 月制定的《儿童咨询所强化计划》（「児童相談所強化プラン」）规定，要增加儿童福利师的人数、提高其资

质，并强化与相关机构的合作等。

◆2016 年 4 月 1 日，全国共有 99.2% 的市/镇/村设置了需救助儿童对策地区协议会。

(a) 需救助儿童对策地区协议会的设置情况

（单位：市/镇/村）

年　度	17年度	18年度	19年度	20年度	21年度	22年度	23年度	24年度	25年度	27年度	28年度
市町村数目	111	598	1,193	1,532	1,663	1,673	1,587	1,714	1,722	1,726	1,727
占比	4.6%	32.4%	65.3%	84.6%	92.5%	95.6%	98.0%	98.4%	98.9%	99.1%	99.2%
年度对照	2005年度	2006	2007	2008	2009	2010	2011	2012	2013	2015	2016

※各年度均以4月1日为截至日期（2015年度以2016年1月1日为截至日期）。2011年度，由于东日本大地震影响，不包括岩手县、宫城县和福岛县等受灾地区的数据。

(b) 需救助儿童对策地区协议会的设置率变迁

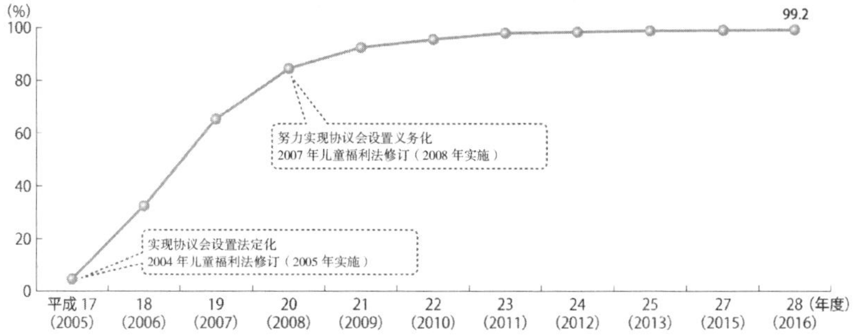

附图 3-46　需救助儿童对策地区协议会的设置情况
注　引自厚生劳动省资料。

鉴于存在解除入所处理时未对监护人进行充分评估而导致回归家庭后再次发生虐待导致儿童死亡的情况，根据 2016 年的《儿童福利法》部分修订法案，都道府县（儿童咨询所）在解除儿童的入所处理时，应向监护人进行建议和劝告，并与当地机构合作，定期检查儿童的安全。

为了确保发现受虐待儿童时能够即刻通知儿童咨询所，设置了儿童咨询所全国通用咨询热线“189”。为了缩短连接到儿童咨询所所需的时间，又于 2016 年 4 月缩短了语音导航时间，并在 2018 年 2 月引入了移动电话来电呼叫中心系统。

警察通过开展街头教导、咨询活动、通报、案件搜查和调查，力图做到儿童虐待事件早发现、被害儿童早保护。根据《警察职务执行法》（「警察官職務執行法」）（昭 23 法 136）行使制止和搜查犯罪的权限、严格调查、援助被害儿童以及准确应对儿童咨询所进行调查等援助申请。在与有关组织取得合作的同时，将确保儿童的安全放在第一位。

　　法务省人权拥护机构在与被害儿童的交谈和对附近居民进行的调查走访中，如果确定发生儿童虐待事件，则根据实际情况，与儿童咨询所合作，采取对受害者实行暂时保护或对加害者进行劝说等合理应对措施，努力救助受害儿童。

　　③社会护养的现状与问题（厚生劳动省）

　　社会护养是针对没有监护人或者受虐待而需要进行家庭环境方面护养的青少年以及需要生活指导的青少年履行公共责任，通过护养设施等进行社会护养的制度。目前，约有 45000 名儿童成为社会护养的对象（参见附图 3-47）。

　　(1) 领养数、机构数、儿童数等

> 针对没有监护人或者受虐待而需要进行家庭环境方面护养的青少年以及需要生活指导的青少年履行公共责任，实行社会护养。对象儿童约有 4 万 5 千人。

领养	家庭养育由领养人负责		登记领养家庭	委托领养家庭	委托儿童数	Family Home在养育者住处实施家庭集体护养	
			11405 个家庭	4038 个家庭	5190 人	（定员 5~6 名）	
分类（存在领养重复登记情况）	分类	养育领养	9073 个家庭	3180 个家庭	3943 人	家庭数	313 个家庭
		专门领养	689 个家庭	167 个家庭	202 人		
		有亲权的养父母	3798 个家庭	309 个家庭	301 人	委托儿童数	1356 人
		亲属领养	526 个家庭	513 个家庭	744 人		

设施	婴儿院	儿童护养设施	儿童心理治疗设施	儿童自立援助设施	母子生活援助设施	自立援助之家
对象儿童	婴儿（可根据需要收留幼儿）	没有监护人或者受虐待等需要在其他环境护养的儿童（可根据需要收留婴儿）	家庭环境、学校交友关系以及其他环境原因导致难以适应社会生活的儿童	存在或者有可能出现不良行为的儿童以及家庭环境和其他环境原因导致需要进行生活指导的儿童	没有配偶的女子或者有类似情况的女子及其应监护的儿童	结束义务教育的儿童，离开儿童护养机构的儿童等
设施数	138 个	615 个	46 个	58 个	232 个	143 个
定员	3895 人	32605 人	2049 人	3686 人	4779 个家庭	934 人
现有人数	2801 人	26449 人	1399 人	1395 人	3330 个家庭 儿童 5479 人	516 人
职员总数	4793 人	17137 人	1165 人	1743 人	2080 人	604 人

小规模集体护养	1341 个
地域小规模儿童护养机构	354 个

注 1　领养数、FH 之家数、委托儿童数、婴儿院/儿童护养机构的设施数/定员/现有人数依据福利行政报告（2017 年 3 月底）。

注 2　设施数＊、家庭数（FH 之家除外）、定员＊、现有人数＊、小规模集体护养、地域小规模儿童护养机构的个数依据家庭福利课调查结果（2016 年 10 月 1 日）（＊婴儿院/儿童护养机构除外）。

注 3　职员数（自立援助之家除外）依据社会福利设施调查报告（2016 年 10 月 1 日）。

注 4　自立援助之家的职员数依据家庭福利课调查（2016 年 3 月 1 日）。

注 5　儿童自立援助设施包括两所国立机构。

(2) 领养委托率的变迁

○领养制度属于在家庭环境下建立亲缘关系，并进行护养的制度。
○领养委托率从 2006 年 3 月底的 9.5%上升至 2017 年 3 月底的 18.3%。

年度	儿童护养设施		乳儿院		领养等※		总和	
	入所儿童数 (人)	比例 (%)	入所儿童数 (人)	比例 (%)	委托儿童数 (人)	比例 (%)	儿童数 (人)	比例 (%)
公元 2006 年度末	29,808	82.2	3,013	8.3	3,424	9.5	36,245	100
公元 2007 年度末	29,823	81.8	2,996	8.2	3,633	10.0	36,452	100
公元 2008 年度末	29,818	81.3	2,995	8.2	3,870	10.5	36,683	100
公元 2009 年度末	29,548	80.8	2,968	8.1	4,055	11.1	36,571	100
公元 2010 年度末	29,114	79.9	2,963	8.1	4,373	12.0	36,450	100
公元 2011 年度末	28,803	78.6	2,890	7.9	4,966	13.5	36,659	100
公元 2012 年度末	28,233	77.2	2,924	8.0	5,407	14.8	36,564	100
公元 2013 年度末	27,465	76.2	2,948	8.2	5,629	15.6	36,042	100
公元 2014 年度末	27,041	75.5	2,876	8.0	5,903	16.5	35,820	100
公元 2015 年度末	26,587	74.5	2,882	8.0	6,234	17.5	35,703	100
公元 2016 年度末	26,449	73.9	2,801	7.8	6,546	18.3	35,796	100

领养委托率

附图 3-47　社会护养的状况

注 1　引自福利行政报告例（各年度末）※2010 年度福岛县数据依据家庭福利科调查。

注 2　"领养等"包括 2009 年开始制度化的 Family Home（在养育者家庭护养 5—6 个儿童）。2016 年底有 313 个 Family Home，委托儿童 1356 人。多数为领养和领养委托儿童。

在进入儿童护养机构的儿童中，大约有一半以上是受虐待的儿童（参见附图 3-48），且残疾儿童也有所增加。因此，在进一步强化防止虐待儿童的措施的同时，必须扩大社会护养的品质和数量。

◆ 在进入儿童护养设施的儿童中，约有 6 成有被虐待经历。

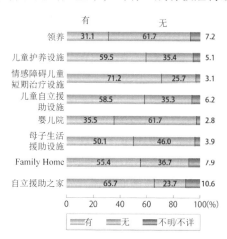

附图 3-48　社会护养对象儿童的被虐待经历

注　引自儿童护养设施入所儿童调查结果（2013 年 2 月 1 日）。

目前日本的社会护养约有 82% 由婴儿院和儿童护养机构实行，约 18% 是领养和家庭护养①。

儿童护养设施尽最大可能提供家庭式环境，重视建立儿童与员工的个人关系，提供细致入微的照顾。

厚生劳动省致力于护养形态的小规模化，以婴儿院、儿童护养设施、儿童心理治疗设施和儿童自立援助设施为对象，促进实施小规模化的集体照顾并推进集体之家的设置。

为了促进护养形态的小规模化以及领养委托，各自治团体（都道府县、指定城市和设置儿童咨询所的城市）制定了《都道府县促进计划》（「都道府県推進計画」），并根据该计划采取相应措施。

④促进领养委托和对领养的援助（厚生劳动省）

领养制度是由于各种情况，在家庭接受养育存在困难或无法接受家庭养育的儿童，到感情温馨和观念正确的家庭环境下接受养育的制度。通过在家庭中的生活，儿童得到了成长过程中极为重要的与特定成年人之间的亲缘关系，从而健康成长。

厚生劳动省通过开展领养援助事业和在儿童护养机构与婴儿院配备领养援助专业咨询员（截至 2016 年 10 月在 397 个机构中配置），促进地方公共团体采取领养委托措施。并要求将每年 10 月设定为领养月，根据地区实际情况集中实施领养制度普及活动。

⑤推进援助措施，使离开护养机构的儿童实现自立（厚生劳动省）

由社会护养机构抚养的儿童，如果离开机构独立生活的话，一般都得不到监护人的支持，结果会导致各种困难不断凸现。为了让这些孩子与其他孩子站在公平的起点上，有必要在其自立之后持续进行援助。

为加强以上援助，厚生劳动省采取以下措施。

- 开展"儿童护养设施退所者自立援助贷款事业"（「児童養護施設退所者等に对する自立援助資金貸付事業」）（2016 年起），通过提供相当于房租额度的资金和生活费的贷款，帮助其建立稳定的生活基础。
- 在 2016 年的《儿童福利法》部分修订法案中，将当年度 22 岁及以下的大学生增加为儿童自立生活援助事业（自立援助之家）的对象，同时开展"就学者自立生活援助事业"（2017 年起），对年满 20 岁至 22 岁的大学生提供补助。

---

① 在养育者住处实施家庭护养。

- 除了大学生以外，以入住自立援助之家的成员中有必要继续接受援助的人员以及接受领养委托和进入儿童护养设施但年满 18 岁（可延长至 20 岁）之后离开相关设施的人员为对象，开展"社会护养自立援助事业"①（「社会的養護自立援助事業」）（2017 年起），原则上到其年满 22 岁的同年年底，继续对其进行必要的援助。

⑤完善设施功能（厚生劳动省）

厚生劳动省根据儿童护养设施、婴儿院、儿童心理治疗设施、儿童自立援助设施和母子生活援助设施等 5 个设施的运营方针、领养和家庭养育方针以及第三方评估标准，提高设施的运营品质。

此外，为了确保民间儿童护养设施的职员等人才，及其待遇改善，从 2017 年开始为儿童护养设施的职员增加 2% 的待遇。同时，对包括受虐待儿童和残疾儿童的夜间照顾在内的业务内容进行评估、并进行待遇改善，此外也对各职务的主导性业务内容和统辖援助部门的业务内容进行评估并改善其待遇。

⑥防止被采取措施的儿童受到虐待（厚生劳动省）

如果发现进入相关福利设施或者接受领养委托的儿童（以下简称为"措施儿童"）受到虐待，应对该儿童实施保护，并为其确保适当的养育环境。此外，如果设施或项目运营存在问题行为，应从对设施和企业进行监督的立场，根据《儿童福利法》（「児童福祉法」）采取相应的措施。

因此，厚生劳动省根据《措施儿童虐待对应指南》（「被措置児童等虐待对应ガイドライン」），防止措施儿童受到虐待。该指南采取了具体的措施，如提前制定都道府县相关部门的合作机制以及接到通告时的具体应对体制；完善都道府县儿童福利审议会体制；强化与相关设施协议会的合作和协议，向措施儿童告知相关情况并确保儿童学习权利相关知识的机会等。

2. 危害儿童、青年权益犯罪的对策

（1）危害儿童、青年权益犯罪的对策

违反《关于管制和惩罚儿童卖淫和儿童色情行为以及保护儿童的相关法律》

---

① 对退所后的地区生活和自立进行援助，同时还开展"退所儿童后期关怀事业"，为离开相关设施的人们提供能够进行交流意见、交换信息、传播信息的场所。由于很多离开相关设施的青少年没有父母导致在许多情况下找不到身份保证人的情况，为了防止其影响到就业和租房，增加了"身份保证人确保对策"，相关设施的领导可以作为身份保证人。

(平 11 法 52。2014 年 6 月部分修订。以下简称为《儿童卖淫和儿童色情禁止法》)(「児童買春、児童ポルノに係る行為等の規制及び処罰並びに児童の保護等に関する法律」）和《儿童福利法》的危害儿童、青年权益犯罪人员（权益犯）给受害者的身心造成了有害影响，严重阻碍他们的健康成长。

警察积极对以上问题进行管制，发现并保护受害者。2016 年被逮捕的权益犯人数为 6412 人，比前一年减少了 507 人（同比降低 7.3%）（参见附图 3-49）。其中，暴力集团相关人员为 198 人，占总人数的 3.1%（参见附图 3-50）。

检察部门应积极运用相关法令，努力实现严格审判。

◆2016 年被逮捕的权益犯为 6412 人。

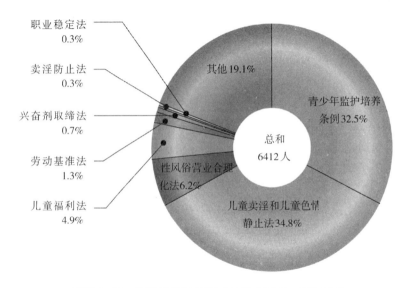

附图 3-49　被逮捕的权益犯（按法令区分　2016 年）
注　引自警察厅《青少年训导及监护概况》。

◆被逮捕嫌疑犯中，参与暴力集团的人数占 3.1%。

	总和	风俗营业合理化法	卖淫防止法	儿童福利法	儿童卖淫和儿童色情禁止法	劳动基准法	职业稳定法	兴奋剂取缔法	青少年保护培养条例	其他
被逮捕的权益犯人数(A)（人）	6,412	396	17	313	2,232	81	18	48	2,085	1,222
暴力集团相关人员(b)（人）	198	54	7	57	12	5	5	19	35	4
参与率（B/A）（%）	3.1	13.6	41.2	18.2	0.5	6.2	27.8	39.6	1.7	0.3
暴力集团相关人员的构成百分比（%）	100.0	27.3	3.5	28.8	6.1	2.5	2.5	9.6	17.7	2.0

附图 3-50　违反儿童、青年权益犯罪逮捕人员参与暴力集团的情况（2016 年）
注　引自警察厅《青少年训导及监护概况》。

①青少年性伤害问题（内阁府、警察厅、总务省、法务室）

儿童卖淫和制作儿童色情制品等对青少年造成性伤害的行为严重践踏了青少年的权利，绝对不可姑息。儿童色情制品一旦流入网络，事实上无可挽回，受害者的痛苦将一直持续到未来。未满20岁的儿童、青年权益犯受害者的数量，目前呈现降低趋势。但是从整体上来看，儿童卖淫犯罪以及儿童色情制品犯罪的受害者则在不断增加，因此，我们必须继续努力消除这些罪行（参见附图3-51）。

◆未满20岁的儿童、青年权益犯受害者的数量，目前呈现降低趋势。

◆从整体上来看，儿童卖淫犯罪以及儿童色情制品犯罪的受害者则在不断增加。

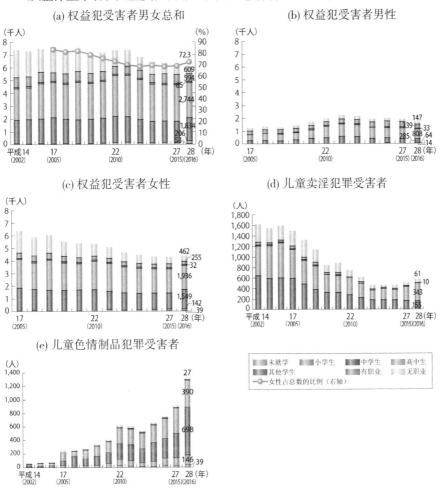

附图3-51　未满20岁的儿童、青年权益犯受害者

注1　引自警察厅《青少年训导及监护概况》。

注2　关于儿童色情制品犯罪，每年都会计入新确定的被害儿童数。此外，存在无法确定受害儿童而通过对画像进行年龄鉴定的情况。

2014 年 6 月，对《儿童卖淫和儿童色情禁止法》进行了部分修订，针对为了满足自己对性的好奇心而持有和保管儿童色情制品或者其电子产品的行为、通过秘密描绘儿童的姿态制作儿童色情制品的行为出台了新的处罚规定。该法律从 2014 年 7 月起实施，以满足自己的性好奇心而持有和保管色情制品罪于 2015 年 7 月起开始实施。

为了消除儿童卖淫和儿童色情制品等青少年性伤害行为，保护被害儿童的权利，政府在国家公安委员会的全面协调下，基于 2017 年 4 月召开的预防犯罪部长级会议上制定的《青少年性伤害防止计划》（「子供の性被害防止プラン」，关于应对儿童性榨取问题的基本计划），决定在提高公众对禁止儿童卖淫和制作儿童色情制品意识的同时，采取全面措施，重点查处伤害儿童的渠道和手段。此外，为了促进政府和国民一体综合推进行动，还从 2016 年起开设了由相关民间团体和行政机关组成的"青少年性伤害根除对策促进协议会"（事务局：警察厅）。

内阁府于 2017 年 7 月举办了"青少年违法犯罪和防止被害对策公开研讨会"，以"根除青少年性伤害"为主题进行主旨发言和小组讨论。

由于儿童色情相关犯罪的形势日渐严峻，警方根据儿童卖淫和儿童色情禁止法律对相关行为进行积极管制。2016 年，共发生 2097 起案件，逮捕了 1531 人。此外，由于有的犯罪分子有组织地控制儿童，利用社交网络劝诱儿童从事卖淫行为以及从事以儿童性行为卖点的商业行为（即所谓"JK 产业"等），给儿童身心造成有害影响，因此，警察加强对实际情况的把握，进行信息分析，积极执法并对从事相关行为的儿童进行教导、同时帮助受害儿童接受康复援助。

在所谓"JK 产业"的营业形式中，无店面形式约占 4 成。而根据其营业状况来看，接触型最多，约占 7 成。此外，"JK 产业"在东京尤其集中。2017 年 7 月实施了禁止特定异性接客营业的相关条例，加强了对该营业的管理（参见附图 3-52）。

为了防止儿童色情制品的流通和阅览，对相关网络服务供应商等相关企业实行查禁。

◆无店面形式约占 4 成。

◆根据营业状况来看，接触型约占总数的 7 成。

(a) 店面和无店面类型　　　　　(b) 主要营业状态类别

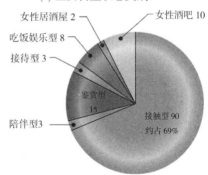

附图 3-52　"JK 产业"营业形式

注　引自警察厅《关于"JK 产业"营业实态的调查结果》。

②交友网站和社交网络问题（警察厅）

　　虽然交友网站造成的儿童伤害事件已经大幅度降低，但另一方面，由社交网络（SNS）造成的儿童伤害事件却在不断增加（参见附图 3-53）。尤其是通过使用容易结识陌生人的 app 和不当使用社交网络而导致的受害增多。警方加强对权益犯罪的打击力度，并逮捕违反《儿童卖淫和儿童色情禁止法》（「児童買春・児童ポルノ禁止法」）的犯罪分子。此外，通过网络巡查发现青少年援助交际等网络不法信息，与发布信息的儿童接触，直接在网络上进行劝诫和建议等引导。

　　◆虽然交友网站造成的犯罪事件受害者中 18 岁以下青少年有所减少，但另一方面，社交网络造成的犯罪受害者却不断增加。

　　◆与交友网站相比，社交网络的低龄受害者更多。

(a) 受害者人数　　　　　　(b) 各年龄层构成百分比（2017年）

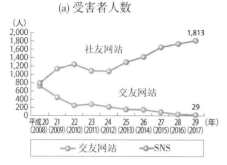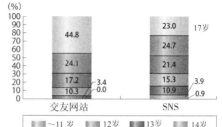

附图 3-53　交友网站和社交网络导致的犯罪中 18 岁以下青少年受害者

注　引自警察厅《关于 2017 年度社交网络等引起的儿童被害的现状和对策》。

③防止青少年成为犯罪受害者

ⓐ学校安全管理（文部科学省）

文部科学省根据《第 2 次学校安全促进计划》（2017 年 3 月内阁决议）（「第 2 次学校安全の推進に関する計画」（平成 29 年 3 月閣議決定）），推动学校的安全管理工作。此外，开展"地区学校安全体制整备促进事业"，通过地区与学校的合作，由退任警察等担任校园警卫队长，在学校开展巡逻并对学校安全志愿者进行警备要点的相关指导、培养学校安全志愿者、对各地区儿童保护活动提供支持。此外，支持各都道府县教育委员会举办以学校负责防犯罪教室讲师的教职员工为对象的讲习会。

ⓑ利用相关机构和团体的信息（警察厅）

警察厅接受法务省提供的关于青少年暴力性侵罪犯的出狱信息，在尽量不妨碍其回归社会的前提下确定其住所，并在获得同意的前提下进行面谈，以便在预防犯罪和开展搜查时能够迅速展开工作。

警察与学校和教育委员会间应形成信息共享机制，以期能够将青少年被害案件以及对青少年犯罪前兆的搭讪和纠缠等相关信息迅速提供给监护人知晓。并将这些信息公布于都道府县的警察厅网站上，同时也使用电子邮件等形式发送。

此外，为了尽早发现受害者本人难以进行举报的潜在性犯罪，将逮捕和对受害者的保护结合起来，受警察厅委托的民间团体采用"匿名举报电话"，通过电话和网络接受侵害儿童、青年权益犯罪、虐待儿童案件、贩卖人口案件等相关信息的匿名举报，并根据对破案的贡献程度支付信息费。

ⓒ贩卖人口对策（内阁官房、内阁府、法务省、警察厅、外务省、文部科学省、厚生劳动省、国土交通省）

贩卖人口是对人权的严重侵害，因此，我们必须从人道主义出发寻求迅速和准确的应对措施。这是因为贩卖人口给受害者带来了难以平复的精神和肉体的双重痛苦。

政府于 2004 年 4 月召开"关于贩卖人口对策的相关省厅联络会议"，要求相关行政机构密切协作，并基于《贩卖人口对策行动计划》（「人身取引対策行動計画」）（2004 年 12 月）和《贩卖人口对策行动计划 2009》（「人身取引対策行動計画 2009」）（2009 年 12 月），推进防止和杜绝贩卖人口和切实保护受害者的工作。为了能够对人口贩卖问题形成合力，使政府团结一致，大力推行综合性的、全面的贩卖人口应对措施，于 2014 年 12 月在犯罪对策内阁成员会议上制定了《贩卖人口对策行动计划 2014》（「人身取引対策行動計画 2014」），同时由相关内阁成员组成"贩卖人口对策促进会议"，该会议可随时召开。

2017 年 5 月，贩卖人口对策促进会议第 3 次会议召开，会上制定并发布了关于我国贩卖人口的受害情况以及相关省厅采取的贩卖人口对策实施情况的《关于贩卖人口对策的措施》（「人身取引对策に关する取组について」），同时为了继续打击并杜绝贩卖人口，今后要切实推行《贩卖人口对策行动计划 2014》所规定的相关政策。

另外，配合同年 6 月举办的"外国人劳动者问题宣传月"活动，以政府宣传电视节目和标语广告的形式进行宣传，并配合 7 月 30 日的"世界反贩卖人口日"以及 11 月"拒绝对女性施暴运动"，通过社交网络的形式，对我国贩卖人口的实际情况、防止和杜绝贩卖人口以及保护受害者等内容进行宣传，并呼吁发现受害情况及时报警。

（2）保护受害儿童、青年及其家庭（警察厅、文部科学省）

青少年正处于人格形成的时期，一旦遭受犯罪而受害，会对今后的成长发育造成严重影响。因此在抚慰被害青少年的心灵时，要重视其烦恼和不安，解决家庭、朋友关系、地区和学校等青少年的生活环境的相关问题，以及与相关机构合作进行必要的援助。

为了防止受害者再次受到伤害，同时帮助其从伤害中恢复，警察通过青少年训导员进行指导建议并对受害者继续进行辅导。同时委托具有临床心理学和精神医学等专业知识、技能以及丰富经验的外部专家作为"被害青少年咨询顾问"，在其指导和建议下，实施援助。此外，还委托（在各个地区与监护人密切联系掌握青少年的生活环境变化和生活状态、开展细致访问活动的）志愿者作为"被害青少年援助者"，与其协作以推进援助活动（参见附图 3-54）

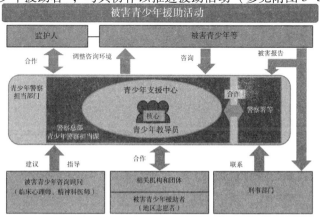

附图 3-54　警察对被害青少年的援助活动

注　引自警察厅资料。

文部科学省与校园社工、校园心理咨询师以及相关机构利用网络等多种形式推进被害青少年的心理康复援助活动。为了进一步充实青少年的心理康复应对措施，还组织教职员工等参加研修会、制定面向教师的参考资料等。

附录4

参考数据

历年数据

	总人口 （千人）	儿童、青年 人口0— 29岁 （千人）	儿童、青年 总人口占比 （%）（0— 29岁）	儿童、青年 人口 0—24岁 （千人）	儿童、青年 总人口占比 （%） （0—24岁）	出生人数	儿童、青年 死亡数 0—24岁	#意外事 故死亡数 0—24岁
1964 年	97186	53552	55.1	45348	46.7	1716761	71966	14263
1965 年	98275	53450	54.4	45086	45.9	1823697	68501	13593
1966 年	99054	53085	53.6	44598	45.0	1360974	60426	14062
1967 年	100243	53166	53.0	44505	44.4	1935647	60634	13355
1968 年	101408	53312	52.6	44474	43.9	1871839	59397	12727
1969 年	102648	53649	52.3	44457	43.3	1889815	58112	13521
1970 年	103720	53636	51.7	44547	42.9	1934239	56619	13796
1971 年	105014	53679	51.1	45047	42.9	2000973	55015	13500
1972 年	107332	54304	50.6	45270	42.2	2038682	53386	13326
1973 年	108710	54469	50.1	44908	41.3	2091983	52409	12356
1974 年	110049	54567	49.6	44520	40.5	2029989	47541	10548
1975 年	111940	55059	49.2	44260	39.5	1901440	43220	9938
1976 年	113089	55402	49.0	44045	38.9	1832617	39282	8891
1977 年	114154	54808	48.0	43881	38.4	1755100	36186	8456
1978 年	115174	54065	46.9	43778	38.0	1708643	34155	8294
1979 年	116133	53262	45.9	43732	37.7	1642580	31407	7491
1980 年	117060	52694	45.0	43647	37.3	1576889	29591	7268
1981 年	117884	52169	44.3	43565	37.0	1529455	27965	7111
1982 年	118693	51764	43.6	43550	36.7	1515392	26378	7015

续表

	总人口 （千人）	儿童、青年 人口0— 29岁 （千人）	儿童、青年 总人口占比 （%）（0— 29岁）	儿童、青年 人口 0—24岁 （千人）	儿童、青年 总人口占比 （%） （0—24岁）	出生人数	儿童、青年 死亡数 0—24岁	#意外事 故死亡数 0—24岁
1983 年	119483	51468	43.1	43488	36.4	1508687	25792	6874
1984 年	120235	51273	42.6	43365	36.1	1489780	24451	6461
1985 年	121049	51056	42.2	43230	35.7	1431577	23155	6540
1986 年	121672	50807	41.8	43041	35.4	1382946	22127	6086
1987 年	122264	50620	41.4	42807	35.0	1346658	21054	6000
1988 年	122783	50341	41.0	42472	34.6	1314006	20860	6446
1989 年	123255	49982	40.6	42039	34.1	1246802	20071	6556
1990 年	123611	49502	40.0	41407	33.5	1221585	19750	6498
1991 年	124043	49177	39.6	41194	33.2	1223245	18863	6171
1992 年	124452	48837	39.2	40582	32.6	1208989	19064	6007
1993 年	124764	48407	38.8	39941	32.0	1188282	18084	5294
1994 年	125034	47939	38.3	39267	31.4	1238328	17655	5166
1995 年	125570	47306	37.7	38507	30.7	1187064	17908	5881
1996 年	125864	47059	37.4	37744	30.0	1206555	15698	4588
1997 年	126166	46453	36.8	36954	29.3	1191665	14968	4278
1998 年	126486	45859	36.3	36126	28.6	1203147	15364	4093
1999 年	126686	45182	35.7	35287	27.9	1177669	14206	3649
2000 年	126926	44255	34.9	34446	27.1	1190547	13183	3371
2001 年	127291	43537	34.2	33834	26.6	1170662	12275	3211
2002 年	127435	42739	33.5	33308	26.1	1153855	11779	2925
2003 年	127619	41867	32.8	32761	25.7	1123610	11259	2477
2004 年	127687	40975	32.1	32220	25.2	1110721	10646	2365
2005 年	127768	39873	31.2	31559	24.7	1062530	10519	2264
2006 年	127770	39185	30.7	31171	24.4	1092674	10071	1979
2007 年	127771	38607	30.2	30812	24.1	1089818	9543	1778
2008 年	127692	38067	29.8	30437	23.8	1091156	9418	1605
2009 年	127510	37505	29.4	30003	23.5	1070035	8908	1527
2010 年	128057	36848	28.8	29457	23.0	1071304	8590	1487
2011 年	127799	36369	28.5	29150	22.8	1050806	9803	2629
2012 年	127515	35918	28.2	28870	22.6	1037231	8027	1184

续表

	总人口（千人）	儿童、青年人口0—29岁（千人）	儿童、青年总人口占比（%）（0—29岁）	儿童、青年人口0—24岁（千人）	儿童、青年总人口占比（%）（0—24岁）	出生人数	儿童、青年死亡数0—24岁	#意外事故死亡数0—24岁
2013 年	127298	35511	27.9	28642	22.5	1029816	7569	1118
2014 年	127083	35119	27.6	28441	22.4	1003539	7369	1072
2015 年	127095	34623	27.2	28090	22.1	1005677	6935	1004
2016 年	126933	34363	27.1	27970	22.0	976978	6698	971
2017 年	126706	34106	27.0	27815	22.0	-	-	-
资料出处	总务省				厚生劳动省			

注1 1964 年至 1971 年人口不包括冲绳县。

注2 1964 年至 1972 年出生数、儿童/青年死亡数、意外事故死亡数不包括冲绳县。

（单位：人）

	托儿所等入所儿童	学校教育人口	幼儿园儿童	义务教育人口	初中毕业就业者	高中入学率（%）	高中主要课程为函授者除外（%）	高中毕业就业者	大学/大专入学率	高等职业学校毕业就业者
1964 年	799438	24629381	1060968	16538964	697687	-	69.3	557106	19.9	*
1965 年	829740	24481274	1137733	15765181	624731	-	70.7	700261	17.0	274
1966 年	869931	24119005	1221926	15173878	522475	-	72.3	902826	16.1	430
1967 年	930754	23739579	1314607	14758388	445681	-	74.5	941366	17.9	2273
1968 年	994410	23453082	1419593	14462234	385550	-	76.8	942953	19.2	4217
1969 年	1065894	23282466	1551017	14305030	324262	-	79.4	882349	21.4	5397
1970 年	1131361	23235009	1674625	14247047	271266	-	82.1	816716	23.6	6042
1971 年	1201166	23335987	1715756	14326742	221458	-	85.0	760217	36.8	6042
1972 年	1303219	23565991	1842458	14423427	179105	-	87.2	698582	29.8	6631
1973 年	1425637	24187529	2129471	14637797	145055	-	89.4	668044	32.2	7052
1974 年	1523861	24641093	2233470	14868259	125646	-	90.8	641980	34.7	7530
1975 年	1631025	25158719	2292591	15172091	93984	-	91.9	591437	37.8	7542
1976 年	1737202	25690388	2371422	14489856	80985	-	92.6	559232	38.6	7559
1977 年	1832269	26186777	2453422	15843959	76267	-	93.1	596942	37.7	7298

续表

	托儿所等入所儿童	学校教育人口	幼儿园儿童	义务教育人口	初中毕业就业者	高中入学率（%）	高中主要课程为函授者除外（%）	高中毕业就业者	大学/大专入学率	高等职业学校毕业就业者
1978 年	1913140	26656819	2497895	16245478	70636	–	93.5	596482	38.4	7129
1979 年	1974886	27110438	2486604	16662753	65179	–	94.0	591414	37.4	7503
1980 年	1996082	27451909	2407093	16989144	67417	–	94.2	599693	37.4	7083
1981 年	1982530	27667407	2292810	17292454	66188	–	94.3	613267	36.9	7101
1982 年	1956725	27793979	2227615	17593744	61713	–	94.3	621038	36.9	7163
1983 年	1925006	27828833	2192808	17512691	72418	–	94.0	630541	36.3	7280
1984 年	1880122	27801187	2132942	17358612	72110	94.1	93.9	607237	35.1	7239
1985 年	1843550	27763003	2067951	17149773	70527	94.1	93.8	563912	35.6	7150
1986 年	1808303	27541049	2018523	16834111	68722	94.2	93.8	640193	37.6	7375
1987 年	1784193	27336289	2016224	16368918	62645	94.3	93.9	605697	34.7	7378
1988 年	1767275	27087146	2041820	15827487	61685	94.5	94.1	594217	36.7	7678
1989 年	1745296	26767567	2037614	15282670	59461	94.7	94.1	606150	36.3	7563
1990 年	1723775	26349707	2007964	14797141	54822	95.1	94.4	622330	36.3	7760
1991 年	1709148	25874430	1977611	14398806	48001	95.4	94.6	620614	37.7	7792
1992 年	1699149	25365318	1948868	14035827	40533	95.9	95.0	597658	38.9	7696
1993 年	1685862	24825745	1977110	13669509	34873	96.2	95.3	534857	40.9	7685
1994 年	1675877	24300710	1852783	13314130	29000	96.5	95.7	459280	43.3	7537
1995 年	1678866	23796698	1808432	12990180	24994	96.7	95.8	407914	45.2	7563
1996 年	1701655	23297307	1798051	12682167	21825	96.8	95.9	377619	46.2	7303
1997 年	1738802	22789970	1798523	12385616	21508	96.8	95.9	352793	47.3	7121
1998 年	1789599	22331363	1786129	12092781	19986	96.8	95.9	3277672	48.2	6676
1999 年	1844244	21942875	1778286	11793225	16880	96.9	95.8	275859	49.1	6195
2000 年	1904067	21598920	1773682	11519862	14903	97.0	95.9	247074	49.1	5879
2001 年	1949899	21270841	1753422	11340462	14794	96.9	95.8	244505	48.6	5820
2002 年	2005002	21942428	1769096	11155259	12300	97.0	95.8	224692	48.6	5479
2003 年	2048324	20734350	1760494	11030289	10361	97.3	96.1	212863	49.0	5393
2004 年	2090374	20513652	1753393	10921166	9553	97.5	96.3	208903	49.9	5422
2005 年	2118079	20367965	1738766	10882979	8755	97.6	96.5	208746	51.5	5415
2006 年	2118352	20147205	1726520	10853038	8419	97.7	96.5	210439	52.3	5457

续表

	托儿所等入所儿童	学校教育人口	幼儿园儿童	义务教育人口	初中毕业就业者	高中入学率（%）	高中主要课程为函授者除外（%）	高中毕业就业者	大学/大专入学率	高等职业学校毕业就业者
2007 年	2132651	19907976	1705402	10815272	8480	97.7	96.4	212600	53.7	5546
2008 年	2137692	19748904	1674163	10725001	7911	97.8	96.4	206588	55.3	5502
2009 年	2100357	19605281	1630336	10676353	6186	97.9	96.3	193563	56.2	5610
2010 年	2056845	19541832	1605912	10566028	5382	98.0	96.3	168673	56.8	5219
2011 年	2084136	19430606	1596170	10477066	4449	98.2	96.4	173518	56.7	5519
2012 年	2187568	19283319	1604225	10333629	4777	98.3	96.5	176873	56.2	5854
2013 年	2185166	19127474	1583610	10229375	4462	98.4	96.6	184603	55.1	5854
2014 年	2230552	18993974	1557461	10120736	4623	98.4	96.5	183584	56.7	5941
2015 年	2295346	18724427	1402448	10024943	4219	98.5	96.6	189679	56.5	5719
2016 年	2332766	18958205	1339761	9918797	3520	98.7	96.6	189808	56.8	5653
2017 年	—	18886465	1271918	9820851	3204	98.8	96.4	190259	57.3	5785
资料出处	厚生劳动省	文部科学省								

注1 "托儿所入所儿童"数出自厚生劳动省的《社会福祉施設等调查》，截至1971年年底为每年年底调查，1972年及以后为每年10月1日调查数据，2009年及以后由于调查方法变更，回收率发生改变，不再与之前的数据进行比较。

注2 "学校教育人口"中包含中专/职高等各种学校的学生，但不包括函授制学生。

注3 ※为未进行年龄分层统计，故没有具体数值。

（单位：人）

	大专毕业就业者	大学毕业就业者	15—24 岁人口（万人）	15—24 岁就业者（万人）	14—19 岁（刑事责任年龄青少年）（千人）
1964 年	32897	127812	1952	*	12590
1965 年	35547	135419	2015	*	12906
1966 年	33919	142386	2037	*	13370
1967 年	45447	150871	2010	*	12884
1968 年	63562	158957	2006	1099	12155
1969 年	75579	172125	1998	1073	11401
1970 年	80740	188227	1995	1087	10668
1971 年	82580	215595	2010	1103	10186

续表

	大专毕业就业者	大学毕业就业者	15—24岁人口（万人）	15—24岁就业者（万人）	14—19岁（刑事责任年龄青少年）（千人）
1972年	82586	221764	1926	1020	9984
1973年	91704	223889	1859	958	9787
1974年	98863	230687	1778	867	9667
1975年	103314	232683	1712	795	9526
1976年	104168	230463	1662	743	9502
1977年	114340	244617	1628	708	9603
1978年	115423	256817	1609	692	9697
1979年	123442	275760	1605	681	9863
1980年	129156	285129	1613	674	9723
1981年	130087	294078	1605	672	10008
1982年	130001	293344	1619	672	10262
1983年	131609	281998	1650	696	10514
1984年	134463	285443	1678	698	10751
1985年	140870	288343	1710	698	10967
1986年	139639	291720	1749	715	11542
1987年	133221	294852	1793	724	11745
1988年	160881	298029	1837	744	11925
1989年	17460	300019	1874	772	11953
1990年	181229	324220	1892	798	11880
1991年	188134	347885	1923	836	11652
1992年	193999	350070	1922	856	11335
1993年	192276	339901	1911	855	10906
1994年	172775	325447	1889	850	10468
1995年	161090	331011	1859	832	10098
1996年	155476	337820	1817	820	9758
1997年	150064	349271	1767	800	9515
1998年	136389	347562	1717	765	9302
1999年	114194	320119	1665	715	9097
2000年	99653	300718	1617	692	8882
2001年	92672	312471	1573	661	8703

续表

	大专毕业就业者	大学毕业就业者	15—24 岁人口（万人）	15—24 岁就业者（万人）	14—19 岁（刑事责任年龄青少年）（千人）
2002 年	78779	311495	1529	627	8510
2003 年	71146	299987	1493	602	8261
2004 年	69029	306414	1457	583	8002
2005 年	68035	329125	1420	580	7804
2006 年	67480	355820	1387	573	7637
2007 年	64623	377776	1354	560	7472
2008 年	60414	388480	1326	546	7363
2009 年	54587	382485	1298	513	7285
2010 年	46723	329190	1270	492	7278
2011 年	45587	340217	1248	481	7268
2012 年	46059	357088	1233	472	7247
2013 年	45853	375957	1224	483	7226
2014 年	44237	394845	1217	486	7183
2015 年	46412	409759	1215	488	7227
2016 年	45232	418163	1218	512	7197
2017 年	45818	432333	1222	519	—
资料出处	文部科学省		总务省		

注 1　在 1964 年至 1972 年，"15-24 岁人口（万人）"和"15-24 岁就业者（万人）"不包括冲绳县。

注 2　※为未进行年龄分层统计，故没有具体数值。

（单位：人）

	刑法犯青少年	盗窃犯青少年	特别法犯罪青少年	未满 14 岁违法少年（刑法犯罪）	未满 20 岁送检/通告虞犯青少年	道路交通法违法青少年	机动车驾驶过失致死伤等
1964 年	190442	95219	18933	48388	11720	763734	※
1965 年	190864	91656	17912	44095	13032	775883	※
1966 年	148249	88582	16705	34006	11601	766285	43940
1967 年	129523	77669	16140	30857	10399	761897	55071
1968 年	117125	74230	14418	30229	11670	581297	71547
1969 年	107312	68652	12160	31365	10282	581979	79717
1970 年	113295	57868	11792	34727	10242	675849	76921

续表

	刑法犯青少年	盗窃犯青少年	特别法犯罪青少年	未满14岁违法少年（刑法犯罪）	未满20岁送检/通告虞犯青少年	道路交通法违法青少年	机动车驾驶过失致死伤等
1971年	107107	73024	9649	34090	8669	717335	73602
1972年	100851	71806	9726	36129	6957	687243	61461
1973年	108211	78148	12806	38786	5871	769099	61057
1974年	115453	85068	14199	36178	5453	809277	47132
1975年	116782	85855	16798	35600	5758	915694	44592
1976年	115628	87293	24440	34536	5385	1048629	43860
1977年	119119	89314	24449	35337	5253	1180163	43373
1978年	136801	104980	31409	40918	5406	1200316	46376
1979年	143158	110215	30493	41681	5231	1259814	48453
1980年	166073	126254	36027	53883	5252	1422882	49813
1981年	184902	139347	35030	67906	4922	1533136	51107
1982年	191930	143576	39012	65926	5092	1733092	52972
1983年	196783	147484	39062	64851	5195	1852547	55804
1984年	192665	143816	37543	55875	4799	1912614	52712
1985年	194177	144620	33872	56015	4530	1938980	53956
1986年	185373	136914	29569	49803	4343	1919900	57114
1987年	187192	139777	29138	40786	3770	1838286	61218
1988年	193206	144437	30264	38004	3528	1676036	61692
1989年	165053	121194	27260	34591	3540	1347451	65034
1990年	154168	108565	28882	28160	3106	1392616	61794
1991年	149663	101187	26331	27434	2733	1266272	59127
1992年	133882	85621	20183	23285	2365	1093329	57981
1993年	133132	85621	14552	25168	1892	944321	53076
1994年	131268	83822	12270	23811	1630	877987	46758
1995年	126249	81060	10436	22888	1567	798445	44171
1996年	133581	85306	9369	23242	1652	799689	39625
1997年	152825	97863	9130	26125	1676	814471	36679
1998年	157385	99768	9368	26905	1888	817139	37120
1999年	141721	86561	8340	22503	1557	761745	37602
2000年	132336	77903	7481	20477	1887	641802	40447

续表

	刑法犯青少年	盗窃犯青少年	特别法犯罪青少年	未满14岁违法少年（刑法犯罪）	未满20岁送检/通告虞犯青少年	道路交通法违法青少年	机动车驾驶过失致死伤等
2001 年	138654	81260	7025	20067	1811	610842	40218
2002 年	141775	83300	6449	20477	1844	570626	40165
2003 年	144404	81512	6771	21539	1627	520248	37741
2004 年	134847	76637	6272	20191	1657	491126	38038
2005 年	123715	71147	5603	20519	1508	455634	34738
2006 年	112817	62637	5438	18787	1482	397111	32616
2007 年	103224	58150	6339	17904	1379	371572	28779
2008 年	90966	52557	6736	17568	1199	328429	25881
2009 年	90282	54784	7000	18029	1258	317664	24283
2010 年	85846	52435	7477	17727	1250	289624	23615
2011 年	77696	47776	8033	16616	1016	267056	21777
2012 年	65448	38370	6578	13945	993	247050	21705
2013 年	56469	33134	5830	12592	959	229831	21352
2014 年	48361	28246	5720	11846	1066	205829	19292
2015 年	38921	23015	5412	9759	1089	195043	17270
2016 年	31516	18298	5288	8587	1064	178149	16609
2017 年	26797	15575	5041	8311	1107	162964	15101
资料出处	警察厅						

注1 刑法犯罪青少年和未满14岁刑法犯少年指标中，截至1965年包含道路交通事故引起的过失致死伤数据，1966年及之后不包含该数据。

注2 ※为未进行年龄分层统计，故没有具体数值。

注3 "机动车驾驶过失致死伤等"截至2001年称为"与交通事故相关的业务上（重大）过失致死伤"；自"危险驾驶致死伤"条目新设后的2002年开始，称为"与交通事故相关的业务上（重大）过失致死伤"和"危险驾驶致死伤"；自"机动车驾驶致死伤"条目新设后的2007年开始，称为"机动车驾驶过失致死伤"、"与交通事故相关的业务上（重大）过失致死伤"和"危险驾驶致死伤"；自"驾驶机动车造成人员伤亡行为处罚相关法律"实施后的2014年开始，称为"过失驾驶致死伤"、"机动车驾驶过失致死伤"、"与交通事故相关的业务上（重大）过失致死伤"、"危险驾驶致死伤"和"过失驾驶致死伤为避免发现酒驾等逃逸"。

（单位：人）

	家庭裁判所青少年监护案件新受理人数	#一般监护案件人数	#道路交通监护案件人数	家庭裁判所一般监护案件终了人数	#监护处置	#送交检察官（相当于刑事处置）	#免予处分	#免于审判	青少年福利犯罪受害人
1964 年	1045284	240403	804881	194269	29237	14295	49065	99890	16781
1965 年	1078017	244645	833372	202158	30304	16904	57163	96187	18534
1966 年	1094339	252143	842196	214346	32098	20870	63798	95882	18591
1967 年	1076745	241311	835434	210499	28346	25641	62223	92400	22783
1968 年	896635	242597	654056	207500	26144	27669	66346	85566	20318
1969 年	865597	236879	628718	196380	22632	25109	68747	77852	15745
1970 年	785926	238100	547826	197920	22100	23672	70962	79243	14823
1971 年	483084	220400	262684	191583	20269	20483	72599	76243	14564
1972 年	455128	202528	252600	175707	17771	16152	69933	70020	11008
1973 年	455376	197545	257831	167706	14954	12237	64729	73993	11376
1974 年	428888	196637	232251	168045	14276	9217	62842	80228	10859
1975 年	437981	197194	240787	167088	15635	8455	59165	82423	12403
1976 年	461824	203934	257890	175683	16835	8086	61577	87549	16708
1977 年	495348	205591	289757	172951	18667	6920	56669	89156	16484
1978 年	538659	232616	306043	190841	23918	6635	57943	100596	16875
1979 年	540820	245606	295214	209338	27365	6675	60434	113032	15676
1980 年	584630	272046	312584	265738	31546	6239	60925	125107	16115
1981 年	617212	289131	328081	284583	32912	6372	64230	137875	18108
1982 年	644402	296956	347446	298896	35205	6726	67481	144176	18607
1983 年	684830	302856	381974	303006	36671	7413	68193	144842	19507
1984 年	681787	291968	389819	294570	36866	7522	66445	137512	21560
1985 年	682975	290401	392574	291789	36416	6892	63784	139640	21592
1986 年	668825	288526	380300	290870	37197	6603	63651	140278	18062
1987 年	571295	290349	280946	293989	37567	6428	65237	142366	19409
1988 年	536267	295804	240463	293785	36710	4744	63767	146928	19617
1989 年	502757	281630	221127	278874	36794	4113	63262	134928	16319
1990 年	480906	262198	218708	268087	34689	3420	62647	130233	18980
1991 年	443168	248940	194228	250239	33767	2613	59018	121116	19344
1992 年	399738	227316	172422	236994	32468	2316	55664	115320	16691

续表

	家庭裁判所青少年监护案件新受理人数	#一般监护案件人数	#道路交通监护案件人数	家庭裁判所一般监护案件终了人数	#监护处置	#送交检察官（相当于刑事处置）	#免予处分	#免于审判	青少年福利犯罪受害人
1993 年	355786	211993	143793	215139	29363	1989	49391	107423	14912
1994 年	321473	198873	122600	203217	26076	1520	44508	106449	14809
1995 年	293703	186823	106880	188409	26004	1321	39895	98696	13867
1996 年	298775	190620	108155	188683	26477	1182	37848	101431	12682
1997 年	316703	208186	108517	204824	28661	1055	36196	116180	11399
1998 年	318508	213631	104817	214304	30221	1040	36883	121881	11435
1999 年	297505	197984	99521	201872	29825	917	36464	111082	10727
2000 年	283389	198746	84643	197223	32650	1033	36913	100771	8291
2001 年	284336	204054	80282	204367	32400	1265	36952	107373	8153
2002 年	281638	208076	73562	210854	32065	1122	35731	114757	7364
2003 年	270954	208281	62673	210121	30339	1214	33057	118083	7304
2004 年	258040	202292	55784	207032	28585	1097	31385	119386	7456
2005 年	233356	182778	50578	184370	26191	853	28567	104982	7627
2006 年	211799	167053	44764	169179	24259	764	26266	96070	7258
2007 年	194650	154687	39963	156860	22358	740	24852	89431	7375
2008 年	172995	139303	33692	138915	20883	630	22197	77527	7014
2009 年	172050	138105	33945	136594	20209	551	20930	76751	7145
2010 年	163023	131900	31123	133725	19564	512	21051	74811	7340
2011 年	150844	122879	27965	122985	19048	511	20076	65948	7332
2012 年	132142	106598	25544	110823	18487	479	19640	56360	6808
2013 年	121284	97355	23929	97737	17167	397	18319	47043	6412
2014 年	107479	85840	21639	88434	16056	368	16723	41317	6341
2015 年	93395	72701	20694	75293	14570	353	14758	33486	6235
2016 年	81998	62888	19110	64280	12785	311	13462	26982	6105
2017 年	73353	56386	16967	57325	11457	296	12151	23474	—
资料出处	最高裁判所								警察厅

注 1　道路交通监护案件指青少年监护案件中违反道路交通法和违反机动车存放场所法律的监护案件总称，一般监护案件指上述案件之外的青少年监护案件。

注 2　家庭裁判所青少年监护案件新受理人数和家庭裁判所一般监护案件终了人数包含若干 14 岁以下和 20 岁及以上青少年。

注 3　最高裁判所资料中 2017 年数字为速报值。

1. 人口

附表 4-1　各年龄/性别的 30 岁以下人口

（截至 2017 年 10 月 1 日）　　　　　　　　　　　　（单位：千人）

	总人口	30 岁以下	0—4 岁	5—9 岁	10—14 岁	15—19 岁	20—24 岁	25—29 岁
男性	61655 (48.7%)	17490 (51.3%)	2513 (51.2%)	2690 (51.2%)	2781 (51.2%)	3079 (51.4%)	3205 (51.5%)	3222 (51.2%)
女性	65051 (51.3%)	16616 (48.7%)	2396 (48.8%)	2561 (48.8%)	2651 (48.8%)	2916 (48.6%)	3023 (48.5%)	3069 (48.8%)
总和	126706	34106	4909	5251	5432	5995	6228	6291

注 1　引自总务省《人口推計（平成 29 年 10 月 1 日確定值）》。
注 2　括号内的数据表示该性别人口占比。

2. 体质

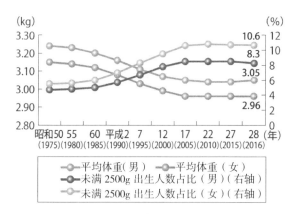

附图 4-1　出生时的体重

注　引自厚生劳动省《人口動態統計》。

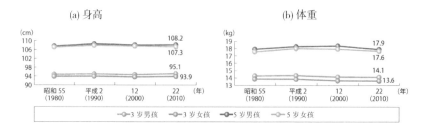

附图 4-2　幼儿的身高和体重（平均值）

注　引自厚生劳动省《乳幼児身体発育調査》。

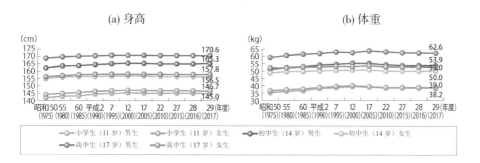

附图 4-3　小学生、初中生、高中生的身高和体重（平均值）

注　引自文部科学省《学校保健統計》。

3. 疾病

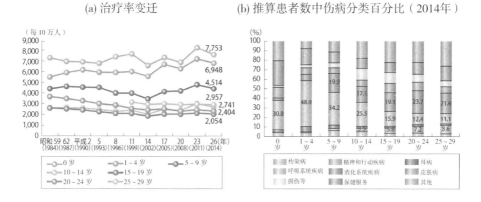

附图 4-4　治疗率和推算患者数中伤病分类百分比

注 1　引自厚生劳动省《患者调查》。

注 2　治疗率为每 10 万人中推算患者数据。

注 3　2011 年的数据不包括宫城县石卷医疗圈、气仙沼医疗圈和福岛县。

注 4　(b) 示例中的分类名称的具体内容如下：

传染病：传染病和寄生虫病；精神和行动疾病：精神及行动的障碍；耳病：耳朵及乳状突起疾病；呼吸系统疾病：呼吸系统疾病；消化系统疾病：消化系统疾病；皮肤病：皮肤和皮下组织疾病；损伤等：损伤、中毒和其他外部因素的影响；保健服务：影响健康状况的因素及保健服务。

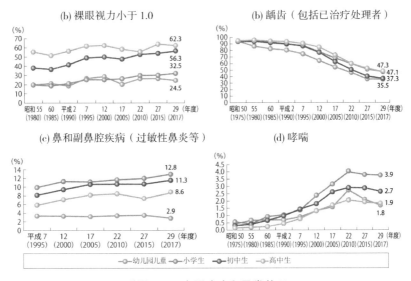

附图4-5　主要疾病和异常状况

注1　引自文部科学省《学校保健统計》。

注2　幼儿园儿童仅限于5岁儿童。

4. 教育

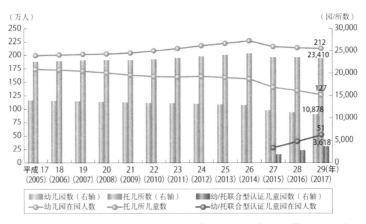

附图4-6　幼儿园、托儿所和幼/托联合型认证儿童园数量、利用状况

注1　引自文部科学省《学校基本統計》、厚生劳动省《保育所関連状況取りまとめ》、内阁府《認定こども園に関する状況について》。

注2　幼儿园和托儿所在园/在所人数、幼儿园/托儿所数量中包括接受认证儿童园中幼儿园和托儿所的在园/在所人数、以及幼儿园/托儿所数。

注3　从2015年4月开始，随着儿童和育儿援助新制度的实行，新增了幼/托联合型认证儿童园项目。

注4　"幼儿园在园人数"和"幼儿园数"以每年5月为节点，其他数据以每年4月为节点。

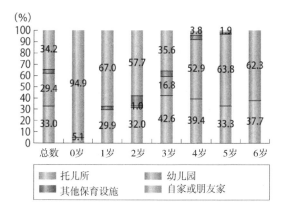

附图 4-7　学前教育和保育构成百分比（2009 年）

注 1　引自厚生劳动省《全国家庭児童調査》。

注 2　其他保育设施是指职场内的保育设施、官方认证之外的保育设施等。

注 3　自家或朋友家是指父母、保姆、亲戚和朋友等。

(a) 变迁

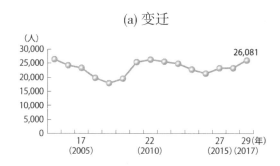

(b) 年龄构成百分比（2017年）

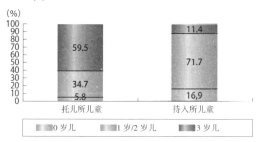

附图 4-8　待入所儿童数

注　引自厚生劳动省《保育所関連状況取りまとめ》。

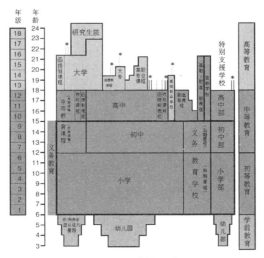

附图 4-9　学校系统图

注 1　带 * 标识表示专攻科。专攻科为大学、大专和高等职业学校开设的课程。同类高等教育机构的毕业生（或拥有同等以上学力者）具有入学资格，学习更加精深的课程，学习年限为 1 年以上

注 2　高中、中等教育学校后期课程、大学、大专、特别援助学校高等部可以设置学习年限 1 年以上的预科。

注 3　幼/托联合型认证儿童园属于学校和儿童福利设施，0—2 岁儿童也可以入园。

注 4　高职/职高的一般课程和"各种学校"关于年龄和入学资格没有统一规定。

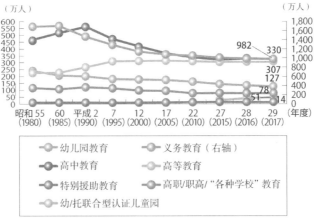

附图 4-10　各教育类别在学人数

注 1　引自文部科学省《学校基本统计》。

注 2　从 2015 年 4 月开始，随着儿童和育儿援助新制度的实行，新增了幼/托联合型认证儿童园项目。

注 3　义务教育是指小学、初中、义务教育学校、中等教育学校前期课程；高等学校教育是指高中、中等教育学校后期课程；高等教育是指高等职业学校、大专、大学；特别援助教育是指特别援助学校（截至 2006 年度为盲聋护养学校的总和）；高职/职高/各种学校教育为高职/职高以及各种其他学校教育。

注 4　高中包括全科、专攻科和预科学生；大专包括全科、专攻科、预科和旁听生；大学包括本科生、研究生/专攻科生/预科生、旁听生/研修生等。

附表 4-2　学校数和在学学生数（截至 2017 年 5 月 1 日）

划分	学校数（学校）	在学学生数		
		总和（人）	男生（人）	女生（人）
总和	56696	18967873	9726577	9159888
幼儿园	10878	1339761	643621	628297
幼/托联合型认证儿童园	3673	397587	259528	246212
义务教育	30521	9928465	5024146	4796705
小学	20095	6483515	3300450	3148208
初中	10325	3406029	1704156	1629178
中等教育学校（前期课程）	53	16551	8117	8372
义务教育学校	48	22370	11423	10947
高等学校教育	4960	3325219	1663075	1633301
高中	4907	3309342	1655026	1625221
中等教育学校（后期课程）	（53）	15877	8049	8080
高等教育	1174	3059742	1687964	1384466
高等职业学校	57	57658	46926	10675
大专	337	128460	14051	109898
大学	780	2873624	1626987	1263893
特别援助学校	1135	139821	93100	48844
高职/职高、各种其他学校	4355	777287	355143	422063
高职/职高	3172	656649	290173	365081
各种其他学校	1183	120629	64970	56982

注 1　引自文部科学省《学校基本统计》。
注 2　从 2015 年 4 月开始，随着儿童和育儿援助新制度的实行，新增了幼/托联合型认证儿童园项目。
注 3　由于学校教育法修订，新设置了义务教育学校这一项目，从 2016 年开始新增了义务教育学校的数据。
注 4　关于在学者人数，高中包括全科、专攻科和预科学生；高等职业学校包括专攻科学生和旁听生/研修生；大专包括全科学生、专攻科/预科学生以及旁听生；大学包括本科生、研究生/专攻科/预科学生以及旁听生/研修生。特别援助学校为幼儿园、小学、初中和高中的合计。
注 5　函授制学校和学生不包括在数据之内。
注 6　中等教育学校分为前期和后期课程进行统计，学校数有重复。

5. 劳动

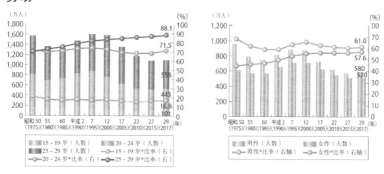

附图 4-11　劳动力人口和劳动力占比
注 1　引自总务省《劳働力调查》。
注 2　劳动力人口是指 15 岁及以上人口中就业者和完全失业者的总和。
劳动力占比是指劳动力人口在 15 岁及以上人口中的占比。

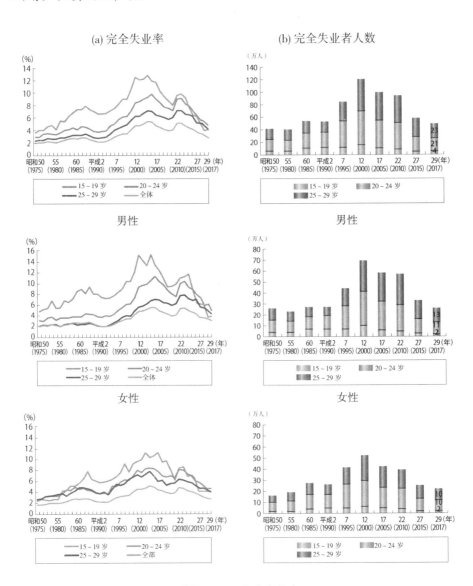

附图 4-12　完全失业率

注 1　引自总务省《劳働力调查》。

注 2　2011 年的数据中，由于无法对岩手县、宫城县和福岛县进行调查，图中使用了补充推测数据。

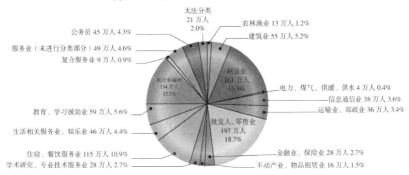

(a) 产业别就业人数（15～29岁）（2017年）

(b) 男性

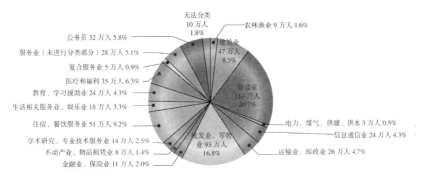

(c) 女性

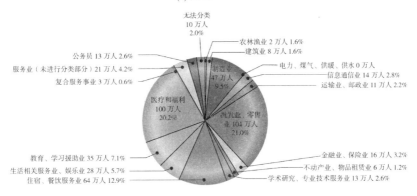

附图4-13　产业别就业人数（15—29岁）（2017年）
注　引自总务省《劳働力调查》。

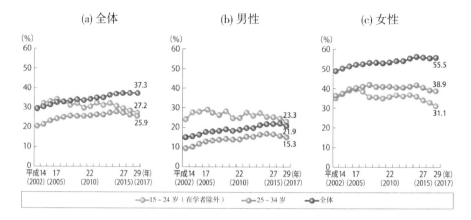

附图 4-14　非正规雇佣者比率

注 1　引自总务省《劳働力调查》。

注 2　此处所述非正规雇佣者比是指非正规职员/员工在除去高层管理者之外的雇佣者中的占比。

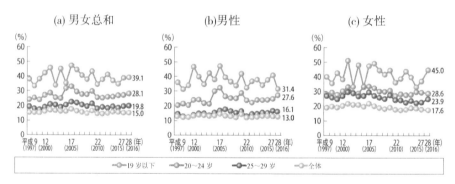

附图 4-15　离职率

注 1　引自厚生劳动省《雇用动向调查》。

注 2　全体离职率由离职人数除以 1 月 1 日常用劳动者人数（译者注：不规定雇佣期限的劳动者或规定了超过 1 个月雇佣期限、或规定了 1 个月以内期限但调查的前两个月分别雇佣 18 天以上者）得出。

注 3　年龄别离职率由离职人数除以 6 月 30 日常用劳动者人数得出。

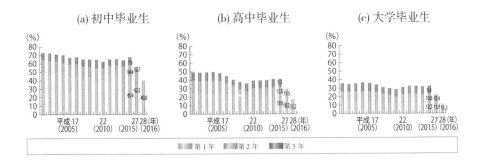

附图 4-16 不同工作年数应届毕业生离职率

注 1 引自厚生劳动省《新規学校卒業者の就職離職状況調査》。

注 2 根据厚生劳动省管理的雇佣保险的被保险者记录计算得出。

注 3 根据新增被保险者资格的年月日和出生年月日对学历进行划分。

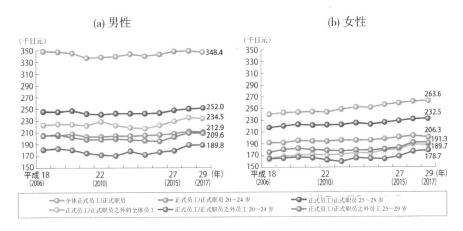

附图 4-17 雇佣形式别平均工资（名义值）

注 1 引自厚生劳动省《賃金構造基本統計調査》。

注 2 "正式员工/正式职员之外"是指职场常用劳动者中，不属于"正式员工/正式职员"的劳动者，可被称呼为"零工"、"兼职"、"临时工"或"准员工"等。

注 3 规模 10 人以上的私营企业/机构中，普通劳动者（不包括短期劳动者）每年 6 月份的规定薪资。规定薪资是指从固定的现金支付额（含税）中扣除加班薪资后的金额。

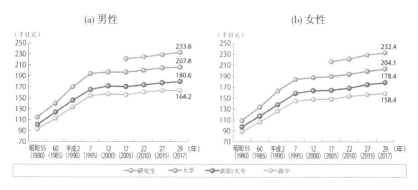

附图 4-18　应届毕业生的起薪（名义值）

注 1　引自厚生劳动省《賃金構造基本統計調査》。

注 2　起薪是指该年度确定的数额，指从规定薪资中除去通勤津贴的金额。

注 3　女性大学毕业生截至 1986 年为事务系，1987 年及以后为事务系和技术系岗位的合计数据。

注 4　研究生的数值为硕士毕业生数据，从 2005 年开始调查。

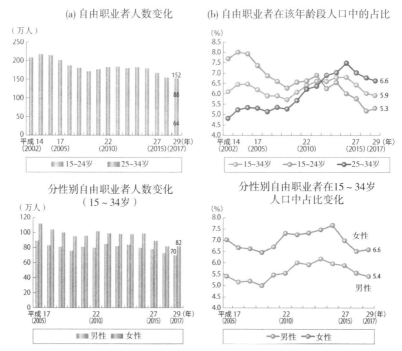

附图 4-19　自由职业者（包括零工、兼职以及以上愿望者）数量

注 1　引自总务省《労働力調査》。

注 2　这里的"自由职业者"是指男性毕业生和未婚女性毕业生，且符合下列条件之一者。①在雇佣单位被称为"零工"或"兼职"者；②寻找工作形式为"零工"或"兼职"的完全失业者；③非劳动力人口中没有料理家务也不上学的"其他"人员，没有被录用的意向，希望的工作形式为"零工"或"兼职"者。

282

6. 事故和灾害

(a) 变迁

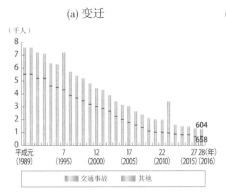

(b) 年龄别构成百分比（2016年）

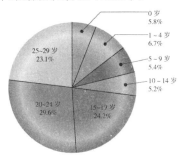

(c) 事故别构成百分比（2016年）

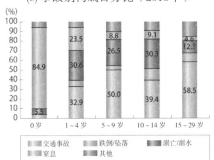

附图 4-20　意外事故死亡人数（30 岁以下）

注　引自厚生劳动省《人口動態統計》。

(a) 变迁

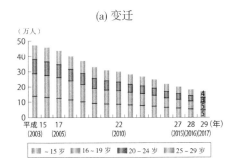

(b) 状态别构成百分比（2017年）

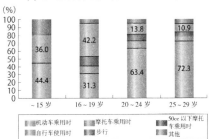

附图 4-21　交通事故死伤者

注　引自警察厅《交通事故发生状况》。

附表 4-3　学校管理下的事故（受伤/疾病）发生件数和发生率（2016 年）

	发生件数（件）	发生率（%）
小学	359950	5.58
初中	359703	10.57
高中	266588	7.58
幼儿园	18281	1.70
幼/托联合型 认证儿童园	7136	2.09
托儿所等	39781	2.17

注 1　引自独立行政法人日本运动振兴中心《平成 28 年度灾害共济給付状况》。

注 2　发生率＝受伤/疾病发生件数÷加入者人数（需特殊保护儿童除外）×100%

注 3　受伤/疾病的发生件数是指在该年度初次支付医疗费的事故件数。

注 4　高中仅记入全日制学校数据。

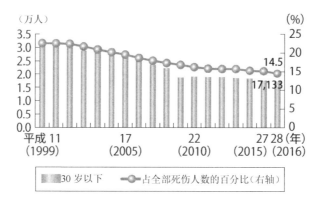

附图 4-22　劳动事故死伤人数（30 岁以下）

注　引自厚生劳动省《労働者死傷病報告》中死伤事故发生状况。

7. 问题行为

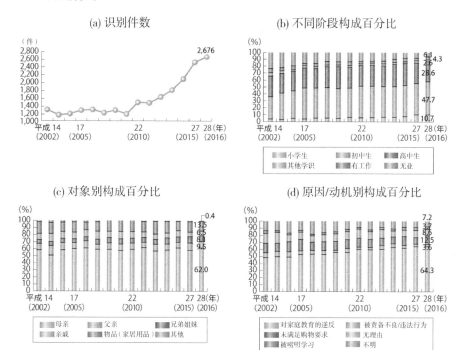

(a) 识别件数

(b) 不同阶段构成百分比

(c) 对象别构成百分比

(d) 原因/动机别构成百分比

附图 4-23　家庭暴力

注　引自警察厅《少年の補導及び保護の概况》。